S

Manfred Hauke

GOTT ODER GÖTTIN?

Feministische Theologie auf dem Prüfstand

Meinen Hörerinnen
und Hörern in Augsburg

MM VERLAG

CIP-Titelaufnahme der Deutschen Bibliothek
Gott oder Göttin?
Feministische Theologie auf dem Prüfstand
Reihe: *mm tractate*
Autor: Manfred Hauke
Hrsg.: Nikolaus Lobkowicz
MM Verlag, Aachen, 1. Auflage 1993
ISBN 3-928272-34-9

Umschlaggestaltung: MM Agentur
Titelbild: André Masson, Portrait André Breton 1941
Musée National d' Art Moderne, Paris
Gesamtherstellung: Clausen & Bosse, Leck
Printed in Germany

INHALTSVERZEICHNIS

VORWORT DES HERAUSGEBERS

Mit Manfred Haukes Untersuchung „Gott oder Göttin? Feministische Theologie auf dem Prüfstand“ eröffnet der mm-Verlag eine neue theologisch-philosophische Schriftreihe: die mm-traktate. Die Reihe will Forum und Medium des theologisch-philosophischen Dialogs sein und ist ebenso für den Gelehrten wie für Laien bestimmt, die an diesem Dialog interessiert sein könnten, vielleicht sogar sollten. Um dieses Interesse bei den Lesern zu wecken bzw. wachzuhalten, werden in den mm-traktaten Themen zur Sprache kommen, die einerseits in der aktuellen theologischen wie philosophischen Diskussion über den Tag hinaus von Belang sind; andererseits sollen sich die Leser der Reihe, gleich ob Fachmann oder Laie, die Kenntnisse für einen fruchtbaren Dialog aneignen können. Dabei soll die Breite gegenwärtiger theologischer und philosophischer Auseinandersetzung in repräsentativen Ausschnitten dargestellt werden. Wenn die Reihe mm-traktate mit ihren Veröffentlichungen dazu beiträgt, der Vorstellung entgegenzuwirken, daß ein solches Gespräch unter Philosophen und Theologen einerseits, mit dem Nicht-Fachmann andererseits sich lohnt, hat sie ihr Ziel erreicht.

Zu den aktuell häufig diskutierten theologischen Konzepten der Gegenwart zählt unstreitig die Feministische Theologie, die sich als ein Ableger des Feminismus erweist, eine theologische Variante des Feminismus ist. Anfang der 70er Jahre in den USA aufgekommen, ist sie mittlerweile auch in Europa ein theologischer Schlager. Tat sie sich anfangs schwer, Fuß zu fassen, so hat sie sich in den letzten Jahren fest etabliert – ein Prozeß, der von den einen begrüßt, von den anderen heftig kritisiert wurde und wird. Die gegensätzlichen Meinungen und Einstellungen zur Feministischen Theologie gehen dabei quer durch die konfessionellen Lager.

Sehen die Befürworter in der Feministischen Theologie eine Bereicherung der theologischen Reflexion und die Chance, zu neuen Formen religiösen Denkens und Sprechens zu finden, so heben die Kritiker die Gefahren hervor, die sich mit dem theologischen Feminismus verbinden. Die Feminisierung des Gottesbildes, so die Kritiker, laufe vor allem auf eine sinnverkehrende Umdeutung, ja Negierung zentraler Glaubenssätze hinaus, greife dabei auf mythische und archaische Interpretamente zurück und sei einem pantheisierenden, nicht mehr spezifisch christlichen Religiositätsideal verpflichtet.

Gott oder Göttin? Dies ist, formelhaft verkürzt, eine der Fragen, die die Feministische Theologie stellt. Eine provozierende Frage – gewiß. Sie zwingt zur Auseinandersetzung. Der Dogmatiker Manfred Hauke, der bereits mit einer umfangreichen Studie zur Problematik des Frauenpriestertums hervorgetreten ist und sich durch zahlreiche Publikationen zum Themenkomplex Feministische Theologie als Sachkenner ausgewiesen hat, untersucht im vorliegenden Buch Entstehung, Entwicklung und Eigenart dieser Theologie, unterzieht sie einer kritischen Würdigung und prüft ihre Chancen und Gefahren. Gewiß wird sein Plädoyer, die theologische Bestimmung des Frauseins von feministischen Engführungen zu befreien, Widerspruch hervorrufen; doch stellt er sich dem Dialog mit Vordenkern feministischer Theologie, indem er wesentliche Beweggründe, die zur Ausbildung feministischer Theologie führten, auf andere, nicht minder einsichtige Weise, aufgreift und weiterdenkt. Insofern dürfte die Lektüre seiner Ausführungen einen Gewinn mit sich führen, gleich welche Auffassung sich der Leser schon zuvor gebildet hat.

Eichstätt, im Dezember 1993 Nikolaus Lobkowicz

I. EINFÜHRUNG

„Es geschah einmal, daß ein frommer Mann mit einer frommen Frau verheiratet war. Sie bekamen aber keine Kinder. Da sprachen sie: Wir sind unnütz vor Gott. Sie trennten sich voneinander. Er ging hin und nahm ein gottloses Weib und dieses machte ihn gottlos. Sie ging hin und nahm einen gottlosen Mann und machte diesen rechtschaffen. Da siehst du, wie alles von der Frau abhängt".

Mit diesem jüdischen Midrasch zur Genesis illustriert Oda Schneider 1938 den gewichtigen Einfluß der Frau im Bereich der Religion[1]. Oda Schneider, Ehefrau (später Karmelitin), Katechetin und religiöse Schriftstellerin, gehört zu den Pionierinnen des katholischen Laienapostolates in der Zeit vor dem Zweiten Weltkrieg. In ihren Werken zur Frauenthematik, die zur Zeit neue Beachtung finden[2], möchte sie den Reichtum des Frauseins herausstellen. Sie ist überzeugt davon, daß die „Macht der Frau" auch die Kirche trägt und der Ermutigung bedarf.

Um die Macht der Frau im Bereich der Religion geht es auch der „Feministischen Theologie". Seit Anfang der 70er Jahre wird sie vor allem in den USA betrieben und gewinnt auch im deutschen Sprachraum zunehmend an Einfluß. Während Oda Schneider sich in der Kirche beheimatet fühlt – um nur dieses eine Beispiel zu nennen für zahllose engagierte Frauen aus Geschichte und Gegenwart –, sind viele Feministinnen über die konkrete Kirche entsetzt: sie erscheint als Hort einer zerstörerischen „Männerherrschaft", die mit ihrem patriarchalischen Gottesbild und ihrer vorwiegend männlichen Führung die Frau knebele. Besonders harte Kritik trifft dabei naturgemäß die katholische Kirche, die nur Männer zu Priestern weiht. Darin sieht man eine Diskriminierung der Frauen.

Die größte Wirksamkeit hat der theologische Feminismus freilich nicht im katholischen Raum entfaltet, sondern im evangelischen Be-

---

1 SCHNEIDER, Oda, Die Macht der Frau, Salzburg 1938, 204. Vgl.: Der Midrasch BERESCHIT RABBA (Bibliotheca rabbinica I). Zum ersten Male ins Deutsche übertragen v. August Wünsche, Leipzig 1881; Neudr. Hildesheim 1967, 76 (Par. 17, zu Gen 2,21).

2 Zum Beispiel BERGER, Teresa, Liturgie und Frauenseele. Die Liturgische Bewegung aus der Sicht der Frauenforschung, Stuttgart u. a. 1993, passim; SCHNEIDER, Oda, Vom Priestertum der Frau. Hg. v. D. J. Hilla, Abensberg 1992.

reich. Maria Jepsen, seit 1992 lutherische Bischöfin von Hamburg, versteht sich als „Feministin", wenngleich als „sanfte Feministin"[3]. Auf Kirchentagen und Akademieveranstaltungen bildet die Feministische Theologie ein immer wiederkehrendes Thema. Sie findet große Sympathie, aber auch heftigen Widerstand. Beides gilt für Frauen wie für Männer. Dazu zwei Beispiele: für die evangelische Theologin Ingeborg Hauschildt ist die Feministische Theologie „eine neue Irrlehre", während der Tübinger Theologieprofessor Jürgen Moltmann den theologischen Feminismus lebhaft begrüßt[4].

Im katholischen Bereich hat die Feministische Theologie etwas verhaltener Einzug gehalten. Aber auch hier findet sich ein beachtliches Echo. Einige der bekanntesten feministischen Theologinnen entstammen der katholischen Kirche. Arbeitskreise und Lesezirkel haben sich gebildet. Die einschlägigen Publikationen sind selbst für Fachleute kaum mehr überschaubar. Eine Bibliographie aus dem Jahre 1988 verzeichnet bereits über 1800 Titel[5]. Wer sich hauptberuflich nur mit Feministischer Theologie befassen würde, hätte gar nichts anderes mehr zu tun und käme mit einer vollständigen Sichtung doch nicht durch. Kaum zu einem anderen Bereich theologischen Arbeitens sind in den letzten 15–20 Jahren so viele Beiträge erschienen wie gerade zur Feministischen Theologie.

Die Feministische Theologie ist dabei nur ein Teilbereich des Themas „Die Frau in der Kirche". Aber auch diese Thematik bildet nur ein Teilmoment eines größeren Ganzen, das sich gegenwärtig in fast allen wissenschaftlichen Disziplinen auswirkt. Die Frauenpro-

---

3 „... das Weib rede in der Gemeinde". Maria JEPSEN: Erste lutherische Bischöfin. Dokumente und Stellungnahmen, Gütersloh 1992.

4 HAUSCHILDT, Ingeborg, „‚Feministische Theologie' – eine neue Irrlehre": Informationsbrief Nr. 94 der Bekenntnisbewegung „Kein anderes Evangelium" (Gal 1,6), Lüdenscheid 1982, 5–13; dies., Die feministische Versuchung und die Antwort der christlichen Frau, Wuppertal-Zürich 1989.

MOLTMANN, Jürgen, „Der mütterliche Vater. Überwindet trinitarischer Patripassianismus den theologischen Patriarchalismus?" Concilium 17 (1981) 209–213; ders., „Theologie in den Erfahrungen des gelebten Lebens": PISSAREK-HUDELIST, Herlinde/SCHOTTROFF, Luise (Hg.), Mit allen Sinnen glauben: feministische Theologie unterwegs. FS E. Moltmann-Wendel, Gütersloh 1991, 151f.

5 VOCK, Ursula u. a., Bibliographie zur Feministischen Theologie, Zürich 1988; vgl. BLAASVAER, E. M. (Hg.), Bibliography on Feminist Theology, Genf 1986; vgl. jetzt auch die Angaben in WÖRTERBUCH der Feministischen Theologie, hg. von Gössmann, Elisabeth u. a., Gütersloh 1991 (abgekürzt: Wb).

blematik gerät heute immer stärker in den Blick. Vor allem in den USA, wo man von den „Women's studies" spricht, den „Frauenstudien" oder sachlich genauer: den „Studien über die Situation der Frau". Diese „Women's studies" werden meist von Frauen selbst betrieben[6].

Und nun nimmt sich ein Mann des Frauenthemas an. Müßte das nicht eine Frau übernehmen? Sind Männer da nicht überfordert? Ja, sind sie überhaupt kompetent?

Dazu sei dreierlei hervorgehoben. Zunächst einmal geht es beim Feminismus und der Feministischen Theologie um ein Thema, das beide Geschlechter betrifft. Nicht nur Frauen, sondern auch Männer sind angesprochen. Recht betrachtet, ist die Feministische Theologie in den weiteren Rahmen der „theologischen Geschlechteranthropologie" zu stellen. Sie umfaßt alle Momente, die das Mann- und Frausein betreffen und zugleich im christlichen Denken theologisch bedeutsam sind.

Der zweite Grund ist der, daß die Einstellung zum Feminismus nicht an das Mann- oder Frausein gebunden ist. Wir finden „Feminismus", „Nichtfeminismus" und „Antifeminismus" sowohl bei Männern als auch bei Frauen. „Liebe Schwester Gutting" – so wurde z. B. mit wohlwollender Herablassung ein deutscher Weihbischof von der Zeitschrift „Emma" betitelt[7]. Die auch in Frauenfragen engagierte Psychagogin Christa Meves dagegen, deren Taschenbücher zu Lebensfragen eine Millionenauflage erreicht haben, ist für alle Feministinnen ein „rotes Tuch". Die Beantwortung einer Sachfrage hängt letzten Endes vom Urteilsvermögen und nicht vom Geschlecht ab. Ansonsten wäre zwischen Mann und Frau keine Kommunikation mehr möglich.

Der dritte Grund ist persönlicher Art. Am Ende des Studiums wollte ich über ein ökumenisches Thema meine Diplomarbeit schreiben. Und da schlug mir der Professor vor, das „Priestertum

---

6 SCHÖPP-SCHILLING, H. B., Art. „Frauenforschung": FRAUENLEXIKON, hg. v. Lissner, Anneliese/Süssmuth, Rita/Walter, Karin, Freiburg 1988 (abgekürzt: FLex), 334–338; dies., „Women's Studies in den USA": Opitz, Claudia (Hg.), Weiblichkeit oder Feminismus? Weingarten 1984, 23–42; CARR, Anne, Frauen verändern die Kirche. Christliche Tradition und feministische Erfahrung, Gütersloh 1990, 90–122.

7 „Emma", Dez. 1987; vgl. Theol. Revue 84 (1988) 89 (E. Gössmann).

der Frau" zu behandeln. Welches Ergebnis dabei herauskomme, sei ihm egal. Nur theologisch gründlich solle die Arbeit sein.

Das Thema hat sich als ungemein komplex, aber auch als höchst interessant erwiesen. Mir wurde empfohlen, die Diplomarbeit zu einer Dissertation zu erweitern. Diesen Ratschlag habe ich dann auch befolgt und 1981 in München über das „Frauenpriestertum" promoviert[8]. Die Feministische Theologie bildet in der Doktorarbeit einen vielfach gegenwärtigen Kontrapunkt. Immer wieder wurde ich eingeladen, zum Frauenthema Vorträge und Tagungen zu halten oder theologische Beiträge zu veröffentlichen. 1981 war die Feministische Theologie gerade eben erst im deutschen Sprachraum ansässig geworden. Seit dieser Zeit fühle ich mich dazu veranlaßt, die Entwicklung des theologischen Feminismus zu beobachten.

Ich habe seitdem feststellen müssen, daß in zunehmenden Maße die Feministische Theologie auch bei engagierten, gutwilligen Frauen das Verhältnis zur Kirche vergällt. Diese Entwicklung bedeutet für mich als Mensch, als Christ, als Seelsorger und Wissenschaftler eine Herausforderung, der sich das vorliegende Werk stellen will. Ohne die aktive und frohe Mitwirkung der Frau kann die Kirche nicht existieren. Hier gilt die zitierte Weisheit des Midrasch: „Da siehst du, wie alles von der Frau abhängt".

Die Wirkmöglichkeiten der Frau zu fördern, ist dem Verfasser ein zentrales Anliegen. Problemgeladen erscheinen dagegen viele Vorstellungen der Feministischen Theologie. Ich muß dabei ehrlich gestehen, daß es mir oft ähnlich ging wie dem evangelischen Historiker Lutz von Padberg. Er hat ein materialreiches Werk über den Feminismus verfaßt. Im Vorwort spricht er von einer „unerquicklichen Thematik"[9]. Die meisten Frauen und Männer, die den Feminismus nicht mögen, legen die einschlägigen Schriften schnell wieder in die Ecke oder rühren sie gar nicht erst an. Nach einer Meinungsumfrage von 1992 der Zeitschrift „Time" in den USA, immerhin dem bevor-

---

8 HAUKE, Manfred, Die Problematik um das Frauenpriestertum vor dem Hintergrund der Schöpfungs- und Erlösungsordnung, Paderborn [3]1991; amerikanische Ausgabe (mit Personenregister): Women in the Priesthood? San Francisco 1988; eine kurze Zusammenfassung: ders., „Das Weihesakrament für Frauen – eine Forderung der Zeit?" FKTh 3 (1987) 119–134.

9 PADBERG, Lutz von, Feminismus – eine ideologische und theologische Herausforderung (Evangelium und Gesellschaft 5), Wuppertal 1985, 8.

zugten Land der „Women's studies", betrachten sich nur 29% der interviewten Frauen als „feminists", während 69% diese Einordnung ablehnen[10]. Daß auch ich kein Feminist bin, sei freimütig bekannt. Dennoch meine ich, daß manche Anliegen und Fragen des Feminismus beachtenswert sind, auch wenn die gegebenen Antworten einer kritischen Sichtung bedürfen. Ich habe jedenfalls vor, die feministischen Positionen möglichst objektiv vorzustellen, sie in ihrem geschichtlichen Werdegang, ihrem inneren Aufbau und ihrer Differenziertheit verstehbar zu machen. Diese analytische Arbeit wird den meisten Raum beanspruchen und schafft die Grundlage für ein persönliches, ausgewogenes Urteil. In einem zweiten Schritt folgt dann jeweils die kritische Stellungnahme.

Die vorliegende Arbeit bildet die erweiterte Fassung von Spezialvorlesungen, die ich im Sommersemester 1992 an der Universität Augsburg gehalten habe. Darin sind Beiträge aus den vorausgegangenen Jahren verarbeitet[11]. Den letzten Anstoß zur Publikation dieses Buches gab eine Kontroverse in der Paderborner Kirchenzeitung „Der Dom": eine Autorin hatte die Feministische Theologie als „Hilfe zum Leben und Glauben" bezeichnet[12]. Mein kritischer Kommentar in Form eines Leserbriefes[13] entfachte dann eine Flut von Stellungnahmen „pro" und „contra", die über mehr als ein halbes Jahr nicht abebbte. Die Notwendigkeit einer ausführlicheren, klärenden Information zur Feministischen Theologie wurde dabei überdeutlich.

Hier geht es nicht darum, eine Enyzklopädie zur Feministischen Theologie zu bieten, sondern um eine Einführung und eine exemplarische Übersicht über zentrale Themen, die ein persönliches Urteil ermöglichen soll. Die positive Antwort auf die feministische Herausforderung kann oft nur angedeutet werden. Angesprochen sind außer den theologischen Fachleuten alle Frauen und Männer, die sich über die wirkmächtige Zeitströmung der Feministischen Theologie näher informieren wollen.

---

10 FAZ, 24. 4. 92, S. 35.

11 Vgl. das Literaturverzeichnis.

12 NIGGEMEYER, Margarete, „Feministische Theologie – Hilfe zum Glauben und Leben": Der Dom Nr. 24, 14. 6. 1992, S. 5.18.

13 HAUKE, Manfred, „Feministische Theologie – Hilfe zum Glauben?" Der Dom Nr. 32, 9. 8. 1992, S. 18.

Zur Gliederung der Darstellung: In einem ersten Schritt ist die wichtigste Voraussetzung der Feministischen Theologie zu thematisieren: der zeitgenössische Feminismus. In einem zweiten Schritt gilt es, die Entwicklung der Feministischen Theologie selbst zu skizzieren. Und in einem dritten Schritt werden zentrale inhaltliche Momente des theologischen Feminismus im einzelnen vorgestellt, vom Menschenbild und der Gotteslehre bis hin zur Eschatologie. Auf jeden größeren Einzelpunkt folgt eine kritische Würdigung: „Feministische Theologie auf dem Prüfstand“.

II. GESCHICHTE UND GRUNDMERKMALE DES MODERNEN FEMINISMUS

1. Die Abgrenzung zur Frauenbewegung

Der Name „Frauenbewegung“ faßt alle Bestrebungen zusammen, durch die sich Frauen für ihre eigenen Belange organisieren[1]. Der Ursprung der Frauenbewegung im 19. Jh. ist zunächst geprägt durch die wirtschaftliche Umwälzung. Der Übergang von der Agrarkultur zur Industriegesellschaft brachte gerade für Frauen gewaltige Probleme mit sich: die Trennung von Familie und Arbeitsplatz des Mannes, die eigene Eingliederung in den industriellen Arbeitsprozeß usw. Die Idee der Menschenrechte, die im Gefolge der Französischen Revolution zum Durchbruch kam, wurde auch von Frauen aufgenommen, die sich von der politischen Mitbestimmung jedoch ausgeschlossen sahen. Die „Menschenrechte“ waren bei den Revolutionären weitgehend „Männerrechte“. Dagegen protestierte im Jahre 1791 eine Französin, Olympe de Gouges, mit ihrer „Déclaration des droits de la Femme“, der „Erklärung der Frauenrechte“[2].

Im Gefolge der Aufklärung wird der Begriff der „Frauenemanzipation“ geprägt. „Emanzipation“ ist ursprünglich ein Begriff des römischen Rechtes und bezeichnet die Entlassung eines Familienmitglieds aus dem „manicipium“, aus der väterlichen Gewalt. „Emanzipiert“ war jemand, der selbst über Besitz und Vermögen verfügen konnte. Seit dem 18. Jh. bekommt „Emanzipation“ die allgemeine Bedeutung von „Mündigwerden“ und „Sich-Lösen-aus-Abhängigkeiten“[3]. „Emanzipation“ der Frau bedeutet dann, sich

1 Zur Frauenbewegung und deren Geschichte vgl. KOEPCKE, Cordula, Geschichte der deutschen Frauenbewegung. Von den Anfängen bis 1945, Freiburg 1981; dies., Art. „Frauenbewegung“: FLex 322–333 (Lit.); BOGERTS, Hildegard, Bildung und berufliches Selbstverständnis lehrender Frauen in der Zeit von 1885 bis 1920, Frankfurt u. a. 1977; KALL, Alfred, Katholische Frauenbewegung in Deutschland. Eine Untersuchung zur Gründung katholischer Frauenvereine im 19. Jahrhundert, Paderborn 1983; MÖRSDORF, Josef, Gestaltwandel des Frauenbildes und Frauenberufs in der Neuzeit, München 1958; SCHENK, Herrad, Die feministische Herausforderung. 150 Jahre Frauenbewegung in Deutschland, München [3]1983.

2 SCHRÖDER, Hannelore (Hg.), Die Frau ist frei geboren. Texte zur Frauenemanzipation I: 1789–1870, München 1979, 36–49.

3 BAUS, Magdalena, Art. „Emanzipation“: FLex 213–215.

aus der Abhängigkeit vom Mann zu lösen und einen eigenständigen Lebensentwurf zu gestalten.

Die Ziele der organisierten Frauenbewegung, die sich in Deutschland vor allem seit 1848 bildete, waren in erster Linie Bildungsmöglichkeiten zur freien Entfaltung, politische Rechte, Zugang zu neuen Berufen und die frauengerechte Gestaltung des Arbeitslebens. Um den Zugang zur Universität beispielsweise mußte lange gekämpft werden. Wie schwer man es damit hatte, mag folgendes Zitat veranschaulichen, das einer Versammlung von Rektoren und Lehrenden für höhere Mädchenschulen aus dem Jahre 1872 entstammt:

„Es gilt, dem Weibe eine der Geistesbildung des Mannes in der Allgemeinheit der Art und der Interessen ebenbürtige Bildung zu ermöglichen, damit der deutsche Mann nicht durch die geistige Kurzsichtigkeit und Engherzigkeit seiner Frau an dem häuslichen Herde gelangweilt und in seiner Hingabe an höhere Interessen gelähmt werde“[4].

Ein eigenständiges Wirken der Frau kommt hier überhaupt nicht in den Blick. Die Häuslichkeit erscheint als einziges Betätigungsfeld. Maßgebend für die schwierige Situation war nicht zuletzt das Nachwirken der Reformation. Auf deren Betreiben wurden die Ordensgemeinschaften aufgehoben und damit auch die Möglichkeiten für weibliche Bildung schwer getroffen. Die Entscheidung für ein jungfräuliches Leben wurde als seltene Ausnahme betrachtet, als Lebensstand beseitigt und die Frau in Ehe und Mutterschaft geradezu hineingedrängt. Die Beschränkung der Frau auf die „3 K“ – Kinder, Küche, Kirche – hat hier einen entscheidenden Ursprung[5].

Mit dem Zugang zur Universität am Beginn dieses Jahrhunderts sowie mit der Erlangung des Wahlrechts nach dem Ersten Weltkrieg wurden grundlegende Forderungen der Frauenbewegung erfüllt. Wenn man die marxistischen Verbände einmal ausklammert, hatte die Frauenbewegung in aller Regel nicht die Absicht, den gesellschaftlichen Unterschied der Geschlechter überhaupt abzuschaffen. Gerade die katholische Frauenbewegung betonte den eigenständi-

---

4 SCHENK 27f.

5 Eine von Schönfärberei freie, treffende Bilanz bietet MÖRSDORF 41–69; vgl. schon RÖSLER, Augustin, Die Frauenfrage vom Standpunkte der Natur, der Geschichte und der Offenbarung, Freiburg ^{2}1907, 334–351; aus prot. Sicht: REICHLE, Erika, Art. „Reformation“: FLex 927–934 (Lit.).

gen Beitrag der Frau, der in Gesellschaft und Kirche einzubringen sei[6]. Typisch für die Grundeinstellung der meisten verbandlich engagierten Frauen insgesamt ist eine Aussage von Helene Lange, einer Führerin der besonders einflußreichen liberalen bzw. konfessionell neutralen Frauenbewegung:

„Hat die Frau nur die Eigenschaften des Mannes ... in die Kulturentwicklung einzusetzen, so wird diese weit besser von den Männern versorgt. Die ganze Stärke der Frauenbewegung liegt einzig und allein in der Auffassung, daß die Frau ... anatomisch bis in die Zehenspitzen anders geartet ist als der Mann, es auch psychisch ist, daß sie also andere, bisher gering oder gar nicht vertretene Eigenschaften für die Entwicklung der Kulturmenschheit dienstbar machen kann“[7].

Freilich gab es vor allem auch um die Jahrhundertwende radikale Frauenrechtlerinnen, die u. a. die freie Liebe forderten, die Freigabe der Abtreibung verlangten und den Unterschied zwischen Mann und Frau eher gering ansetzten[8]. Diese extremen Kreise waren die einzigen, die das Adjektiv „feministisch“ positiv aufnahmen. Ansonsten galt „Feminismus“ im deutschen Sprachraum bis in die Gegenwart hinein als Schimpfwort und wurde von den meisten Frauenrechtlerinnen keineswegs als Selbstbezeichnung akzeptiert.

Anders ist die Situation im französischen und englischen Sprachraum. Dort besitzt „Feminismus“ eine allgemeinere Bedeutung im Sinne des engagierten Eintretens für die Gleichberechtigung der Frau[9]. Frei von abwertender Bedeutung ist die Vokabel aber offenbar nicht einmal in den USA: wie bereits erwähnt, betrachtet sich hier nur eine Minderheit von Frauen als Feministinnen. Das Wort „Feminismus“ wurde wahrscheinlich Anfang des 19. Jahrhunderts von dem Frühsozialisten Charles Fourier geprägt[10]. In den von ihm propagierten Lebensgemeinschaften sollten die Geschlech-

---

6 Vgl. KALL, passim; BOGERTS, passim.

7 LANGE, Helene, „Altes und Neues zur Frauenfrage“: Die Frau 2 (6/1895) H. 9, 538; zit. nach MEYER-WILMES, Hedwig, Rebellion auf der Grenze. Ortsbestimmung feministischer Theologie, Freiburg 1990, 45.

8 GERHARD, Ute, Art. „Feminismus“: FLex 303f; KOEPCKE, Cordula, Art. „Frauenbewegung“: FLex 324f.

9 WEBER, L. M., Art. „Feminismus“: LThK² 4 (1960) 74f; GERHARD: FLex 301f.

10 MEYER-WILMES 79.

ter absolut gleichgestellt sein[11]. Und Schüler des Frühsozialisten Henri de Saint-Simon waren es, die manche Bestrebungen des theologischen Feminismus vorwegnahmen. Saint-Amand Bazard und Barthélemy-Prosper Enfantin erwarteten einen weiblichen Messias, sozusagen eine „Jesa Christa". Da sie die frauliche Erlösergestalt in Europa nicht fanden, unternahmen einige Jünger Saint-Simons eine Expedition in den Orient. Dort, in den türkischen Harems, wollten sie die „freie Frau", die „femme libre", den weiblichen Messias finden. Gott wurde in der Kirche der Saint-Simonisten als Vater und Mutter zugleich bezeichnet, als „Mapah". An den Anfang der Schöpfungsgeschichte stellten sie ein mannweibliches Mischwesen, ein „Androgyn": „Evadam"[12].

Von einem mannweiblichen Urmenschen sprechen bereits im Gefolge eines platonischen Mythos antike Gnostiker, die jüdische Kabbala und unter deren Einfluß der protestantische Theosoph Jakob Böhme[13]. Der Gedanke der Androgynie im Feminismus, auf den noch eingegangen wird, ist also keine ganz neue Errungenschaft.

Das Wort „Feminismus", um die Jahrhundertwende bei uns als Schimpfwort gebräuchlich, wurde in Deutschland nach 1968 für viele zu einem Wonnewort. Die „neue Frauenbewegung", die im Gefolge der Studentenrevolte entstand, wollte sich nicht mit einer bloßen Gleichberechtigung begnügen, sondern völlig neue gesellschaftliche Strukturen schaffen. Eine sehr allgemeine Umschreibung bringen die neueren Ausgaben des „Duden": der „Feminismus" – eine „Richtung der Frauenbewegung, die ein neues Selbstverständnis der Frau und die Aufhebung der traditionellen Rollenverteilung anstrebt"[14]. Gerade der letzte Punkt ist für die meisten feministischen bezeichnenden Konzepte bezeichnend: sie streben „die Aufhebung der geschlechtsspezifischen Arbeitsteilung" und den „Abbau der Geschlechtsrollendifferenzierung" an[15].

Das gleiche Ideal nennt beispielsweise Rita Süssmuth im Her-

---

11 Zu Fourier und seiner Schule vgl. KLEINAU, Elke, Die freie Frau. Soziale Utopien des frühen 19. Jahrhunderts, Düsseldorf 1987, 67–111.

12 SALOMON-DELATOUR, Gottfried (Hg.), Die Lehre Saint-Simons, Neuwied 1962, 22; KLEINAU 29–66.

13 SILL, Bernhard, Androgynie und Geschlechtsdifferenz nach Franz von Baader. Eine anthropologisch-ethische Studie, Regensburg 1986.

14 DUDEN 1, Mannheim u. a. [20]1991, 267.

15 SCHENK 188.

der'schen „Frauenlexikon" als Ziel von Frauenpolitik: „Die geschlechtsspezifische Arbeitsteilung soll aufgehoben werden"[16]. Am konsequentesten kommt diese Zielvorstellung in den Richtlinien zum Zuge, die für alle Arbeitsbereiche eine Quotierung von 50:50 % anstreben. So etwa ein Beschluß des Senates der Freien Universität Berlin aus dem Jahre 1980 oder die Forderung eines Arbeitskreises von Wissenschaftlerinnen in Nordrhein-Westfalen. Danach ist die Hälfte aller Arbeitsplätze jeder wissenschaftlichen Berufsgruppe mit Frauen zu besetzen[17].

Anders geartete Forderungen von Feministinnen kommen später zur Sprache. Aber die genannten Beispiele scheinen typisch. Hier geht es nicht mehr um eine geradlinige Fortsetzung der bisherigen Frauenbewegung, sondern um Revolution. Dabei steht nicht nur eine Quotierungsforderung zur Debatte, sondern der Traum einer völlig neuen Gesellschaft ohne sozialen Unterschied zwischen Mann und Frau. Nach Catharina Halkes fordern „emanzipierte Frauen" nur „gleichsam die Hälfte des Kuchens", während „Feministinnen" darauf bestehen, „daß ein neuer Kuchen gebacken werden muß"[18].

Der Feminismus ist keine einheitliche Bewegung, sondern besitzt recht unterschiedliche Spielarten. Gemeinsam ist vor allem das, was man nicht will. Insbesondere drei Kampfbegriffe tauchen immer wieder auf: Patriarchalismus, Sexismus und Androzentrismus. Alle Feministinnen protestieren energisch gegen das „Patriarchat", gegen die „Herrschaft der Väter", oder – in einem allgemeineren Sinne – gegen die gesellschaftliche Vorrangstellung der Männer. Das Wort „Sexismus" ist dem des „Rassismus" nachgebildet. Es meint die Benachteilung aufgrund des Geschlechtes, wobei „Benachteilung" meist mit „Ungleichheit" oder „Unterordnung" identifiziert wird[19]. In einer ähnlichen Grauzone bewegt sich der Begriff „Diskriminierung", was hier nichts anderes heißt als: „Unterschiede" machen. Die

---

16 SÜSSMUTH, Rita, Art. „Frauenpolitik": FLex 372.

17 MEYER-WILMES 61; 240, Anm. 35.

18 HALKES, Catharina, „Frau und Mann als Ebenbild Gottes. Aus der Sicht der feministischen Theologie": Erharter, H./Schwarzenberger, R. (Hg.), Frau – Partnerin in der Kirche. Perspektiven einer zeitgemäßen Frauen-Seelsorge, Wien 1985, 91; vgl. dies., Art. „Theologie, feministische": FLex 1101. Vgl. MENSCHIK, Jutta, Feminismus. Geschichte, Theorie, Praxis, Köln 1977, 42f; PADBERG (1985) 55–58.

19 Vgl. z. B. SCHENK 187; KING, Ursula, Art. „Feminismus": Evangelisches Kirchenlexikon I, Göttingen ^{3}1986, 1280f; METZ-GÖCKEL, Sigrid, Art. „Sexismus": FLex 989–993.

Anklage der „Diskriminierung“ kann dann bedeuten, ungerechte Unterschiede aufzudecken und abzuschaffen, wird aber auch dazu gebraucht, jegliche soziale und psychische Unterschiedenheit überhaupt in Frage zu stellen[20]. Ein weiterer Kampfbegriff feministischen Sprachgebrauchs ist der „Androzentrismus“, vom griech. *anér*, „Mann“. „Androzentrismus“ oder „Mann-Zentriertheit“ bedeutet, den Mann bzw. das Männliche in die Mitte zu stellen und zum Maß alles Menschlichen zu machen. Bisher, so lautet der Vorwurf, wurde die Wirklichkeit des Menschen ganz aus der Perspektive des Mannes betrachtet und die weibliche Komponente vergessen[21].

Der Kampf gegen Patriarchalismus, Diskriminierung, Sexismus und Androzentrismus eint alle Feministinnen. Wenn man diese Begriffe in einem sehr allgemeinen Sinne versteht als Benachteiligung der Frau aufgrund ihres Geschlechtes, dann besteht in unserer Kultur gewiß ein allgemeiner Konsens zugunsten der Rechte der Frau. In dem Sinne könnte sich auch der Verfasser dieses Werkes als „Feminist“ bezeichnen. Problematisch wird es erst, wenn es um die inhaltliche Füllung der Begriffe geht. Und da finden wir selbst innerhalb des Feminismus keine Einigkeit. Eine gemeinsame positive Zielvorstellung des Feminismus anzugeben, scheint nicht möglich. Die entscheidende Differenz besteht in der Einschätzung des Mann- oder Frauseins: Die meisten Feministinnen betrachten den Unterschied zwischen Mann und Frau, über die Biologie im engeren Sinne hinaus, als rein kulturbedingt. Sie fordern darum beispielsweise den Abbau jeglicher geschlechtsspezifischen Arbeitsteilung. Eine Minderheit, deren Einfluß jedoch wächst, möchte dagegen Biologie, Psychologie und Soziologie nicht streng trennen. Es gebe ein spezifisches Frausein mit eigenem Wert, das die Stärke der Frau ausmache und nicht von einer abstrakten Gleichheit niedergebügelt werden dürfe. Die beiden großen Strömungen im Feminismus lassen sich benennen als „Gleichheitsfeminismus“ und „gynozentrischer Feminismus“ (vom griechischen *gne*, „Frau“). Während der Gleichheitsfeminismus dazu neigt, in allen Arbeitsbereichen eine konsequente Quotenregelung 50:50 % zu reklamieren, finden die „frauenzentrierten“ Feministinnen daran kein Interesse mehr.

20 KREBSBACH-GNATH, Camilla, Art. „Diskriminierung“: FLex 160–163.

21 PRAETORIUS, Ina, Art. „Androzentrismus“: Wb 14f.

Doch bevor die Inhalte des „Schwesternstreites“ genauer profiliert werden, sei zunächst ein Rückblick in die Geschichte geworfen. Der „Feminismus“ der „neuen Frauenbewegung“ ist nicht wie ein Meteor vom Himmel gefallen, sondern baut auf eine umfangreiche geistige Vorgeschichte. Dazu gehört insbesondere der Marxismus, der Existentialismus Simone de Beauvoirs und die Radikalisierung marxistischer Ansätze in der Studentenbewegung der 60er Jahre. All diese Einflüsse sind wichtig nicht nur für den Feminismus im allgemeinen, sondern auch für die Feministische Theologie, die direkt und indirekt von den zu betrachtenden Faktoren abhängig ist.

2. Die Bedeutung des Marxismus

Karl Marx hat die Vision einer klassenlosen Gesellschaft. Dabei geht es ihm um die Schaffung eines neuen Menschen, der ganz in der Arbeit für das Kollektiv aufgeht und selbst eine umfassende Befriedigung seiner Bedürfnisse genießt. Durch die Vergesellschaftung der Produktionsmittel und die Abschaffung des Privateigentums sollen alle gesellschaftlichen Unterschiede aufgelöst werden. Jede „Herrschaft des Menschen über den Menschen“ sei in der kommunistischen Zukunftsgesellschaft überwunden. Biologische und psychologische Hindernisse auf dem Weg zu diesem Ziel seien überwindbar, denn der Mensch sei nur das „Ensemble ‚die Gesamtheit‘ der gesellschaftlichen Verhältnisse“[22]. Die Erziehung, die Umwelt, ist es, die den Menschen praktisch unbegrenzt formbar erscheinen läßt.

Auf die Frauenfrage angewandt haben den Marxismus August Bebel mit seinem populären Werk „Die Frau und der Sozialismus“ (zuerst 1879)[23] und Friedrich Engels. Beide übernehmen von Johann Jakob Bachofen und Lewis Henry Morgan die These von einem vorgeschichtlichen Matriarchat, einer „Mutterherrschaft“. In allen gesellschaftlichen Bereichen hätten nicht Männer, sondern Frauen die entscheidende Führungsverantwortung übernommen. Der Amerikaner Morgan spricht jedoch gleichzeitig von einer egalitären, herrschaftsfreien Gesellschaft in der Zeit des Mutterrechtes. Die mütter-

22 MARX, Karl, „Thesen über Feuerbach“: ders., Frühe Schriften II, Stuttgart 1971, 3.
23 Dazu MÖRSDORF 212–219.

liche Urgesellschaft habe sich ausgezeichnet durch Freiheit, Gleichheit, Brüderlichkeit, sexuelle Promiskuität und zutiefst demokratische Verhaltensweisen[24]. Vor allem Friedrich Engels übernimmt dieses Geschichtsbild. Erst später sei das „Patriarchat", die Vorherrschaft des Mannes, hereingebrochen. Das Patriarchat gründe sich auf die Familie. Dort sei der Mann der Bourgeois, die Frau das Proletariat, dessen Haussklaverei beendet werden müsse. Dagegen träumt Engels vom Ideal allgemeiner Gleichheit. Jede Herrschaft von Menschen über Menschen sei zu beseitigen.

Als Weg zu diesem Ziel will Engels die Abschaffung der Familie, die gleichartige Eingliederung von Mann und Frau in den Arbeitsprozeß und die öffentliche Kindererziehung[25]. Das marxistische Menschenbild kennt keine vorgegebene Natur der Frau oder des Mannes, sondern nur biologisches Material, das sich aber durch gesellschaftliche Einflüsse auf die universale Gleichheit hin praktisch unbegrenzt formen läßt.

Neu aufgegriffen wurden die Gedanken der marxistischen Urväter von dem Psychologen Ernest Bornemann. Mit seinem Buch „Das Patriarchat" (zuerst 1975) will er für die Frauenbewegung die gleichen Dienste leisten wie einst Marx mit dem „Kapital" für die Arbeiterbewegung[26]. Ziel für die Zukunft ist es, die angeblich herrschaftsfreie matriarchalische Gesellschaft wiederherzustellen, in der Familie, Einehe und Privateigentum verschwunden seien. Die Schwangerschaft sei von der Technologie zu übernehmen, und selbst der körperliche Dimorphismus, die leibliche Prägung als Mann oder Frau, werde weitgehend reduziert[27]. Der „klassenlosen Gesellschaft der Zukunft" entspreche die „geschlechtslose Zukunft unserer Spezies". „Die eine ist nicht ohne die andere erzielbar"[28].

Die These vom vorgeschichtlichen Matriarchat ist in feministischen Kreisen begierig aufgegriffen worden, obwohl sie selbst im or-

---

24 WESEL, Uwe, Der Mythos vom Matriarchat. Über Bachofens Mutterrecht und die Stellung von Frauen in frühen Gesellschaften, Frankfurt 1980, 19–25.

25 ENGELS, Friedrich, Der Ursprung der Familie, des Privateigentums und des Staates, Stuttgart [17]1919, 62–64.

26 BORNEMANN, Ernest, Das Patriarchat. Ursprung und Zukunft unseres Gesellschaftssystems, Frankfurt 1975, 7.

27 Ebd. 534f.

28 Ebd. 21.

thodoxen Marxismus der letzten Jahrzehnte kaum mehr vertreten wurde[29]. Der Hauptfehler der Hypothese vom Matriarchat besteht in der Verwechslung von mutterrechtlicher Abstammung (Matrilinearität) und „Mutterherrschaft". Auch in mutterrechtlichen Kulturen werden die Führungsfunktionen eher von Männern wahrgenommen. Der Rechtshistoriker Uwe Wesel, dessen Werk „Der Mythos vom Matriarchat" auch in manchen feministischen Kreisen einen Sinneswandel herbeigeführt hat, schreibt: Die neueren Ethnologen „haben immer wieder betont, daß trotz der Bildung von Abstammungsgruppen in der Mutterfolge von einer Herrschaft der Frauen nichts zu sehen sei, im Gegenteil. Wenn jemand bei ihnen Macht ausübte, dann waren es immer die Männer, und die Stellung der Frauen bei ihnen war zum Teil sogar ausgesprochen schlecht"[30].

Eine gewisse Ausnahme bilden einige Gesellschaften, wie die Irokesen oder das minoische Kreta, die man als „matrifokal" bezeichnen könne. „Matrifokal": d. h. die Mutter steht im „focus", im „Brennpunkt". Die Ausrichtung der gesellschaftlichen Ordnung auf die Frau ergibt sich durch die Kombination von matrilinearer Abstammung und der Bestimmung des Wohnortes durch die Frau. Ein entscheidender Grund für die Entstehung der wenigen matrifokalen Gesellschaften scheint die Abwesenheit der Männer vom Wohnort gewesen zu sein: die Irokesen waren wochen- und monatelang auf Jagd, die Kreter auf See[31]. Der bekannte Soziologe René König weiß sich der Unterstützung seiner Kolleginnen und Kollegen sicher, wenn er schreibt: „Reste" der Theorie vom Matriarchat seien „nur noch ... in politischem Journalismus und im Vulgärmarxismus" zu finden[32].

Die feministische Bewegung selbst scheint inzwischen zunehmend Abstand von der Matriarchatshypothese zu nehmen[33]. Auch

---

29 WESEL 30.

30 Ebd. 25; vgl. DUX, Günter, Die Spur der Macht im Verhältnis der Geschlechter. Über den Ursprung der Ungleichheit zwischen Mann und Frau, Frankfurt 1992, 210–215.

31 WESEL passim; vgl. HAUKE, Frauenpriestertum 94–99.

32 KÖNIG, René, Die Familie der Gegenwart. Ein interkultureller Vergleich, München ³1978, 149, Anm. 43.

Eine einhellige Ablehnung findet die These vom „Matriarchat" auch im internationalen Wissenschaftlerkolloquium über die „Wirklichkeit der Frau": SULLEROT, Evelyne (Hg.), Die Wirklichkeit der Frau, München 1979, 484f.

33 Vgl. schon JANSSEN-JURREIT, Marielouise, Sexismus. Über die Abtreibung der Frauenfrage, München-Wien ²1977, 133; kritisch auch MENSCHIK 130f; HEINE, Susanne, Wiederbelebung der Göttinnen? Zur systematischen Kritik einer feministischen Theologie,

im Süssmuth'schen „Frauenlexikon“ kann man mittlerweile lesen: „... die Frauengeschichte ist weder eine Opfergeschichte im Kontext eines übermächtigen Patriarchats, noch ist sie eine Legitimationsquelle für matriarchale Mythen und Legenden“[34].

Das schließt natürlich nicht aus, daß auch Theologen den vulgärmarxistischen Mythos vom Matriarchat nach wie vor als Ergebnis der historischen Wissenschaft voraussetzen[35]. Mehr und mehr Feministinnen bauen jedoch ihre Theorien nicht mehr darauf. Geblieben ist der feministischen Bewegung freilich eine vorwiegend soziokulturelle Perspektive, die alle Unterschiede zwischen den Geschlechtern im wesentlichen auf beliebig veränderbare „Rollen“ zurückführt.

3. Der Einfluß Simone de Beauvoirs

Entscheidende Anstöße zur Entwicklung des zeitgenössischen Feminismus brachte Simone de Beauvoir, die Lebensgefährtin des existentialistischen Philosophen Jean-Paul Sartre. 1949 veröffentlichte sie ein umfassendes Werk über die Frau mit dem Titel „Le deuxième sexe“, „Das zweite Geschlecht“ oder – so die gängige deutsche Übersetzung – „Das andere Geschlecht“. Feminismus und Feministische Theologie wurden von dieser „Bibel des Feminismus“, wie Alice Schwarzer das Werk nennt[36], grundlegend geprägt. Typisch für viele Feministinnen ist hier das Bekenntnis von Rita Süssmuth: „Für mich ist Simone de Beauvoir ein großes Vorbild ...“[37].

De Beauvoir verarbeitet die marxistische Zukunftsvision und be-

Göttingen 1987, 86–117; WAGNER-HASEL, Beate (Hg.), Matriarchatstheorien der Altertumswissenschaft (WdF 651), Darmstadt 1992.

Während manche Beiträge des o. g. Frauenlexikons nach wie vor ein vorgeschichtliches „Matriarchat“ voraussetzen (z. B. 683.686.785.999.1093), erklärt eine dafür fachlich ausgewiesene Autorin dies als geschichtlich unhaltbar: BLEIBTREU-EHRENBERG, Gisela, Art. „Matriarchat/Patriarchat“: FLex 710–718; Art. „Eheformen“: a. a. O. 177–181; ähnlich KUHN, Annette, Art. „Frauengeschichte“: FLex 344.

34 KUHN a. a. O.

35 Vgl. u. S. 115f.

36 SCHWARZER, Alice: Der Spiegel Nr. 15, 5. 4. 1976, 193; zit. nach PADBERG (1985) 210, Anm. 112.

37 Die Zeit, Nr. 37, 6. 9. 1985, S. 8.

geistert sich für die Ideale der russischen Revolution[38], ist aber wohl stärker dem weltanschaulichen Liberalismus zuzuordnen. Unter „Liberalismus" ist dabei kein bestimmtes Parteiprogramm zu verstehen, sondern der alles bestimmende Ausgangspunkt der individuellen Freiheit. Liberales Denken will das autonome, sich selbst sein Gesetz gebende Individuum zu einer möglichst weitgefächerten Wahl seines Lebensentwurfes befähigen.

Dieser Begriff von Freiheit begegnet uns bei de Beauvoir in der Fassung ihres Lebensgefährten Sartre. Freiheit ist bei Sartre nicht die verantwortliche Formung von etwas Vorgegebenem, sondern reiner Entwurf: „... der Mensch ist nichts anderes, als wozu er sich macht"[39]. Um dieser Freiheit willen ist Sartre Atheist. Wenn Gott existiert, dann ist der Mensch von ihm geschaffen und Gott gegenüber verantwortlich. Existiert Gott aber nicht, dann gibt es auch keinen menschlichen Wesensstand, der unserer individuellen Freiheit anvertraut wäre. Es gibt „keine menschliche Natur, weil es keinen Gott gibt, um sie zu entwerfen"[40]. Oder, in Sartres Terminologie: die „Existenz", der menschliche Seinsentwurf, geht der „Essenz", dem Wesen, voraus. „Existentialismus" bedeutet hier, die selbstgeschaffene eigene Existenz, den eigenen Entwurf, in das Zentrum zu stellen. Im Blickpunkt steht nicht eine gute Schöpfung, die verantwortlich zu formen und auszugestalten uns von Gott anvertraut ist, sondern der eigene Zugriff, die selbstmächtige autonome Entscheidung. Der menschliche Leib wird dann bloßes Material des Sich-Entwerfens. Er ist nach Sartre ein „Werkzeug-unter-Werkzeugen-Sein"[41].

Den Existentialismus ihres Lebensgefährten Sartre wendet Simone de Beauvoir konsequent auf die Situation der Frau an. Der wohl am meisten zitierte Satz ihres Buches lautet:

„Man kommt nicht als Frau zur Welt, man wird es. Kein biologisches, psychisches, wirtschaftliches Schicksal bestimmt die Gestalt, die das weibliche Menschenwesen im Schoß der Gesellschaft annimmt"[42].

---

38 PADBERG (1985) 89; BEAUVOIR, Simone de, Das andere Geschlecht. Sitte und Sexus der Frau. Taschenbuchausgabe, Reinbek 1968 (= 1991), 141f.675.

39 SARTRE, J.-P., Ist der Existentialismus ein Humanismus? Zürich 1947, 14.

40 Ebd. 14.

41 SARTRE, J.-P., Das Sein und das Nichts, Hamburg 1962, 456.

42 BEAUVOIR 265.

Der Selbstentwurf als Frau ist also völlig frei. Wie es für Sartre kein vorgegebenes Wesen des Menschen gibt, so existiert auch für de Beauvoir kein „Wesen der Frau“ mit bestimmten Eigenschaften, die der eigenen Wahl vorausgesetzt sind. Um so schmerzlicher ist für de Beauvoir das Bewußtsein, daß die Beziehungen zwischen Mann und Frau nicht austauschbar sind, sondern von der Frau im Blick auf den Mann die Rede ist und nicht umgekehrt:

„Sie ‚die Frau‘ wird bestimmt und unterschieden mit Bezug auf den Mann, dieser aber nicht in Bezug auf sie; sie ist das Unwesentliche angesichts des Wesentlichen. Er ist das Subjekt, er ist das Absolute: sie ist das Andere“[43].

Diese Selbstentfremdung empfindet die Frau nicht nur in der sozialen Beziehung, sondern auch in ihrer leiblichen Eigenart. Sie ist gebunden an das Interesse der Gattung – d. h. an den Prozeß von Schwangerschaft, Geburt und Kindererziehung – und darum ein weniger selbständiges, autonomes Individuum als der Mann. Beauvoir schreibt:

„... von allen weiblichen Säugetieren ist die Frau dasjenige, das am meisten sich selber entfremdet wird und diese Entfremdung am leidenschaftlichsten fühlt; nirgends tritt die Unterjochung des Körpers durch die Fortpflanzungsfunktion stärker hervor, aber nirgends wird sie auch schwerer hingenommen ...“ „Von der Pubertät bis zur Menopause ist sie der Schauplatz eines Ablaufs, der sich in ihr vollzieht, ohne sie selbst zu betreffen“. „Wenn man sie mit dem Manne vergleicht, so erscheint dieser als unendlich bevorzugt“[44].

Was für die Biologie der Frau typisch ist, erleidet de Beauvoir als Entwürdigung. Sie ruft daher jeden Menschen (und insbesondere jede Frau) auf, „seinen Stolz jenseits der geschlechtlichen Differenzierung in die schwierige Glorie seiner freien Existenz zu setzen“[45].

Ihr eigentliches Zielbild ist aber nicht, wie sie im genannten Zitat nahelegt, das „Menschsein“, sondern das „Mannsein“. Schon 10–12 jährige Mädchen sind für sie „verfehlte Jungen, d. h. Kinder, die keine Jungen sein dürfen“. Ihre Beschreibung der weiblichen Puber-

---

43 BEAUVOIR 11.
44 Ebd. 46.42.46.
45 Ebd. 666.

tät ist daher ein wahres Schreckensgemälde[46]. Das gleiche gilt von der Schilderung des Lebens einer Hausfrau[47].

Selbst manche Feministinnen sind entsetzt über das Frauenbild de Beauvoirs. Marie-Louise Janssen-Jurreit beispielsweise spricht von einem existentialistisch gefärbten Manneskult[48]. Auf den Punkt bringt die Kritik an de Beauvoir die Philosophin Karen Böhme:

„Die These, die Simone de Beauvoir vertritt, läuft darauf hinaus, daß die Frau sich nur emanzipieren kann durch die Emanzipation von ihrer Weiblichkeit, ... indem sie gerade das ablegt, was bisher ihr Frausein ausmachte". Die „Weiblichkeit" steht „dem Menschsein im Wege ..., statt es in einer bestimmten Richtung zu formen"[49].

Karl Simpfendörfer erläutert ausdrücklich die Lebensgeschichte de Beauvoirs. Ihr eigener Lebensentwurf wurde ihr vorgegeben von Sartre, der sie geistig dominierte, sie zum Verzicht auf Kinder veranlaßte und sie mit anderen Frauen betrog. De Beauvoir hat diese Entwürdigung innerlich nicht verkraftet, litt immer wieder unter Angstzuständen und war offensichtlich alles andere als eine glückliche Frau. Das, was sie in ihrem eigenen Leben nicht erfahren konnte – einen treuen Ehemann und Kinder –, hat sie bei anderen Frauen verunglimpft. In aller Öffentlichkeit brüstete sie sich damit, zweimal abgetrieben zu haben.

Ihre Liebesbeziehung zu Sartre stumpfte mehr und mehr ab. Trotzdem kam sie von Sartre nicht los. Symptomatisch scheinen hier einige Begebenheiten, die sich am Lebensende Sartres abgespielt haben. Dazu Simpfendörfer:

„Sartre, der an einem Lungenödem litt, hatte ab und zu Erstickungsanfälle, von denen der letzte seinen langsamen Tod einleitete. Bei eben diesem letzten Anfall rang Sartre stundenlang hilflos mit dem Tod, da ihn Beauvoir erst bei einem morgendlichen Besuch entdeckte.

---

46 Ebd. 289.297ff.

47 Vgl. ebd. 428f.

48 JANSSEN-JURREIT 378.

49 BÖHME, Karen, Zum Selbstverständnis der Frau. Philosophische Aspekte der Frauenemanzipation, Meisenheim am Glan 1973, 15f.

Der Notarzt behandelte Sartre eine Stunde lang, bevor er in ein Krankenhaus transportiert werden konnte. Simone de Beauvoir, die eine Verabredung hatte, nahm diese nun wahr, ohne zu wissen, in welche Klinik Sartre gebracht würde.

Später, während eines Krankenbesuches, versicherte Sartre, der wußte, daß er bald sterben werde, daß er sie sehr liebe und reichte ihr den Mund zum Kuß. Simone de Beauvoir küßte ihn und kommentiert dieses Geschehen lapidar: ‚Diese Worte, diese Geste, ungewöhnlich für ihn, wiesen auf seinen nahen Tod hin'.

Sartre hatte sich infolge von Mangeldurchblutung am Rücken eine Krankheit (Gangrän) zugezogen, die den örtlichen Gewebstod bei erhaltenem Gesamtorganismus bedeutet. So war sein Siechtum noch in besonderem Maße unangenehm und schmerzhaft.

Als Sartre nach einigen Wochen im Beisein von Arlette ‚einer anderen Frau' gestorben war, eilte Beauvoir zu seinem Leichnam" und bat, man möge sie mit Sartre allein lassen. Sie wollte sich neben ihn unter die Decke legen, wurde aber von einer Krankenschwester zurückgehalten: „Vorsicht, die Gangrän". De Beauvoir, die von diesem Leiden nichts gewußt hatte, legte sich dann auf die Decke und berichtete später kühl, wie einige Zeit darauf Sartres Leichnam fortgeschafft wurde.

Simpfendörfer kommentiert: „Die Gleichgültigkeit Beauvoirs gegenüber Sartre ging in der Zeit vor seinem Tod so weit, daß sie sich nicht einmal für den Zustand und die Komplikationen der Krankheit ihres sterbenden Freundes interessierte. Trotzdem verspürte sie den Drang, seinem verfaulten Körper ganz nahe zu sein"[50].

Es geht jetzt nicht darum, ein „Psychogramm" über Simone de Beauvoir zu erstellen. Die genannten Begebenheiten dokumentieren indes die großen menschlichen Probleme, mit denen der Beauvoir'sche Feminismus verbunden gewesen ist. Daß diese Konzeption zu einer Befreiung der Frau führt, ist unglaubwürdig.

---

50 SIMPFENDÖRFER Karl, Verlust der Liebe. Mit Simone de Beauvoir in die Abtreibungsgesellschaft, Stein am Rhein 1990, 63f.

4. Die Entstehung der „neuen Frauenbewegung“[51]

Der moderne Feminismus hat seinen wichtigsten Ursprung in den USA. Parallele Entwicklungen in anderen westlichen Ländern empfingen manche Anregungen von dem „Women's Liberation Movement“, ohne freilich deren Einfluß zu erreichen.

Die Frauenbewegung war in den USA seit der Mitte des 19. Jahrhunderts ganz besonders rührig. Als sie nach dem Ersten Weltkrieg jedoch das aktive und passive Wahlrecht für die Frau als Hauptziel erreichte, wurde es ziemlich still um die Frauenrechtsbewegung. In den 50er Jahren betrachtete man den „Feminismus“ daher als eine überholte Angelegenheit. Dennoch kam es bald zu einem allgemeinen Ausbruch des Unbehagens unter vielen amerikanischen Frauen. Maßgebend dafür ist 1963 Betty Friedans Bestseller „The Feminine Mystique“, auf deutsch etwa: „Die Mystifizierung der Frau“ oder „Der Weiblichkeitswahn“. Den entscheidenden Anstoß für Friedan bildet die Lektüre von de Beauvoirs „Das andere Geschlecht“[52]. Die Amerikanerin gründete die „National Organization of Women“ (NOW), eine bis heute höchst einflußreiche Frauenorganisation in den USA, die eine vollständige Gleichberechtigung erstrebt. Dazu rechnet man auch das Recht zur Abtreibung und die lesbischen Beziehungen[53]. „Der Weiblichkeitswahn“, so Friedan, „besagt, daß der höchste Wert und die einzige Verpflichtung für Frauen die Erfüllung ihrer Weiblichkeit sei ... das neue Leitbild, das dieser Wahn den Amerikanerinnen bietet, ist das alte Leitbild: ‚Beruf: Hausfrau‘“[54].

Hinter dieser Klage verbirgt sich ein echtes Anliegen: durch die geringere Kinderzahl gegenüber früher, durch die Technisierung des Haushalts und durch höhere Bildung fühlen sich viele Hausfrauen und Mütter zu Hause nicht ausgelastet. Eine wenigstens teilweise Eingliederung in das Berufsleben ist erwägenswert, begegnet aber spezifischen Schwierigkeiten.

---

51 Vgl. MENSCHIK; SCHENK 83–223; PADBERG (1985); KING; GERHARD: FLex 301–307.

52 FRIEDAN, Betty, Das hat mein Leben verändert. Beiträge und Reflexionen zur Frauenbewegung, Reinbek 1977, 223.

53 MENSCHIK 81–83; FERREIRA, Cornelia, „The Emerging Feminist Religion“: HPR 89 (1989) 2f.

54 FRIEDAN, Betty, Der Weiblichkeitswahn oder die Mystifizierung der Frau, Hamburg 1966, 33.

Friedan lobt nun in höchstem Maße die Berufstätigkeit der Frau, um dadurch das Hausfrauendasein abzuwerten. Sie fordert eine Angleichung der Rollen von Mann und Frau: „Wie für einen Mann führt auch für eine Frau der einzige Weg zu sich selbst über schöpferische Arbeit"[55]. Kindererziehung und Hausarbeit sollen Mann und Frau zu gleichen Teilen übernehmen, damit die weibliche Berufstätigkeit nicht behindert und die Frau nicht doppelt belastet wird[56].

Die Aktivitäten von Betty Friedan und ihrer „National Organization of Women" waren nur ein Vorspiel für die „neue Frauenbewegung", deren Beginn man in das Jahr 1968 zu datieren pflegt. Hier liegt der entscheidende Ursprung des zeitgenössischen Feminismus. Die „Women's Lib" – abgekürzt für „Women's Liberation Movement" – entstand im Zusammenhang mit den Anti-Vietnam-Demonstrationen und den Studentenunruhen. Neomarxistische Tendenzen verbanden sich mit einer allgemeinen Unzufriedenheit an der „Gesellschaft"[57]. Nach Kate Millett, der bekanntesten Vorkämpferin der „Women's Lib", ist die tiefgreifendste Unterdrückungsstruktur der menschlichen Gesellschaft nicht die kapitalistische Klassenherrschaft, sondern die soziale Vorrangstellung des Mannes. Der Kapitalismus ist ein Niederschlag des Patriarchalismus, nicht umgekehrt. Um die freie Entfaltung der Frau zu ermöglichen, fordert Millett im Gefolge von Friedrich Engels die Abschaffung der Familie, denn diese sei die „Grundeinheit der patriarchalischen Gesellschaft und ... deren fundamentales Instrument"[58].

Der hier geschilderte Feminismus ist eine radikalisierte Fassung des Marxismus, von dem er sich durch die Akzentierung des Mann-Frau-Verhältnisses unterscheidet. Während für orthodoxe Marxisten der Privatbesitz Ursprung jeglicher Unterdrückung ist und die Familie deren Folge, ist für den radikalen Feminismus die Familienstruktur für alle anderen Herrschaftsverhältnisse grundlegend.

Die These, daß Geschlechtsunterschiede die Frau benachteiligen, wird von Shulamith Firestone noch verschärft. In „The Dialectic of Sex" (1970), dem wohl radikalsten Buch unter den „Klassikern" des

---

55 FRIEDAN, Weiblichkeitswahn 227.

56 Ebd. 243f.

57 MENSCHIK 83ff.

58 MILLETT, Kate, Sexus und Herrschaft. Die Tyrannei des Mannes in unserer Gesellschaft, München u. a. 1971, 42.

amerikanischen Feminismus, pocht sie auf eine Beseitigung auch der genitalen Geschlechtsmerkmale. Denn mit diesen Unterschieden sei bereits im Tierreich eine gewisse Unterordnung des weiblichen Geschlechts verbunden. Die „Reproduktion der Gattung“[59] versklave die Frau: „Schwangerschaft“, so Firestone, „ist die zeitweilige Deformation des menschlichen Körpers für die Arterhaltung“[60]. Von der Biologie erhofft sich Firestone die Möglichkeiten, um ihre Utopie zu verwirklichen: „Die bewußte Wahl des Geschlechts des Fötus und die Befruchtung im Reagenzglas sind ... nur eine Frage der Zeit“[61].

In einigen Randgruppen der Women's Lib verband sich der Kampf für die „equality“ mit einem radikalen Männerhaß. Valerie Solanas beispielsweise beklagt, für den Krieg und die Schäden der modernen Zivilisation seien allein Männer verantwortlich. In einem „Manifest der Gesellschaft zur Vernichtung der Männer“ bezeichnet sie das Mannsein als „Mangelkrankheit“ und menschliche Verkrüppelung. Zerstörung, Mord und Sabotage sollen die Vernichtung der Männer herbeiführen. Eine Kampfgenossin, Betsy Warrior, empfiehlt immerhin, man möge einigen Männern das Leben lassen, um sie dann in zoologischen Gärten auszustellen[62].

Natürlich sind die zuletzt genannten absurden Forderungen nicht typisch für den Feminismus als ganzen. Sie zeigen freilich, wie weit sich die Übertragung des Klassenkampfschemas auf die Geschlechterbeziehung verirren kann.

5. Gleichheits- und gynozentrischer Feminismus

Der Feminismus ist keine in sich einheitliche Bewegung; es gibt gemäßigtere und radikalere Formen[63]. Die Übertragung des marxi-

---

59 FIRESTONE, Shulamith, Frauenbefreiung und sexuelle Revolution, Frankfurt 1975, 19.
60 Ebd. 185.
61 Ebd. 184.
62 SOLANAS, Valerie, Manifest der Gesellschaft zur Vernichtung der Männer, Berlin-Schlechtenwegen ^{5}1982 (zuerst amerik. 1968); WARRIOR, Betsy, „Man as an obsolete Life Form“: Women's Liberation: Blueprint for the Future, New York 1970, 45–47; zit. nach PADBERG (1985) 219–221; vgl. auch MENSCHIK 52–55.
63 SCHENK 83–103; PADBERG (1985) 7f.

stischen Unterdrückungsschemas auf die Geschlechterbeziehung gehört freilich zum feministischen Allgemeingut[64]. Das gemeinsame Feindbild ist in aller Regel die stärkere Bindung der Mutter an das Kind, in jedem Fall aber die deutlicher ausgeprägte Verantwortung des Mannes für Leitungsaufgaben.

In dem gemeinsamen Rahmen – Radikalisierung des Marxismus – finden sich bedeutsame Unterschiede. Vor allem zwei große Richtungen haben sich hier herauskristallisiert: die eine, weithin tonangebende Strömung vertritt das Ideal, die sog. „Rollen“ von Mann und Frau einander anzugleichen. Die feministische Historikerin Herrad Schenk nennt dieses Ziel sogar als den gemeinsamen Nenner des Feminismus: „Abbau der Geschlechtsrollendifferenzierung“[65]. Hedwig Meyer-Wilmes spricht hier vom „Gleichheitsfeminismus“[66]. Innerhalb dieser Strömung wird meist unterschieden zwischen dem liberalen und dem sozialistischen Flügel[67].

Neben dem „Gleichheitsfeminismus“ tritt aber gerade in den letzten Jahren mehr und mehr eine zweite Tendenz auf den Plan, typisch weibliche Eigenschaften zu betonen, die in den Frauen deutlicher auszuprägen seien als in den Männern[68]. Das Frausein wird hier neu entdeckt, wenn auch oft verbunden mit einer Abwertung des Männlichen. Die einschlägige Literatur benennt diese Strömung z. T. als „Radikalfeminismus“[69]. Deutlicher scheint der Name „gynozentrischer Feminismus“[70]: nicht ein mannweibliches Idealbild schwebt hier vor, sondern die bewußte Ausformung des Frauseins. Die neuere Literatur dieses, wenn man so will, „frauenzentrierten“ Feminismus (im Unterschied zum androgyn orientierten) findet man exemplarisch verarbeitet in dem Werk von Christa Mulack: „Natürlich weiblich“, 1990.

---

64 SCHENK 139–141; PADBERG (1985) 63.99–102.

65 SCHENK 188–204.

66 MEYER-WILMES 82.114f.

67 Vgl. etwa KING 1282; MEYER-WILMES 82.

68 So schon FRIEDAN, Betty, Second Stage, 1981; dt.: Der Zweite Schritt, Reinbek 1982. Die gleiche Präferenz verbindet mit einer Beschreibung des gegenwärtigen Standes der beiden Grundrichtungen feministischer Theoriebildung: GIESE, Cornelia, Gleichheit und Differenz. Vom dualistischen Denken zur polaren Weltsicht, München 1990, 33–96.

69 MEYER-WILMES 82.85–90.

70 MEYER-WILMES 86f. Das Adjektiv „gynozentrisch“ scheint von Mary Daly geprägt worden zu sein: vgl. u. 73f.

Typisch für den zwischen beiden Strömungen des Feminismus obwaltenden „Schwesternstreit" ist folgende Fernsehdebatte, von Christa Mulack geschildert:

An der Diskussion nahmen teil die Journalistin Marie Louise Janssen-Jurreit, eine Bundestagsabgeordnete der Grünen, Waltraut Schoppe, und der Hamburger Anthropologe Rainer Knußmann, der ein Buch geschrieben hat mit dem Titel: „Der Mann – ein Fehlgriff der Natur"[71]. Mulack stimmte in der Diskussion mit der Grundthese Knußmanns überein, der das Gespräch begann mit der Bemerkung: „Frauen sind friedfertiger". Daraufhin die „Grüne": „Ich bin nicht friedfertig". Knußmann erwiderte, die größere Friedfertigkeit meine nur einen Mittelwert, der nicht auf jedes Individuum anwendbar sei. Gewiß gebe es Frauen, die aggressiver seien als Männer. Aber Frauen insgesamt seien friedfertiger. Schoppe und Janssen-Jurreit wehrten sich jedoch gegen einen vorgegebenen Unterschied zwischen Mann und Frau bezüglich der Aggressivität, obwohl Janssen-Jurreit in einer eigenen Publikation diese These selbst zugestanden hatte. Mulack meint dazu: „Seit Jahrtausenden werden Kriege fast ausschließlich von Männern geplant und geführt; aber auch im zivilen Leben sind sie es, die auffallend häufiger an aggressiven Handlungen beteiligt sind. In der Bundesrepublik gehen rund 95 Prozent aller Morde auf ihr Konto, und auch die zahlreichen Frauenhäuser sprechen eine beredte Sprache. Es bedarf schon eines hohen Maßes von ideologischer Blindheit, um die größere Friedfertigkeit von Frauen nicht eingestehen zu können"[72].

Christa Mulack wendet sich gegen „massive Berührungsängste ... hinsichtlich jedweder Weiblichkeitsvorstellungen", die sie bei den meisten Feministinnen ausmacht, die sozialistisch bzw. marxistisch inspiriert seien[73]. Die Abwehrhaltung gegen die Biologie verkenne den engen Zusammenhang zwischen Leiblichkeit und Kultur. Kein geistiges Phänomen könne sich auf die Dauer erhalten, wenn ihm nicht biologische Tatsachen zugrunde lägen[74]. Sie stellt bei den sozialistisch geprägten Feministinnen einen inneren Widerspruch fest:

---

71 Hamburg 1984.

72 MULACK, Christa, Natürlich weiblich. Die Heimatlosigkeit der Frau im Patriarchat, Stuttgart 1990, 85.

73 Ebd. 15.

74 Ebd. 89.

einerseits bekenne man sich zum Materialismus, andererseits lehne man die Einbeziehung der natürlichen Ebene kategorisch ab[75]. Die feministischen Forderungen, die Geschlechterdifferenz aufzuheben und die Schwangerschaft durch die Technologie zu ersetzen, kommentiert Mulack mit den Worten: „Die Frauenfeindlichkeit und Mannzentriertheit dieser Äußerungen spottet jeder Beschreibung"[76].

Gerade die modernen Möglichkeiten der Gentechnologie haben innerhalb des Feminismus zum Teil zu einer Neubesinnung auf die weibliche Eigenart geführt und zu einer größeren Wertschätzung der vorgegebenen natürlichen Eigenschaften überhaupt. Barbara Sichtermann hierzu:

„Erst seit die Gefahr droht, daß man an und mit ihm manipuliert, wird wieder akzeptiert, daß es ein Erbgut *gibt*. In ihm ist auch das Geschlecht eingetragen. Bedeutet diese Eintragung nicht doch mehr für ein Individuum als Privilegien oder Diskriminierung? Dieses Mehr wäre endlich auch einmal im Kontext von Frauenemanzipation so zu bestimmen, daß es als Chance erscheint, obwohl es eine Grenze bleibt"[77].

Und wiederum Christa Mulack: Wegen möglicher Biologismen „die biologische Dimension des Menschen zu leugnen wäre dasselbe wie Köpfen als Heilmittel gegen Kopfschmerzen"[78].

Mulack nennt eine ganze Reihe von Momenten, in denen die Frau dem Manne überlegen sei:

Auf biologischer Ebene sei allein die Frau in der Lage, Kinder zu gebären und zu nähren. Neben sexueller Überlegenheit habe sie eine höhere Lebenserwartung sowie eine größere Resistenz gegenüber Krankheiten. Auf seelischer Ebene seien Frauen sensibler und intuitiver, auf sozialer Ebene rücksichtsvoller und kooperativer. Auf geistiger Ebene seien Frauen zu einer ganzheitlicheren Wahrnehmung befähigt und neigten weniger dazu, die Wirklichkeit spalterisch aufzugliedern[79].

---

75 Ebd. 87.

76 Ebd. 33.

77 SICHTERMANN, Barbara, Wer ist wie? Über den Unterschied der Geschlechter, Berlin 1987, 16.

78 MULACK, Natürlich weiblich 35.

79 Ebd. 50.

Aus dieser Position heraus wendet sich Mulack gegen die Vorstellungen von Gleichheit, Gleichberechtigung und selbst gegen dic Gleichwertigkeit der Geschlechter. Mann und Frau seien einander nicht gleichwertig, denn die Frau, zum eigenständigen Wirken befreit, sei dem Mann weit überlegen[80]. Durch eine egalitäre Erziehung, wie in der Koedukation, werden die Mädchen benachteiligt, da die aggressiveren Jungen in der Schule viel mehr die Aufmerksamkeit der Lehrenden beanspruchen als die zurückhaltenderen Mädchen[81]. Sinnvoll sei auch eine geschlechtsspezifische Arbeitsteilung, denn eine Unisex-Kultur habe es in der Menschheit noch nie gegeben[82]. Quotenanteile an eher männlichen Aufgaben seien nicht erstrebenswert. Selbstbewußte Frauen, so Mulack, „pfeifen auf die dargebotenen Anteile an patriarchaler Macht, auf das Recht, sexuelle Freiheit und Promiskuität zu genießen, Pornographie zu lesen und zu sehen, ... auf dem Bau Steine zu schleppen oder aber die Umwelt zu vergiften ... Auch die Aussicht, nunmehr aktiv das Vaterland verteidigen zu dürfen, lehnen sie ab“[83].

Die an sich lobenswerte Wiederentdeckung der weiblichen Eigenart im „gynozentrischen Feminismus“ ist freilich oft verbunden mit einer Abwertung des Männlichen. Mulack hält den Mann für eine Abweichung vom weiblichen Grundgeschlecht. Der Kern für diese Behauptung sind mögliche Defekte in der Embryonalentwicklung: wenn bei männlichen Embryonen die Produktion der spezifischen Geschlechtshormone unterbunden wird, so entwickeln sich weibliche Geschlechtsorgane. Mulack beruft sich auf den amerikanischen Anthropologen Ashley Montagu, der schon Ende der 60er Jahre von einer natürlichen Überlegenheit der Frau gesprochen hatte. Montagu führte die bei Frauen im Durchschnitt stärkere Resistenz gegen Krankheiten darauf zurück, daß die beiden X-Chromosomen umfangreicher sind als der XY-Geschlechtschromosomensatz beim Mann. Während 20–50 % mehr Knaben als Mädchen gezeugt werden, führt die hohe Sterblichkeitsziffer der männlichen

80 Ebd. 13.19–55.
81 Ebd. 201–225.
82 Ebd. 40.
83 Ebd. 51.

Kinder in etwa zu einem Ausgleich bei der Zahl der Überlebenden[84]. Die Priorität der Frau, so Mulack, zeige sich etwa auch in der weiblichen Eizelle, die 200.000 mal größer sei als die Samenzelle[85]. Mindestens 70 % aller politischen Mandate seien mit Frauen zu besetzen, da sie auch die Kinder mitzuvertreten hätten[86].

Problematisch ist ferner die Bevorzugung des Lesbianismus vor der Ehe[87], die sich nicht nur bei Mulack findet. Vor allem beim gynozentrischen Feminismus, aber auch bei der androgynen Richtung ist diese Haltung zwar nicht einfach repräsentativ für das Ganze, aber dennoch weit verbreitet. „Seit den Anfängen spielen Lesben in der Frauenbewegung eine zentrale Rolle, sie waren meist tragende und treibende Kräfte"[88]. Mächtigen Zulauf gewannen sie zumal in den USA, wo der Feminismus besonders stark die Angleichung der „Geschlechterrollen" auch im sexuellen Bereich fordert. Lesbische Frauen fühlen sich oft geradezu als die Speerspitze der feministischen Bewegung. Nach einem bekannten Slogan des amerikanischen Lesbianismus ist „Feminismus die Theorie und Lesbischsein die Praxis"[89]. Auch wenn die Mehrzahl der Feministinnen hiermit nicht zu identifizieren ist, so erfreut sich bei ihnen der Lesbianismus doch zumindest einer wohlwollenden Duldung[90].

Mit dem „Schwesternstreit" um die Bedeutung des Fraulichen verwandt ist die Diskussion um den Begriff der „Androgynität", der „Mannweiblichkeit": Die seelische und gesellschaftliche Differenz unter den Geschlechtern soll nicht mehr zwischen Männern und Frauen ausgeprägt sein, sondern ist in jedem Individuum gleichzuordnen. Elisabeth Badinter, eine französische Feministin, liebäugelt sogar mit der Möglichkeit einer männlichen Schwangerschaft[91]. In der Kindererziehung, in der Hausarbeit und in der Arbeitswelt darf

---

84 MONTAGU, Ashley, The Natural Superiority of Women, New York-London ²1968, 70–84; vgl. SULLEROT 87.383ff.

85 MULACK, Natürlich weiblich 91.

86 Ebd. 29f.

87 Ebd. 239 u. a.

88 BARZ, Monika/LEISTNER, Herta/WILD, Ute (Hg.), Hättest du gedacht, daß wir so viele sind? Lesbische Frauen in der Kirche, Zürich 1987, 80.

89 MENSCHIK 55.

90 SCHENK 127f; BARZ/LEISTNER/WILD 78–81.

91 BADINTER, Elisabeth, Ich bin Du. Die neue Beziehung zwischen Mann und Frau oder Die androgyne Revolution, München 1987, 267–269.

es keinerlei Unterschiede mehr geben zwischen Junge und Mädchen, Mann und Frau. „Die Spannung zwischen den ... Polen ‚männlicher' und ‚weiblicher' Eigenschaften besteht dann nurmehr in der Person, nicht mehr zwischen Gruppen"[92]. Jeder Mensch soll die Eigenschaften, die bislang als männlich oder weiblich galten, möglichst zu gleichen Teilen in sich selbst verwirklichen. Das androgyne Zielbild ist für den Hauptstrom des zeitgenössischen Feminismus immer noch typisch[93].

Der Ausdruck „Androgynie" wird indes von manchen Feministinnen vermieden. So sieht Rosemary Ruether darin noch das Vorhandensein männlicher und weiblicher Eigenschaften angedeutet, die sie in Abrede stellt. Man solle besser von „psychischer Ganzheit" oder „Ganzheitlichkeit" sprechen (wholeness)[94].

Andere Feministinnen meiden deshalb den Begriff der „Androgynie", weil sie den „weiblichen" Eigenschaften den Vorzug geben und das autonome Frausein als Ideal betrachten[95]: der „gynozentrische Feminismus". Auch wo dies nicht ausdrücklich geschieht, schiebt man für die Gestaltung der Zukunft sog. „weibliche" Werte in den Vordergrund, die man von den als negativ betrachteten „männlichen" Werten abhebt. Ein Neomarxist und Theoretiker der „Frankfurter Schule", Herbert Marcuse, von Feministinnen gerne zitiert, spielt etwa das „weibliche" „Lustprinzip" gegen das „männliche" „Leistungsprinzip" aus und bejaht: „Rezeptivität, Sensitivität, Gewaltlosigkeit, Zärtlichkeit"[96]. Herrad Schenk spricht von dem universalen Ziel der „Feminisierung des gesamtgesellschaftlichen Normen- und Wertesystems"[97].

Scharf abgelehnt wird in jedem Fall die Vorstellung, daß Mann und Frau einander ergänzen sollen. Jede Komplementarität oder

---

92 SCHENK 205.

93 Vgl. MENSCHIK 60–66; SCHENK 204f; PADBERG (1985) 82.104; MEYER-WILMES 93; MULACK, Natürlich weiblich 12f.19f.31f.

94 RUETHER, R.R., Sexismus und die Rede von Gott. Schritte zu einer anderen Theologie, Gütersloh 1985, 138–142; vgl. HALKES, Catharina, Suchen, was verlorenging. Beiträge zur feministischen Theologie, Gütersloh 1985, 19–21.

95 Vgl. MENSCHIK 60; DALY, Mary, Gyn/Ökologie – eine Meta-Ethik des radikalen Feminismus, München 1980, 12f.

96 MARCUSE, Herbert, „Marxismus und Feminismus": Jahrbuch Politik 6, Berlin 1974, 91f; vgl. PADBERG (1985) 84f.

97 SCHENK 204.

Polarität, jede Zweiteilung von Menschen, Männern und Frauen, bedeute unausweichlich die Zementierung des Patriarchats[98]. Die Äußerungen von Christa Mulack, die mit anderen Autorinnen eher in eine andere Richtung gehen, sind für das Gesamtbild zumindest bislang nicht typisch. Deutlicher ausgeprägt als im angelsächsischen und deutschen Sprachraum scheint das neue Insistieren auf eine spezifische Weiblichkeit in Frankreich – genannt sei hier nur der Name Luce Irigaray – und in Italien[99]. In Frankreich hat dabei das von Evelyne Sullerot veranstaltete Wissenschaftliche Kolloquium über die „Wirklichkeit der Frau" eine gewisse Rolle gespielt („Le fait féminin"), dessen Ergebnisse 1978 publiziert worden sind. Frau Sullerot, Professorin für die Soziologie der Frau (und nicht als Feministin einzustufen), betont in ihrer resümierenden Einführung die große Bedeutung der genetisch grundgelegten Unterschiede, die auch das soziale Leben mitbestimmen. Das bedeute jedoch keineswegs, daß ein Geschlecht dem anderen überlegen sei[100].

6. Querverbindungen zum „New Age"

Alle Feministinnen waren sich in der Anfangszeit einig im Kampf um die Freigabe der Abtreibung. Historiker des Feminismus sehen darin den „eigentlichen Schmelztiegel" für das Entstehen der Neuen Frauenbewegung[101].

Nach dieser ersten Phase standen nach amerikanischem Vorbild die sog. Selbsterfahrungsgruppen im Blickfeld. „In konsequenter Fortführung des Anspruchs auf den eigenen Bauch stand nun das eigene Gefühl im Vordergrund"[102]. Als dritte, derzeit vorherrschende Phase beobachten wir die Entwicklung einer regelrechten feministischen Subkultur mit „Frauenprojekten" aller Art, von Gesundheitszentren und Frauenhäusern bis hin zu Zeitschriften und „autonomen Buchhandlungen"[103].

---

98 SCHENK 188f; PADBERG (1985) 100.
99 Zu Irigaray kurz: Wb 66.82.197f; zu Italien: MULACK, Natürlich weiblich 80; Wb 293.
100 SULLEROT 17–30.
101 SCHENK 87; vgl. PADBERG (1985) 71.
102 PADBERG (1985) 71.
103 Ebd. 72–74.

Allgemein bekannt ist die Affinität des Feminismus zur politischen Partei der „Grünen". Überdies zeigt er sich eng verquickt mit der sog. „New-Age-Bewegung", deren unmittelbarer Ursprung im Kalifornien der 70er Jahre zu suchen ist[104]. Fritjof Capra, einer der Hauptprotagonisten von „New Age", lobt die „feministische Bewegung" als tiefgreifendste Förderung des „neuen Zeitalters"[105].

Die Rede vom „neuen Zeitalter" (New Age) begründet sich aus der Astrologie. Nach dem sog. platonischen Weltenjahr braucht die Sonne 25200 Jahre, um – von uns aus gesehen – den ganzen Tierkreis zu durchwandern. Für jedes Zeichen setzt man eine Periode von 2100 Jahren an. Das gegenwärtig noch vorherrschende Sternbild der Fische entspreche dem Christentum. Es werde jedoch abgelöst vom Sternbild des Wassermanns, das eine neue Welteinheit bringen werde. Andere Namen für das Zeitalter des Wassermanns sind das „Aquarius-" oder das „ökologische" Zeitalter. Dessen Beginn setzt man unterschiedlich an: z. B. Anfang 1950 (so Alfons Rosenberg) oder 1997 bzw. 2143 (so C. G. Jung)[106].

Diese astrologische Deutung setzt einen unwissenschaftlichen Determinismus voraus, wonach die geistige Entwicklung vom Einfluß der Sterne bestimmt wird. Die Freiheit des Menschen fällt hier aus. Als blühender Unsinn erweist sich die astrologische Gleichsetzung von Geisteskultur und Tierkreisen schon dann, wenn man die innere Stimmigkeit dieser Konzeption prüft. Die astronomische Grundlage ist fehlerhaft. Durch die Präzession der Erdachse stimmen die Tierkreiszeichen mit den Sternbildern nicht überein[107].

Die Vision vom „New Age" und vom „Wassermann-Zeitalter" stammt ursprünglich aus der Esoterik des spiritistischen Mediums

---

104 RUPPERT, H.-J., New Age. Endzeit oder Wendezeit? Wiesbaden 1985; PADBERG, Lutz von, New Age und Feminismus, Asslar 1987; SUDBRACK, Josef, Neue Religiosität – Herausforderung für Christen, Mainz 1987; DIEPERINK, Martie, New Age en christelijk geloof. Over de invloed van New Age op de Kerk, Kampen ^{3}1990, 83–94; HANEKE, B./HUTTNER, K. (Hg.), Spirituelle Aufbrüche: New Age und „Neue Religiosität" als Herausforderung an Kirche und Gesellschaft, Regensburg 1991. Aus einer synkretistischen Perspektive: SCHAUP, Susanne, Wandel des Weiblichen. Der Aufbruch der Frau ins New Age, Freiburg 1988.

105 CAPRA, Fritjof, Wendezeit. Bausteine für ein neues Weltbild, Bern u. a. ^{10}1985, 24f.469–472.

106 RUPPERT, New Age 12f.

107 Ebd. 12.

Alice Ann Bailey, verstorben 1949[108]. Bailey, in erster Ehe mit einem evangelischen Pfarrer verheiratet, beruft sich für ihre Inspirationen auf das Diktat von Geistwesen. 1922 gründet sie eine Gesellschaft mit dem Titel „Lucifer Publishing Company", 1923 genannt „Lucis Trust". In ihren Schriften verherrlicht sie den Teufel, proklamiert die Selbsterlösung des Menschen und verkündet die neue Welteinheitsreligion. Der bunte Regenbogen, wichtigstes Wahrzeichen der New-Age-Bewegung, bedeutet für Alice Bailey die Brücke zwischen der Geistigen Hierarchie und den Menschen, biblisch gesprochen: das Sich-Ausliefern an die Dämonen. Sie beruft sich auf „Christus", fordert aber gleichzeitig die Vernichtung der katholischen Kirche. Gegen deren Einfluß hält sie selbst den Einsatz von Atombomben für geboten[109]. Die weitverbreitete „Große Invokation", die „Große Anrufung", die den Humanismus der „One World" herbeiführen soll, versteht sich nicht als Gebet, sondern ist eher eine Beschwörung magischer Kräfte[110].

In diesem Umfeld von Spiritismus und Okkultismus ist auch die „Hexenbewegung" anzusiedeln, die im radikalen Flügel des Feminismus weit verbreitet ist. Die Selbstbezeichnung „Hexe" kann ganz einfach eine Umschreibung sein für den Protest gegen den Patriarchalismus. Sie kann aber auch die Praxis magischer Rituale bedeuten, die einem energetischen Weltbild aufruht: die Welt als Kraftfeld, in das man mit magischen Praktiken einwirken kann[111].

Die „New-Age-Bewegung" ist ein Konglomerat ganz unterschiedlicher Gedanken und Praktiken. Hieraus ergibt sich deren Uneinheitlichkeit. Das einschlägige Schrifttum findet man in den Buchhandlungen meist unter dem Stichwort „Esoterik". Da es hier oft um im weitesten Sinne religiöse Vorstellungen geht, spricht man auch von der „Neuen Religiosität". Gemeinsam ist dem New-Age-

---

108 Zum Folgenden vgl. ebd. 29–33; 98–103; CUMBEY, Constance, Die sanfte Verschwörung. Hintergrund und Gefahren der New-Age-Bewegung, Asslar ^{5}1987, passim.

109 CUMBEY 75f.

110 Vgl. RUPPERT, New Age 50f.

111 Zur zeitgenössischen Hexenbewegung vgl. RUPPERT, H.-J., Die Hexen kommen: Magie und Hexenglaube heute, Wiesbaden 1987.- Eine knappe geschichtliche Auskunft bietet SCHORMANN, Gerhard, Art. „Hexen": TRE 15 (1986) 297–304. Realistischer als die Einschätzung von Ruppert, der den Okkultismus als rein innerpsychisches Phänomen darstellt, scheint die auf eigenen schmerzlichen Erfahrungen beruhende Wertung von DIEPERINK, New Age 95–100.

Gedankengut eine Tendenz zum Monismus und Pantheismus, d. h. es gibt keinen seinsmäßigen Unterschied zwischen Gott und Mensch[112]. Die Welt entstammt nicht einem Schöpfungsakt, der aus der freien göttlichen Liebe hervorgeht, sondern ist mit Gott identisch. Typisch für diese Auffassung ist die „Erste Nationalkonferenz für Frauenspiritualität“ in Boston 1976. Dort tanzten barbusige Frauen in der Kirche und sangen: „Die Göttin lebt!“ und: „Weiblich sein ist göttlich“. Die Konferenz empfahl den Frauen, sie möchten zu Hause einen Altar mit einem Spiegel aufstellen, um ständig daran erinnert zu werden, daß sie die Göttin seien[113].

Die innere Gemeinschaft mit Gott ist für diese Philosophie kein Geschenk, das der persönlichen Liebe Gottes entstammt und nach dem Sündenfall durch Christus neu erworben wurde, sondern eine immer schon bestehende Selbstverständlichkeit. Eine Versenkung in das eigene Ich ist der entscheidende Weg, sich selbst zu erlösen.

Wirklich neu sind die Kerngedanken der „Neuen Religiosität“ keineswegs. Sie variieren vielmehr zahlreiche Vorstellungen der heidnischen Antike, so daß man das „New Age“ schon als „Old-Age-Philosophy“ bezeichnet hat[114]. Vieles erinnert an die Bewegung der Gnosis in der Antike. Die Gnostiker erhofften sich die Erlösung aus dem Gefängnis der materiellen Welt durch „Erkenntnis“ (griech. „gnosis“), durch „Bewußtseinserweiterung“, wie man heute sagen würde. Gott und Welt werden seinsmäßig nicht unterschieden. Bei den Gnostikern finden wir auch bereits das Zielbild des Androgynen und eine Anrufung des Göttlichen in gleicher Weise mit männlichen und weiblichen Attributen[115]. Da braucht es nicht zu verwundern, daß in feministischen Kreisen die antike Gnosis neu entdeckt und mit höchsten Lobeshymnen bedacht worden ist. Zahlreiche Beobachter kennzeichnen darum die New-Age-Bewegung als „Neognosis“, deren Kernpunkt der Gedanke der Selbsterlösung darstellt[116]. Der Mensch will sich nicht mehr Gott verdanken, sondern verehrt sich selbst als höchstes Wesen. Ein solches Denken ist

---

112 RUPPERT, New Age 19 u. a.; SUDBRACK 21f.

113 GOLDENBERG, Naomi, Changing of the Gods: Feminism and the End of Traditional Religions, Boston 1979, 92.94; zit. nach FERREIRA (1989) 8.

114 RUPPERT, New Age 21.

115 HAUKE, Frauenpriestertum 155–162.

116 Zum Beispiel RUPPERT, New Age 18; SUDBRACK, Neue Religiosität 130.155f.

aus christlicher Sicht der Versuchung Satans verfallen, der nach der Genesis die ersten Menschen mit der Verlockung verführt: „Ihr werdet sein wie Gott“ (Gen 3,5).

Auch das Christentum indes verheißt dem Menschen, der Gott liebt, die Teilnahme am Leben Gottes. Eine Teilnahme jedoch, die von Gott aus Geschenk ist. Der Mensch kann sich dieser Gnade öffnen und mit der empfangenen Gabe mitwirken – nicht aber aus eigener Autonomie das Heil erlangen.

Der von Gott geschenkten Erlösung geht die Schöpfung voraus, zu der auch das Geschaffensein als Mann und Frau gehört. Für den Christen ist die geschlechtliche Prägung kein blinder Zufall der Evolution, sondern gute Schöpfung des uns liebenden Gottes. Der Schöpfungsglaube gibt ein wesentliches Kriterium an die Hand, den modernen Feminismus aus christlicher Sicht zu prüfen. Die Tendenzen, die das Mann- oder Frausein verdrängen und überwinden wollen, sind mit dem Christsein nicht vereinbar.

III. ENTWICKLUNG UND EIGENART DER FEMINISTISCHEN THEOLOGIE

1. Das Grundanliegen

Der Feminismus protestiert gegen die gesellschaftliche Führungsstellung des Mannes, die als „Patriarchalismus“ und „Sexismus“ gebrandmarkt wird. Die Feministische Theologie überträgt nun die Grundmuster der feministischen Kritik auf den religiösen Bereich. Als tiefreichendsten Grund und Ausdruck der Vorherrschaft des Mannes betrachtet man das Gottesbild, das von der Einseitigkeit männlicher Symbole wie „Vater“, „Herr“ und „König“ befreit werden müsse. Erst dann werde die „Männerkirche“ verschwinden. Neben das „Vater unser“ stellen dann manche ein „Mutter unsere“, „Jesus Christus“ wird ergänzt von „Jesa Christa“, und die dritte göttliche Person erscheint als „Heilige Geistin“[1].

2. Das Verhältnis zum Marxismus

Der geistige Ursprung des modernen Feminismus liegt, wie dargelegt wurde, in einer Radikalisierung des Marxismus. Maßgebend war dabei die Studentenbewegung am Ende der 60er Jahre. Die enge Allianz zwischen Neomarxismus und Feminismus, für die z.B. Herbert Marcuse eintrat[2], setzt sich fort in der Feministischen Theologie. Wie maßgebende feministische Theologinnen betonen, sind sie von marxistischen Denkansätzen stark beeinflußt und suchen politischen Anschluß an den Sozialismus. Der marxistische Gegensatz von Unterdrückern und Unterdrückten wird hier freilich noch radikaler angesetzt als im Marxismus selbst: Alle Formen der Herrschaft von Menschen über Menschen, so Catharina Halkes, sind „Ausdrucksformen jenes Dualismus ..., der am meisten in die Tiefe geht: der Erhebung des männlichen Geschlechtes über das weibliche“[3].

---

1 Vgl. u. S. 124ff.

2 Vgl. o. S. 39.

3 HALKES, Catharina, Gott hat nicht nur starke Söhne. Grundzüge einer feministischen Theologie, Gütersloh [4]1985, 30.

Ein erstes Beispiel: Eine der führenden Autorinnen der Feministischen Theologie ist von Anfang an die katholische Theologin Rosemary Radford Ruether, seit 1976 Professorin an einer protestantischen Theologischen Hochschule in den USA[4]. Diese Professur gilt trotz der weiten Verbreitung des Feminismus als einziger Lehrstuhl für Feministische Theologie in den Vereinigten Staaten[5]. Ruether bezeichnet 1975 das einschlägige Buch von Friedrich Engels aus dem 19. Jh. als *den* Grundlagentext für konsequente Feministinnen, sympathisiert mit den Entwicklungen unmittelbar nach der russischen Revolution und lobt das China von Mao Tse-tung. Ihr Ziel ist ein „demokratischer“ bzw. „kommunitärer“ „Sozialismus“[6]. Damit gemeint ist freilich nicht der „reale“ Sozialismus, dessen Bankrott inzwischen offenkundig geworden ist, sondern ein utopischer Entwurf, den Ruether 1983 mit liberalen und gynozentrischen Momenten verbinden möchte[7]. Der „wahre“ Sozialismus muß erst noch kommen.

Auch die Niederländerin Catharina Halkes reichert ihre Reflexion mit marxistischem Gedankengut an. Bis zu ihrer Emeritierung 1986 war sie Inhaberin eines Lehrstuhls für Fragen der Feministischen Theologie an der Katholischen Universität von Nijmegen. Feminismus und Sozialismus, so betont sie immer wieder mit einem wohlwollenden Seitenblick auf Herbert Marcuse, gehören zusammen, auch wenn der Feminismus grundlegender sei[8]. Hedwig Meyer-Wilmes, die als Dozentin die Nachfolge von Frau Halkes angetreten hat, versucht in einem neueren Werk, den Unterschied zwischen zwei bekannten feministischen Theologinnen auf folgende Formel zu bringen: die eine (Elisabeth Schüssler Fiorenza) sei „kri-

4 RUETHER, Sexismus, Klappentext; Concilium 27 (1991) 460; Autobiographie: RUETHER, R. R., Disputed Questions. On Being a Christian, Abingdon 1982.

5 So jedenfalls MEYER-WILMES 232, Anm. 14; laut Concilium 27 (1991) 460 handelt es sich um einen Lehrstuhl für „angewandte Theologie“.

6 RUETHER, R. R., New Woman – New Earth. Sexist Ideologies and Human Liberation, New York 1975; dt.: Frauen für eine neue Gesellschaft. Frauenbewegung und menschliche Befreiung, München 1979, 180.190–194.223f.

7 RUETHER, Sexismus 271.276f; zur marxistischen Prägung Ruethers vgl. AXMACHER, Elke, „Feministisch von Gott reden? Eine Auseinandersetzung mit Rosemary Radford Ruethers Buch ‚Sexismus und die Rede von Gott‘“: Zeitschrift für Evangelische Ethik 35 (1991) 15, Anm. 21.

8 HALKES, Söhne 27–30.89.117.

tisch-marxistisch", die andere (Rosemary Ruether) „orthodox-marxistisch"[9].

Eine gewisse Abwendung vom marxistischen Menschenbild und dessen soziologistischer Engführung deutet sich jedoch in den Strömungen der Feministischen Theologie an, die dem gynozentrischen Feminismus folgen, so im deutschen Sprachraum z. B. bei der evangelischen Theologin Christa Mulack[10]. Andere Autorinnen schwanken in ihrer Bewertung, so Meyer-Wilmes: Einerseits betrachtet sie den Unterschied zwischen Mann und Frau als seinsmäßige, ja metaphysische Wirklichkeit[11], aber andererseits polemisiert sie gegen die Rede von einem „Wesen der Frau"[12]. Immerhin ist die Entwicklung so weit gediehen, daß die internationale Zeitschrift „Concilium", in der die Feministische Theologie seit Mitte der 70er Jahre ein Forum hat, 1991 eine eigene Nummer herausbrachte mit der Überschrift „Wesen der Frau?" Die Frage nach dem Wesen ist, philosophisch gesehen, die nach dem „Wassein": Gibt es konstante Eigenschaften, die sich in allen Kulturen durchhalten und das Frausein als Frausein bestimmen? Ein nur soziologisches Denken muß diese Frage verneinen, wie denn die meisten Autorinnen der „Concilium"-Nummer die Rede von einem „Wesen" der Frau energisch ablehnen[13]. Daß aber in einem der einflußreichsten Organe der sich selbst als „progressiv" bezeichnenden Theologie diese Frage überhaupt gestellt wird, ist immerhin bemerkenswert und nicht zuletzt aus der Götterdämmerung zu erklären, worin der Marxismus mehr und mehr dahinschwindet. Trotzdem kommt der marxistischen Weltanschauung nach wie vor eine zentrale Bedeutung zu, wenn auch für unkundige Beobachter nicht immer auf den ersten Blick erkennbar.

---

9 MEYER-WILMES 218f. Ob diese Unterscheidung greift, sei dahingestellt.
10 MULACK, Natürlich weiblich.
11 MEYER-WILMES 91–93.
12 Ebd. 79.141 u. a.
13 Concilium 27 (6/1991).

3. Der geschichtliche Werdegang

Erste Treffen feministischer Theologinnen gab es Anfang der 70er Jahre in den USA[14]. Wenn man die Geburtsstunde der Feministischen Theologie ungefähr fixieren will, so nennt man am besten das Erscheinen von Mary Dalys Buch „Jenseits von Gott dem Vater“ im Jahre 1973[15]. Diese Publikation gilt in feministischen Kreisen nach wie vor als „der Klassiker aus den Anfangsjahren“[16]; Daly selbst wird zu Recht als „Ziehmutter“ feministischer Theologie bezeichnet[17]. „Innerhalb der feministisch-theologischen Diskussion“, so Meyer-Wilmes, „hat ihre Position so viel Gewicht, daß sich alle daran Beteiligten auf sie beziehen und beziehen müssen“[18]. Die geistige Entwicklung von Mary Daly ist darum nach dem allgemeinen Überblick zur Feministischen Theologie eigens zu betrachten.

Die in den USA der 70er Jahre entstandene Feministische Theologie hat anknüpfen können an Gedanken aus der Frühzeit der amerikanischen Frauenbewegung. Immer wieder genannt wird hier vor allem die „Frauenbibel“, „The Woman's Bible“, herausgegeben von Elizabeth Cady Stanton in den Jahren 1895 und 1898. Cady Stanton, Vorsitzende eines Komitees von 20 Anhängerinnen der Stimmrechtsbewegung (Suffragetten), verneint die Offenbarungsqualität der Bibel, die sie als Produkt von Männern betrachtet und als Waffe gegen die Frauenemanzipation beargwöhnt, letzteres im damaligen amerikanischen Kontext nicht ganz ohne Grund. Man befaßt sich deshalb mit der Bibel, weil man die Religion als Hauptursache für die Unterdrückung der Frau anprangert. Die zweibändige „Frauenbibel“ sammelt Schrifttexte über die Frau, erstellt eine neue Über-

---

14 PISSAREK-HUDELIST, Herlinde, „Feministische Theologie – eine Herausforderung?“ ZKTh 103 (1981) 300; dies., „Feministische Theologie – eine Herausforderung an Kirche und Theologie?“: Beinert, Wolfgang (Hg.), Frauenbefreiung und Kirche. Darstellung – Analyse – Dokumentation, Regensburg 1987, 19.

15 DALY, Mary, Beyond God the Father: towards a philosophy of women's liberation, Boston 1973; dt.: Jenseits von Gottvater Sohn & Co. Aufbruch zu einer Philosophie der Frauenbefreiung, München 1980.

16 HALKES, Söhne 36.

17 HAUSCHILDT, Ingeborg, „Die Verunsicherung der Gemeinden durch die Feministische Theologie“: BEYERHAUS, Peter (Hg.), Frauen im theologischen Aufstand. Eine Orientierungshilfe zur „Feministischen Theologie“ (Wort und Wissen 14), Neuhausen-Stuttgart 1983, 22.

18 MEYER-WILMES 143.

setzung und bringt dazu einen kritischen Kommentar. Einige religiöse Grundaussagen der Bibel seien zwar gut – z. B. das Liebesgebot. Aber die Schrift als Ganze sei durch Männerzentriertheit beeinträchtigt[19].

Maßgebend für die Entstehung der Feministischen Theologie im katholischen Raum ist nicht zuletzt das Engagement für das Frauenpriestertum. Eine Schweizer Juristin, die 1962 eine Eingabe für das II. Vatikanum zugunsten der Frauenordination veröffentlichte, reklamiert diese ihre Tat als den „Beginn" der Feministischen Theologie[20]. Diese Selbsteinschätzung darf wohl als übertrieben gelten[21]. Richtig daran ist der Hinweis auf die Bedeutung des Themas Priesterweihe. Vor allem in den USA ist die Bewegung für das Frauenpriestertum bis heute ein wichtiges Ferment, das die Feministische Theologie geprägt hat[22]. Viele Feministinnen haben freilich gar keinen Wunsch nach einem Amt, das schon als solches unterdrückende Strukturen befestige. Andere wollen in die „patriarchalische Struktur" einbrechen, um sie von innen her zu verändern[23]. Kennzeichnend für die USA sind radikale Ordensfrauen, welche die Vorreiterinnen oft selbst des weltlichen Feminismus gebildet haben[24]. Daß die Mitglieder der deutschen Frauenorden den Feminismus in aller Regel ablehnen, wird von den feministischen Theologinnen mit großem Bedauern registriert[25].

Mitte der 70er Jahre faßte die Feministische Theologie auch in Europa Fuß. Bedeutsam dafür war nicht zuletzt die organisatorische Struktur des Weltkirchenrates, dessen „Abteilung für die Zusammenarbeit von Männern und Frauen" 1974 in Berlin eine Konferenz über den „Sexismus" veranstaltete. Pauline Webb, Mitglied im Zen-

---

19 SCHÜSSLER-FIORENZA, Elisabeth, Zu ihrem Gedächtnis ... Eine feministisch-theologische Rekonstruktion der christlichen Ursprünge, München-Mainz 1988, 33–42.

20 HEINZELMANN, Gertrud, Die geheiligte Diskriminierung. Beiträge zum kirchlichen Feminismus, Bonstetten 1986, 90.

21 MEYER-WILMES 34f.

22 PISSAREK-HUDELIST (1981) 301; HAUKE, Frauenpriestertum 62f; RAMING, Ida, Frauenbewegung und Kirche. Bilanz eines 25jährigen Kampfes für Gleichberechtigung und Befreiung der Frau seit dem Zweiten Vatikanischen Konzil, Weinheim 1989; CARR 59–79.

23 HALKES, Söhne 45; RAMING 88–92; vgl. u. S. 183.

24 HABER, Barbara, Women in America. A Guide to Books, 1963–1975, Boston 1978, 155; HAUCH, Regine, „Neue Nonnen. Es gärt in Amerikas Frauenorden": Die neue Ordnung 41 (1987) 374–381.

25 RAMING 99–102.

tralkomitee des Ökumenischen Rates der Kirchen, gab dabei eine offiziöse Definition des Begriffes „Sexismus“: „Unter Sexismus verstehen wir jede Art der Unterordnung oder Abwertung einer Person oder Gruppe nur aufgrund des Geschlechts“[26]. Der Generalsekretär des Weltkirchenrates, Philipp Potter, brandmarkte auf der Sexismus-Konferenz jede Art der sozialen Vorrangstellung des Mannes als „dämonisch“[27].

Die Aufgabe des Mannes als „Haupt“ in der Ehe, von der die paulinischen Briefe als Teil der Schöpfungsordnung sprechen, ist später noch eigens zu diskutieren. Festgehalten sei aber schon jetzt, daß der Feminismus diese Funktion mit einer Minderbewertung der Frau gleichsetzt und im wahrsten Sinne des Wortes verteufelt. Für die gängigen Definitionen von „Sexismus“ sind „Abwertung der Frau“ und eheliche Unterordnung ein und dasselbe[28].

Voraussetzung für das Eindringen des Feminismus in den Weltkirchenrat ist die Weltkirchenkonferenz von Uppsala 1968, bei der sich die „Befreiungstheologie“ durchsetzte und die weitere Arbeit des Genfer Ökumenismus in hohem Maße bestimmte[29]. Die Nähe zur „Theologie der Befreiung“ wird von den feministischen Theologin-

---

26 Übersetzt aus: Pauline Webb, „Address at the Public Meeting“: SEXISM in the 1970s. Discrimination against women. A Report of a World Council of Churches Consultation West Berlin 1974, Genf 1975, 10.

27 Philipp Potter, „Address at the Public Meeting“: SEXISM 31. Kennzeichnend für die gegenwärtig vertretenen Meinungen ist der sog. „Sheffield-Report“: PARVEY, C.F. (Hg.), Die Gemeinschaft von Frauen und Männern in der Kirche, Neukirchen-Vluyn 1985.

Zum Weltkirchenrat vgl. auch MEYER-WILMES 20–24; PRÜLLER, Veronika, Wir Frauen sind Kirche – worauf warten wir noch? Feministische Kirchenträume. Anregungen für das Leben in christlichen Gemeinden, Freiburg 1992, 43–61; CRAWFORD, Janet, „The Community of Women and Men in the Church: Where are we now?“ Ecumenical Review 40 (1988) 37–47; ODUYOYE, Mercy, „Frauendekade 1988–1998“: Ökumenische Rundschau 37 (1988) 257–270; das Auftreten einer koreanischen Feministin (Chung Hyung Kyung), die Ahnengeister als „Ikonen der Heiligen Ruach“ anrief, auf der 7. Vollversammlung des Weltkirchenrates in Canberra und die Reaktionen darauf diskutieren u. a. mehrere Beiträge in: Una Sancta 46 (2/1991).

Eine dezidierte Feministin, Marga Bührig, wurde 1983 Mitglied im Präsidium des Weltkirchenrates. Vgl. BÜHRIG, Marga, Die unsichtbare Frau und der Gott der Väter. Eine Einführung in die feministische Theologie, Stuttgart 1987; dies., Spät habe ich gelernt, gerne Frau zu sein. Eine feministische Autobiographie, Stuttgart [3]1988.

28 Vgl. etwa auch BAUER, Angela, Art. „Sexismus“: Wb 367–370.

29 Vgl. HOFFMANN, Gottfried, Der Ökumenismus heute. Geschichte- Kritik – Wegweisung, Stein am Rhein 1978, 63ff; KRÜGER, Hanfried, „Werden und Wachsen des Ökumenischen Rates der Kirchen“: Urban, H.J./Wagner, H. (Hg.), Handbuch der Ökumenik II, Paderborn 1986, 59–61.

nen immer wieder betont[30]. Feministische und Befreiungstheologie gelten als „Genitivtheologien“ (Theologie *der* Frauen, *der* Unterdrückten). Beide erwählen sich ein Teilgebiet theologischen Nachdenkens zum alles bestimmenden Mittelpunkt. Wie die Theologie der Befreiung von den Unterdrückten für die Unterdrückten betrieben werden soll, so Feministische Theologie von Frauen für Frauen. Wie die Befreiungstheologie, so versteht sich der theologische Feminismus als „kontextuelle Theologie“, d. h. als Theologie, die mit Bezug auf ein ganz bestimmtes soziales Umfeld hin entwickelt wird. Befreiungstheologen fordern die „Parteilichkeit“, sich auf den Standpunkt der „Armen“ zu stellen, die man meist im Sinne des Marxschen Proletariats versteht[31]; die feministischen Theologinnen machen die weibliche Erlebnisweise, die sog. „Erfahrung“, zum Maß des Theologisierens. Die Erfahrung von Frauen, so kann man im „Wörterbuch der Feministischen Theologie“ lesen, ist gleichzeitig „Quelle“ und „Kriterium“ theologischer Urteile[32].

Catharina Halkes formuliert diese Perspektivenhaftigkeit noch deutlicher: „Sie, aufständische Frauen, sind Thema und Subjekt dieser Theologie und machen ihre Beziehung zu Gott und zum Göttlichen zum zentralen Objekt ihrer Theologie“[33].

Das Wort „Theologie“ ist dabei nach feministischer Ansicht nur mit Vorsicht zu verwenden. Nach Hedwig Meyer-Wilmes ist Feministische Theologie an der „Grenze“ zwischen Wissenschaft und politischer Bewegung anzusiedeln. „Grenzüberschreitungen“ seien für sie geradezu konstitutiv, was eine ernsthafte Einbindung in die Wissenschaft erschwere[34]. Nach Catharina Halkes geht es dem theologischen Feminismus um „ein weniger gradliniges, konsequent logisches Denken“ als in der „alten Theologie“, der man eine extreme „Verkopfung“ vorwirft. Zu wünschen sei „ein erfinderisches, impro-

---

30 RIEGER, Renate, Art. „Befreiungstheologie“: Wb 39–44.

31 RAUSCHER, Anton, Kirche in der Welt. Beiträge zur christlichen Gesellschaftsverantwortung I, Würzburg 1988, 397–476; die Bedeutung des Marxismus als sog. „sozialwissenschaftliche Methode“ unterstreicht auch heute noch FERNET-BETANCOURT, Raúl, Art. „Marxismus“: Goldstein, Horst (Hg.), Kleines Lexikon zur Theologie der Befreiung, Düsseldorf 1991, 146–150.

32 SCHAUMBERGER, Christine, Art. „Erfahrung“: Wb 73–78; vgl. u. S. 102–116.

33 HALKES, Söhne 32.

34 MEYER-WILMES 7.76.145f.

visiertes Handeln, weniger Sachlichkeit, größere Zweideutigkeit"[35]. An die Stelle der „Theo-logie" (vernunftbestimmte Rede von Gott) tritt nach dem Wunsch mancher Autorinnen die „Theo-phantasie" oder „Theo-poesie"[36]. Die Feministinnen, die eine „Göttin" verehren, sprechen auch von „Thealogie" und „Theasophie"[37].

Gefördert wird die Feministische Theologie seit 1976 von weitverbreiteten Zeitschriften aus dem „progressiven Lager" der katholischen Kirche. Den Anfang machte auf Weltebene namentlich die schon erwähnte Zeitschrift „Concilium". 1977 erhielt Catharina Halkes an der Katholischen Universität Nijmegen einen eigenen Lehrstuhl für „Feminismus und Christentum". 1980 erschien ihr Taschenbuch „Gott hat nicht nur starke Söhne", das zu einem Bestseller wurde[38]. Die derzeitige Verbreitung feministischer Theologie hierzulande dürfte hauptsächlich auf diese Initialzündung zurückgehen. Neben Halkes ist die Protestantin Elisabeth Moltmann-Wendel die derzeit wohl einflußreichste feministische Theologin in Mitteleuropa. Moltmann-Wendel ist die Ehefrau des Tübinger Theologen Jürgen Moltmann, einem der Wortführer der „politischen Theologie", die mit der Befreiungstheologie eng verwandt ist. Eine einschlägige Wirksamkeit entfalteten besonders die von Moltmann-Wendel begründeten jährlichen Tagungen der Evangelischen Akademie Bad Boll[39].

An der Universität Nijmegen gilt Feministische Theologie als wissenschaftliches Hauptfach, das alle Studierenden der Theologie pflichtmäßig belegen müssen[40]. Inhaberin der Dozentinnenstelle ist z. Zt. die schon erwähnte Münsteraner Theologin Hedwig Meyer-Wilmes, die bei ihrem Dienstantritt noch nicht promoviert war. Der neben der Dozentur existierende Lehrstuhl wird im Rotationsverfahren regelmäßig neu vergeben. Die sehr spezifischen Verhältnisse in Nijmegen bringen es mit sich, daß der zuständige Großkanzler der Universität (Kardinal Simonis) die akademischen Stellen

35 HALKES, Söhne 36.73.

36 MOLTMANN-WENDEL, Elisabeth, Ein eigener Mensch werden. Frauen um Jesus, Gütersloh [4]1984, 17f; HABERMANN, Ruth/SÖLLE, Dorothee, Art. „Phantasie": Wb 326f.

37 HALKES, Catharina, Art. „Theologie, feministische": FLex 1102.

38 HALKES, Söhne.

39 PISSAREK-HUDELIST (1981) 289, Anm. 3.

40 Zur Situation in Nijmegen vgl. MEYER-WILMES 68–75.

der Feministinnen nicht genehmigt hat, die theologische Fakultät sich jedoch über dieses kirchenrechtliche Hindernis hinweggesetzt[41].

Im deutschen Sprachraum wird Feministische Theologie z. T. als Forschungsprojekt oder Lehrauftrag in die theologischen Fakultäten integriert[42]. Die Katholisch-Theologische Fakultät in Bonn plant einen eigenen Lehrstuhl für Frauenforschung, dessen künftige feministische Prägung kaum zweifelhaft sein dürfte, wenn er zustanden kommen sollte. Die Katholisch-Theologische Fakultät der Universität Münster hatte für den Herbst 1992 sogar eine direkt als solche bezeichnete „Professur für Feministische Theologie" ausgeschrieben[43]. Ein öffentlicher Protest zumal gegen letztere Stelle, etwa von seiten des zuständigen Bischofs, ist dem Verfasser bislang nicht bekannt geworden.

Auf heftigen Widerstand stieß dagegen im evangelischen Raum die Einrichtung eines „Frauenstudien- und Bildungszentrums" in Gelnhausen bei Fulda durch die EKD (Evangelische Kirche in Deutschland). Der Grund: für die Leitung des Zentrums wurden zwei bekannte Feministinnen berufen[44]. Auch für den katholischen Bereich bedenkenswert ist der öffentliche Protest von acht evangelischen Theologieprofessorinnen:

„Die Einseitigkeit der beschlossenen Besetzung mit zwei dezidierten Vertreterinnen des Feminismus bzw. der feministischen Theologie, eine davon zudem ausdrückliche Verfechterin der Gleichstellung, ja Höherwertung gleichgeschlechtlicher Lebensgemeinschaften von zwei oder mehr Partnern mit der Ehe, ist nicht hinzunehmen. Bei dieser Entscheidung ist die ursprüngliche Zusage, das Zentrum werde für alle Frauen da sein, ‚unabhängig von theologischen Strömungen ..., schlicht auf der Strecke geblieben ... Der Beschluß des Rates stellt auch einen gewichtigen Schritt zur In-

41 PLOEG, J. P. M. van der, „Die theologische Fakultät der katholischen Universität Nijmegen": Theologisches 22 (1992) 504.

42 MEYER-WILMES 63–67.232, Anm. 14.

43 Laut Rundschreiben an die Dekanate der Kath.-Theol. Fakultäten in Deutschland.

44 Die Frankfurter Pfarrerin Renate Jost und die Pädagogin Herta Leistner aus Bad Boll, die u. a. durch engagierte Plädoyers für lesbische Partnerschaften hervorgetreten ist: BARZ/LEISTNER/WILD; Heiß umstritten: Das EKD-FRAUENZENTRUM (idea-Dokumentation 10/93), Wetzlar 1993.

stitutionalisierung der feministischen Theologie dar. Die evangelisch-theologischen Fakultäten haben aus gutem Grund einen solchen Schritt – in Gestalt der Einrichtung eines Fachs Feministische Theologie mit entsprechenden Lehrstühlen – bisher immer abgelehnt; vielmehr haben sie betont, daß die Anfragen von Frauen sowie die von Frauen betriebene Theologie in den Rahmen des normalen, Männer und Frauen umfassenden Lehr- und Forschungsbetriebs gehören“[45].

Seit den 80er Jahren gibt es mehrere feministisch-theologische Zeitschriften – im deutschen Sprachraum gleich zwei („Schlangenbrut“ aus Münster, seit 1983, und „Fama“ aus Basel, seit 1985) – und eine ganze Reihe von „Netzwerken“, die Feministische Theologie in die Praxis umsetzen wollen[46].

4. Unterschiedliche Richtungen

Die Feministische Theologie ist keine einheitliche Erscheinung. Insbesondere unterscheidet man Theologinnen, die grundsätzlich im vorgegebenen Rahmen des Christentums bleiben wollen, von solchen, die den christlichen Glauben als „unrettbar patriarchalisch“ verlassen haben[47]. Die eine Hauptrichtung, so Rosemary Ruether, „besteht darin, gegebene historische Traditionen, wie z. B. das Christentum oder das Judentum zu sichten. Die andere versucht, eine matriarchale, göttinzentrierte Religion wieder aufzufinden, von der

45 EKD-FRAUENZENTRUM 18; auch namhafte männliche Theologieprofessoren (die nicht dem evangelikalen Spektrum zuzurechnen sind) haben mittlerweile protestiert, so F. W. Graf, M. Hengel, W. Pannenberg, T. Rendtorff, R. Schröder: FAZ, 10. 7. 93, S. 4; EKD-FRAUENZENTRUM, passim. Nach Martin Hengel, dem bekannten Tübinger Neutestamentler, befindet sich die EKD „hier an einem Scheideweg: Sie kann diesen Vorfall zum Anlaß nehmen, darüber nachzudenken, ob sie auch heute noch evangelische Kirche sein will. Eine in Glauben und Ethik unverbindlich gewordene Vereinigung zur Pflege beliebiger religiöser Gefühle, sexueller ‚Selbstverwirklichung‘ und modischer Utopien verdient dagegen die Bezeichnung ‚evangelisch‘ und ‚Kirche‘ nicht mehr“ (a. a. O. 27).

46 SCHAUMBERGER, Christine/MAASSEN, Monika (Hg.), Handbuch Feministische Theologie, Münster 1986, 116–211; PRÜLLER 33–42.212. In den USA existiert seit 1985 das „Journal of Feminist Studies in Religion“, in Großbritannien seit 1992 die Zeitschrift „Feminist Theology“.

47 HALKES, Söhne 34–36; GÖSSMANN, Elisabeth, Die streitbaren Schwestern. Was will die Feministische Theologie? Freiburg 1981, 39.

geglaubt wird, sie habe in einem alten vorpatriarchalischen Stadium menschlicher Kultur existiert"[48]. Der „Göttinnenfeminismus" ist der religiöse Ausläufer des gynozentrischen Feminismus, während die im Vergleich dazu „gemäßigten" Feministinnen normalerweise das androgyne Modell übernehmen.

Die Grenzen zwischen den beiden Flügeln, „Gemäßigten" und „Radikalen", sind freilich fließend[49]. Typisch ist etwa die Aussage von Ursula Krattiger, der Übersetzerin des genannten Buches von Halkes: „Wer einmal Feministin geworden ist, kann in der bestehenden Welt nur noch ... auf der Grenze ... leben ..., wo es gar nicht mehr so wichtig ist, ob ich ‚grade noch drin' oder ‚grade schon draußen' bin." Wohlwollend zitiert sie Mary Daly, die ihre Zeit nicht mehr nach „Anno Domini" mißt, „im Jahr des Herrn", sondern eine neue Zeitrechnung beginnt: „Anno Feminarum", „im Jahre der Frauen"[50].

Der Aufbruch zu neuen Ufern wird auch in der Weise betont, daß man das eigene Unterwegssein hervorhebt und sich vor abgeschlossenen theologischen Systembildungen scheut[51]. Wohin der Weg führe, wisse sie nicht, meint Krattiger[52].

Über die beiden Grundströmungen der Feministischen Theologie hinaus – die eine noch im Christentum, die andere schon draußen – fällt es schwer, genauere Aufgliederungen vorzunehmen. Die angegebenen Raster fallen sehr unterschiedlich aus[53]. Einteilungen sind z. B. möglich 1) nach Arbeitsbereichen, 2) nach der angewandten Methode oder 3) nach dem Verhältnis zu den feministischen Vorgaben:

1) Die Einteilung der Feministischen Theologie nach Arbeitsbereichen. Einen gewissen Vorzug unter den Betätigungsfeldern bekommt die Exegese. Im Alten Testament bemüht man sich beson-

---

48 RUETHER, R. R., „Weibliche Symbole und ihr gesellschaftlicher Kontext": Reformatio 36 (1987) 178.

49 HALKES, Söhne 35f.

50 KRATTIGER, Ursa, Die perlmutterne Mönchin. Reise in eine weibliche Spiritualität, Hamburg 1987 (zuerst: Zürich 1983), 83.

51 HALKES, Söhne 36; HALKES, Catharina/MEYER-WILMES, Hedwig, Art. „Feministische Theologie/Feminismus/Frauenbewegung. I. Im westlichen Kontext": Wb 105.

52 KRATTIGER 96; vgl. HALKES, Theologie, feministische 1105.

53 Das bislang umfangreichste Schema bietet MEYER-WILMES 109–113; vgl. auch die Einteilung bei SCHNEIDER-BÖCKLEN, Elisabeth/VORLÄNDER, Dorothea, Feminismus und Glaube, Mainz-Stuttgart 1991, 45–106.

ders, die „weiblichen“ Symbole des Gottesbildes herauszustellen, während man für das Neue Testament eine Abfallsgeschichte konstruiert: am Anfang der Jesusbewegung habe die vollkommene Gleichheit der Geschlechter gestanden, aber später sei die Kirche durch die Bildung des hierarchischen Amtes und die Anpassung an die patriarchalische Familienstruktur von dem egalitären Ursprung abgefallen. Die bekannteste Vertreterin dieser Abfallthese ist die deutsche Exegetin Elisabeth Schüssler Fiorenza, die in den USA eine Professur für Neues Testament innehat[54].

Für die weitere Kirchengeschichte bemüht man sich, das Wirken und Leiden der Frauen besser zu erforschen und bewußter zu machen[55]. Über eine besondere Reputation (in akademischen Kreisen) verfügt dabei die Mediävistin Elisabeth Gössmann, die zumal in ihrem Spezialbereich Mittelalter vor einer Mißachtung wissenschaftlicher Methodik ebenso warnt wie vor einer globalen Verketzerung ganzer kirchengeschichtlicher Epochen als „frauenfeindlich“. Aber auch Gössmann möchte die Feministische Theologie, analog zur Ökumenischen Theologie, zu einem Grundmoment der Theologie überhaupt machen[56]. Über die Exegese und die Kirchengeschichte hinaus gibt es Versuche, die Ethik und verschiedene Bereiche der Dogmatik feministisch zu deuten. Innerhalb der Praktischen Theologie finden besonders die liturgischen Versuche großes Interesse.

2) Die Einteilung der Feministischen Theologie nach der angewandten Methodik. Was den gedanklichen Weg angeht, so läßt sich in der Feministischen Theologie eine mehr befreiungstheologisch inspirierte von einer mehr tiefenpsychologisch vorgehenden Richtung unterscheiden. Die eine ist mehr soziologisch, die andere eher psychologisch orientiert. Befreiungstheologisch ausgerichtet sind die Hauptvertreterinnen der „gemäßigten“ Feministischen Theologie: Rosemary Ruether, Elisabeth Schüssler Fiorenza, Catharina Halkes und Elisabeth Moltmann-Wendel. Die tiefenpsychologische Strömung dagegen wird maßgeblich von C. G. Jung inspiriert, dem Schöpfer der Archetypenlehre. Jeder Mensch, so C. G. Jung, trage

54 Vgl. u. S. 180f.

55 GÖSSMANN, Schwestern 67–98; KÖPF, Ulrich, „Bemerkungen zur feministischen Auffassung der Kirchengeschichte“: Theologische Beiträge 22 (1991) 139–141.

56 GÖSSMANN, Schwestern 19–25.

in seiner Seele auch das seelische Urbild des anderen Geschlechtes in sich – eine These, die das Zielbild der „Androgynie“ begünstigt, aber vor allem wegen des Insistierens auf „männliche“ und „weibliche“ Merkmale bei Feministinnen auch heftige Kritik gefunden hat[57].

Stark tiefenpsychologisch orientiert sind die Vertreterinnen des „Göttinnenfeminismus“, im deutschen Sprachraum vor allem die Protestantinnen Christa Mulack, Hildegunde Wöller, Jutta Voss und Elga Sorge. Diese tiefenpsychologische Ausrichtung sieht im Gefolge von C. G. Jung und dessen Schüler Erich Neumann das mütterliche Prinzip bzw. das transpersonale Unbewußte als das ursprüngliche an. Das Bewußtsein des Menschen, so Neumann, entspringe erst nachträglich dem kollektiven Unbewußten. Im Leben des Menschen und der Menschheit gehe die psychische Einheit mit der Mutter, das „Matriarchat“, der sich von der Einheit distanzierenden Bedeutung des Bewußtseins, dem „Patriarchat“, voraus. Von der Individualentwicklung des Menschen schließt Neumann dabei auf die Menschheitsgeschichte. In ähnlicher Weise hatte im letzten Jahrhundert Ernst Haeckel behauptet, das Kind im Mutterleib durchlaufe die verschiedenen Stadien der Stammesentwicklung – eine These, die durch die moderne Embryologie widerlegt ist[58]. Das „Männliche“ wird in der Jung-Schule dem bewußten Seelenleben angenähert, das „Weibliche“ dem Unbewußten[59]. Wegen dieser Priorität des Weiblichen postuliert man für die Menschheitsgeschichte ein ursprüngliches Matriarchat, das sich die Feministinnen zugleich als Zukunftshoffnung erträumen. Dem Matriarchat entspricht dann auf religiöser Ebene die Verehrung der Göttin.

Aus der Sicht der matriarchalen Religion wird das Alte Testament zum Schreckgespenst. Die Propheten, die sich gegen den Polytheismus und damit auch gegen den Kult der Großen Göttin wenden, erscheinen in manchen feministischen Werken geradezu als Inbegriff des Bösen, während das kanaanäische Heidentum glorifiziert wird. Besonders kraß zeigt sich diese Konzeption in dem Buch von Gerda

---

57 WEHR, D. S., Jung and Feminism, Boston 1987; BROCKMANN, Doris, Ganze Menschen – Ganze Götter. C. G. Jung in der feministischen Theologie. Mit einem Vorwort von Peter Eicher, Paderborn 1990.

58 BLECHSCHMIDT, Erich, Wie beginnt das menschliche Leben? Stein am Rhein ^{2}1984.

59 Vgl. HAUKE, Frauenpriestertum 126–129.

Weiler, „Das Matriarchat im Alten Testament“[60]. Da im „matriarchalen“ Gedankengut wütende Ausfälle gegen das Judentum vorkommen („Mord der Göttin“ u. ä.), ist eine heftige Diskussion entbrannt um den „Antijudaismus“ in der Feministischen Theologie[61]. Nicht zuletzt aufgrund der jüdischen Proteste neigen die Theologinnen, die nicht der „Göttinnen“-Richtung angehören, wieder zu einer positiveren Sicht des Alten Testamentes und des Judentums[62].

Die tiefenpsychologisch bzw. matriarchalisch orientierten Vertreterinnen des „Göttinnenfeminismus“ sind oft mit einer besonders lebhaften Phantasie beflügelt. Je ausgefallener die Thesen sind, desto mehr finden sie in manchen Kreisen Beachtung. Um ein vergleichsweise harmloses Beispiel zu nennen: Die evangelische Krankenhauspfarrerin Jutta Voss begründet das ursprüngliche Matriarchat mit einer tiefenpsychologischen Interpretation des Märchens vom tapferen Schneiderlein. Der Kampf mit der wilden Sau in diesem Märchen mache deutlich, wie die Männerkirche die Frau –wie die Sau in der Kapelle des Märchens – eingesperrt und in ihrer Selbständigkeit behindert habe. Die Frau sei von der kraftvollen Wildsau zum rosa Hausschweinchen mit möglichst vielen Ferkeln = Kindern domestiziert worden und habe sich diese Entwertung selbst zu eigen gemacht[63].

3) Die Einteilung der Feministischen Theologie nach dem Verhältnis zu den feministischen Vorgaben. Die Spannung zwischen dem „Gleichheitsfeminismus“ und dem „gynozentrischen Feminismus“ setzt sich auf der theologischen Ebene fort. Der „Göttinnenfeminismus“ von Mary Daly, Carol Christ, Elga Sorge, Christa Mulack und anderen überträgt das gesellschaftliche Ideal in die religiöse Symbolwelt, die nach der Priorität des Weiblichen umgestaltet werden

---

60 WEILER, Gerda, Das Matriarchat im Alten Testament, Berlin u. a. 1989; dazu SCHNEIDER-BÖCKLEN/VORLÄNDER 83–95. Ein weiteres Beispiel: BALZ-COCHOIS, Helgard, „Gomer oder die Macht der Astarte. Versuch einer feministischen Interpretation von Hos 1–4“: EvTh 42 (1982) 37–65; kritisch dazu: HERMISSON, H.-J., „Der Rückschritt oder: Wie Jahwe mit Astarte versöhnt werden soll“: EvTh 42 (1982) 290–294.

61 SIEGELE-WENSCHKEWITZ, Leonore (Hg.), Verdrängte Vergangenheit, die uns bedrängt, München 1988; dies., Art. „Antijudaismus“: Wb 22–24.

62 Vgl. die Behandlung des Stichwortes „Antijudaismus“ (Reg.) im Wb.

63 VOSS, Jutta, Das Schwarzmondtabu. Die kultische Bedeutung des weiblichen Zyklus, Stuttgart 1988; vgl. SCHNEIDER-BÖKLEN/VORLÄNDER 103.

soll. „Gott“ wird ersetzt durch „Göttin“. Die Vertreterinnen des Göttinnenfeminismus haben sich innerlich und sehr oft auch äußerlich von den christlichen Gemeinschaften getrennt.

Im „christlichen Feminismus“ geben nicht die Förderinnen der Göttin, sondern die Anhängerinnen und Anhänger des androgynen Ideals den Ton an. Nach deren Vorstellungen ist, pointiert gesagt, das „Vater unser“ mit einem „Mutter unsere“ gleichgewichtig zu verbinden.

5. Die Feministische Theologie im Spiegel der Kritik[64]

Eine heftige Auseinandersetzung um die Feministische Theologie finden wir in Deutschland vor allem innerhalb des Protestantismus. In der Bildungsarbeit der evangelischen Landeskirchen nimmt die Verbreitung des theologischen Feminismus einen weiten Raum ein, stößt seit Anfang der 80er Jahre aber auch auf Widerstand[65]. Der „Theologische Konvent bekennender Gemeinschaften“ veröffentlichte bereits 1983 ein instruktives Taschenbuch als Orientierungshilfe, herausgegeben von Peter Beyerhaus, dem Tübinger Professor für Missions- und Religionswissenschaft[66]. Mitgearbeitet hat dabei Ingeborg Hauschildt, die mit zwei weiteren Büchern und einer Reihe von Aufsätzen an die Öffentlichkeit getreten ist[67]. In den Nie-

---

64 Die folgende Übersicht konzentriert sich auf die Entwicklung im deutschen Sprachraum und in den benachbarten Niederlanden. Einen kritischen Einblick in die amerikanische Situation vermitteln u. a. die im Literaturverzeichnis genannten Arbeiten von Cornelia FERREIRA. Für die gespaltene Reaktion des US-amerikanischen Episkopats auf die Feministische Theologie ist bezeichnend die Auseinandersetzung um die verschiedenen Entwürfe des in der vierten Fassung schließlich gescheiterten „Frauen-“ Hirtenbriefes; dazu 30 Tage 2 (12/1992) 21–23/23–25 (G. Cardinale); Herder-Korrespondenz 42 (1988) 267f; 44 (1990) 207–209; 47 (1993) 7.87–92 (K. Nientiedt). Die amerikanische Übersetzung des „Weltkatechismus“ wurde durch fragwürdige Rücksichtnahmen auf den Feminismus und deren Korrekturen erheblich verzögert: vgl. 30 Tage 3 (3/1993) 27f (G. Cardinale). Besonders typisch für die USA sind die Auseinandersetzungen um die liturgische Sprache: vgl. u. S. 149f.

65 Vgl. neben den Arbeiten von Ingeborg HAUSCHILDT (Anm. 67): HUNTEMANN, Georg, Die Zerstörung der Person – Umsturz der Werte – Gotteshaß der Vaterlosen – Feminismus, Bad Liebenzell 1981, 65ff; NEUER, Werner, Mann und Frau in christlicher Sicht, Gießen ^{5}1993 (zuerst 1981).

66 BEYERHAUS, Aufstand.

67 HAUSCHILDT, Ingeborg, „Feministische Theologie. Eine fragwürdige neue Welle“: idea-Dokumentation Nr. 40, Wetzlar 1981; „‚Feministische Theologie‘ – eine neue Irrlehre“: Informationsbrief Nr. 94 der Bekenntnisbewegung „Kein anderes Evangelium“ (Gal 1,6),

derlanden hat Martie Dieperink, die früher selbst feministisch inspiriert und in der New-Age-Bewegung engagiert war, eine radikale Kehrtwendung vollzogen, knüpft an das biblische Frauenbild an und wendet sich energisch gegen die Feministische Theologie[68]. Eine bekannte Kritikerin der Feministischen Theologie ist auch Elisabeth Motschmann[69]. Deren Ehemann, der Bremer Pfarrer Jens Motschmann, bietet eine umfassende Abrechnung mit liberalen Tendenzen im Protestantismus in seinem Buch: „So nicht, Herr Pfarrer! Was wird aus der evangelischen Kirche?“ (1991). In diesem brillant geschriebenen „Rundumschlag“ findet sich auch ein Kapitel über die Feministische Theologie[70]. Das feministische Marienbild beleuchtet kritisch der Augsburger Theologe Wolfhart Schlichting[71].

Die hier aktiv gewordenen nachdenklichen Kreise bezeichnet man auch als „evangelikale Christen“. Im Gesamt des deutschen Protestantismus bilden sie freilich nur eine Minderheit, wenn auch eine geistig-geistlich rege und selbstbewußte Minderheit. Die Evangelikalen bezeichnen in ihrem Schrifttum die Feministische Theologie als „Irrlehre“, die mit dem biblisch geprägten Christentum nicht vereinbar ist[72].

Repräsentativer für das Ganze des landeskirchlichen Protestantismus ist eine Stellungnahme der nordelbischen lutherischen Bischöfe zur Feministischen Theologie (1985). Sie ist zwar vorwiegend kritisch: zentrale Momente des theologischen Feminismus liegen, so sagt man, jenseits der Grenzen legitimer Theologie. Da je-

---

Lüdenscheid 1982, 5–13; „Die Verunsicherung der Gemeinden durch die Feministische Theologie“: BEYERHAUS, Aufstand 11–22; Gott eine Frau? Weg und Irrweg der feministischen Theologie, Wuppertal 1983; Die feministische Versuchung und die Antwort der christlichen Frau, Wuppertal-Zürich 1989; vgl. auch: Art. „Feministische Theologie“: ELTG I (1992) 604f.

68 DIEPERINK, Martie, Vrouwen op zoek naar God. Wat is er gaande in de feministische theologie? Den Haag ²1988; God roept de vrouw. Over de plaats en taak van de christenvrouw, Kampen 1990.

Eine deutsche Übersetzung dieser Werke wird z. Zt. vorbereitet (Brunnen-Verlag).

69 MOTSCHMANN, Elisabeth, „Religiöse Selbstversorgerinnen. Die Feministische Theologie“: Die neue Ordnung 39 (1985) 289–296.

70 MOTSCHMANN, Jens, So nicht, Herr Pfarrer! Was wird aus der evangelischen Kirche, Berlin-Frankfurt 1991, 110–128.

71 SCHLICHTING, Wolfhart, Maria. Die Mutter Jesu in Bibel, Tradition und Feminismus, Wuppertal-Zürich 1989.

72 Vgl. z. B. HAUSCHILDT (1982); PADBERG (1985) 183; MOTSCHMANN (1991) 128.

doch die positiven Anliegen des Feminismus zu würdigen seien, gewährt man der Feministischen Theologie einen, wie es heißt, „weiten Freiraum“[73]. Wie sehr dieser „Freiraum“ mittlerweile zum prägenden Gesamtbild des deutschen Protestantismus gehört, zeigt nicht zuletzt in der nordelbischen Landeskirche die Berufung einer „Bischöfin“, die sich für einen „sanften Feminismus“ einsetzt[74]. Im gleichen Sinne wirkt auch die Stellungnahme des Rates der EKD zu den Protesten wegen der feministischen Leitung des genannten Frauenzentrums: man betont, daß eine synkretistische Wiederbelebung der „Göttin“ und eine Ablehnung des Kreuzes in der Arbeit des Zentrums keinen Raum haben dürften; nicht äußern will man sich zur Frage, ob Homosexualität sündhaft sei – eine der beiden Leiterinnen ist eine engagierte Lesbierin; die umstrittene Personalentscheidung wird nicht zurückgenommen[75].

Nichtsdestoweniger kam es mittlerweile in einem besonders extremen Fall zu einem Entzug der Lehrerlaubnis. Die an der Gesamthochschule Kassel lehrende Religionspädagogin Elga Sorge hatte Anfang 1987 in einer Fernsehshow ihre Umwandlung der „Zehn Gebote“ zu „Zehn Erlaubnissen“ vorgestellt. Diese Erlaubnisse gestatten u. a. den Ehebruch und die Untreue. Infolge ihres Fernsehauftritts wurde Elga Sorge von der evangelischen Kirche gekündigt. Das war wesentlich schneller als vergleichbare Verfahren im katholischen Raum. Man nahm dabei auch zur Kenntnis, daß Frau Sorge sich selbst als Göttin zu bezeichnen pflegt. „Für Götter und Göttinnen aber“, so der Landesbischof, „haben wir im Stellenplan unserer Kirche keinen Platz“[76]. Nichtsdestoweniger erntete Elga Sorge auf dem Evangelischen Kirchentag 1991 begeisterten Beifall, als sie in einem offiziellen Vortrag Gott als „Ober-Eunuchen“ bezeichnete[77].

Ein Lehrzuchtverfahren wurde eingeleitet gegen die schon ge-

---

73 DOKUMENTATION „Jenseits der Grenzen legitimer Theologie. Stellungnahme der nordelbischen Bischöfe zum Thema Feministische Theologie“ (1. 7. 85): Materialdienst der EZW 50 (1987) 104f.

74 Vgl.: idea-Dokumentation Nr. 8/1992. Die erste Frau im Bischofsamt. Reaktionen auf die Wahl von Maria Jepsen zur Bischöfin von Hamburg, Wetzlar 1992; JEPSEN.

75 EKD-FRAUENZENTRUM 76f (Kommuniqué vom 26. 6. 93).

76 Deutsche Tagespost, 10. 12. 87, S. 2; 16. 1. 88, S. 5 (letzteres aus „idea“); vgl. auch: Der Spiegel Nr. 28, 1989, S. 50f; SORGE, Elga, Religion und Frau. Weibliche Spiritualität im Christentum, Stuttgart ^{2}1987.

77 Idea spektrum 24/1991, S. 27.

nannte Krankenhausseelsorgerin Jutta Voss, die u. a. das weibliche Menstruationsblut gegen das „männliche Tötungsblut" Jesu ausspielt sowie als höchste Form der Bewußtwerdung eine heidnische Schweinegöttin ansieht. An die Stelle der christlichen Dreifaltigkeit setzt sie die heilige „Göttin Physis", die Materie[78].

Eine vielbeachtete Kritik zu besonders gewagten Thesen der Feministischen Theologie bringt im deutschen Sprachraum Susanne Heine, eine evangelische Theologin, die freilich manche Anliegen mit dem Feminismus teilt. Heine kritisiert z. B. die Konservierung der überholten These vom Matriarchat, wirft der feministischen Literatur einen permanenten „Methodenmord" vor und verlangt größere wissenschaftliche Genauigkeit[79]. Susanne Heine zur Situation in der evangelischen Kirche:

„Feminismus und feministische Theologie sind in gewisser Weise inzwischen auch akzeptiert bis anerkannt ... Heute können Theologinnen Gottesdienste gestalten, die in Sprache und Vorstellung alles Männliche eliminieren: Gott wird zur Göttin, Jesus Christus zu Jesa Christa, der heilige Geist zur heiligen Geistin". Es scheine, „daß ein solcher Gottesdienst niemanden mehr besonders aufregt ... Dazu kommen die ‚fortschrittlichen' Kreise, die alles begierig aufgreifen, was ‚modern' und ein bißchen anstößig-aufregend ist: die second-hand-avantgarde. Erst das gewisse Maß an Anerkennung (nicht zu viel und nicht zu wenig) schafft die Ermutigung, ein Eisen anzugreifen, das sich gerade durch diesen Zugriff als im Zustand der Erkaltung befindlich erweist. Inzwischen gibt es Theologen, Männer, genug, die Feministisches von den Kanzeln träufeln lassen, und Religionslehrer genug, die mit einer Träne im Knopfloch vor den Kindlein beiderlei Geschlechts die schreckliche Geschichte des Patriarchats aufrollen"[80].

Als innerfeministische Kritik scheint sich ein Werk zweier Theo-

---

78 Vgl. FAZ, 20. 10. 1992, S. 10; 22. 1. 1993, S. 3; Publik-Forum, 29. 1. 1993, S. 22f; siehe auch SCHNEIDER-BÖKLEN/VORLÄNDER 100–106.

79 HEINE, Susanne, Frauen der frühen Christenheit. Zur historischen Kritik einer feministischen Theologie, Göttingen 1986; Wiederbelebung der Göttinnen? Zur systematischen Kritik einer feministischen Theologie, Göttingen 1987; „Feministische Theologie – Zur Unterscheidung der Geister": GORDAN, Paulus (Hg.), Gott schuf den Menschen als Mann und Frau. Salzburger Hochschulwochen 1988, Graz-Wien-Köln 1989, 155–184.

80 HEINE, Göttinnen 9f.

loginnen zu verstehen, die mit der „Evangelischen Zentrale für Weltanschauungsfragen“ (EZW) eng verbunden sind: „Feminismus und Glaube“ (1991) von Elisabeth Schneider-Böklen und Dorothea Vorländer. Die dort vorgebrachte Kritik geht allerdings in wichtigen Punkten schon an die Substanz des feministischen Ansatzes, insofern die Bedeutung der biblischen Offenbarung betont wird.

Ebenfalls 1991 veröffentlichte Ulrich Schmidhäuser eine heftige Kritik an der Feministischen Theologie, die sich an den Bibelübersetzungen auf dem vorausgegangenen Evangelischen Kirchentag 1989 in Berlin entzündet hat. Das offizielle Programmheft hatte einen sog. „frauengerechten“ Bibeltext vorgestellt. Männliche Bezeichnungen und grammatikalische Formen für „Gott“ wurden demgemäß ausgemerzt. Vor allem der Titel „Herr“ sollte verschwinden. Schmidhäuser vergleicht die feministische Theologie, deren Quelle und Kriterium die sog. „weibliche Erfahrung“ ist, mit den „Deutschen Christen“ in der Nazizeit. Damals hatten dem damaligen Zeitgeist besonders stromlinienförmige evangelische Theologen die Bibel zensiert und ein der arischen Rasse gemäßes Christentum einführen wollen. An die Stelle der Rasse, so Schmidhäuser, setzen Feministinnen das Geschlecht. Die Kategorien „frauengerecht“ und „artgemäß“ lägen auf derselben Ebene[81].

Die öffentlichen Stellungnahmen der Universitätstheologie sind bislang relativ verhalten, nehmen aber an Zahl und Engagiertheit zu. Der Marburger Professor für Systematische Theologie und Religionsphilosophie, Carl Heinz Ratschow bezeichnete 1989 die Feministische Theologie als „antichristliche Fremdreligion“ (unter Nennung von Jutta Voss und Dorothee Sölle)[82]. Elke Axmacher, Theologieprofessorin aus Berlin, kritisierte 1990, die Feministische Theologie werde viel zu wenig auf ihre innere Stimmigkeit und ihre Voraussetzungen hin befragt. Ihre Untersuchung zur Theologie Rosemary Ruethers schloß sie mit dem Ergebnis: „Feministisch von Gott reden ist ebensowenig möglich wie atheistisch an Gott glauben“[83]. Weitere kritische Stimmen von Universitätstheologen erho-

---

81 SCHMIDHÄUSER, Ulrich, Soll „Gott“ nicht mehr „Herr“ genannt werden? Zum gegenwärtigen Feminismus in Gesellschaft und Kirche, Stuttgart 1991, 124.

82 Idea Nr. 58, 22. 6. 89, S. 6.

83 AXMACHER 17.

ben sich 1993, als zwei Feministinnen zur Leitung des neuen Frauenbildungszentrums der EKD bestellt wurden[84].

Im Oktober 1990 veröffentlichten Mitglieder der Evangelisch-Theologischen Fakultät Tübingen eine ausführliche Stellungnahme zur Feministischen Theologie. Die würtembergische Landessynode hatte darum gebeten, ganz ähnlich, wie die Synodalen Anfang der fünfziger Jahre eine Expertise zur Theologie Rudolf Bultmanns veranlaßt hatten[85]. Die Tübinger Stellungnahme, an der eine Theologin und fünf Theologen beteiligt waren, anerkennt berechtigte Anliegen der Feministischen Theologie, ist aber vorwiegend kritisch gehalten[86]. Entsprechend wütend sind die meisten öffentlichen Reaktionen darauf[87].

Im katholischen Bereich ist die Feministische Theologie noch nicht so weit vorgedrungen wie bei den Protestanten, gewinnt aber auch hier immer größeres Gewicht. Grundlegende Kritik an der Feministischen Theologie äußern u. a. die Philosophin und Theologin Barbara Albrecht, lange Jahre tätig in der Ausbildung von Gemeindereferentinnen, die Theologin und Pädagogin Jutta Burggraf und die Psychagogin Christa Meves[88]. Eva Schmetterer, Verfasserin einer Doktorarbeit zur Feministischen Theologie, hat offenbar mit

---

84 Vgl. o. S. 53.

85 Auf die Parallelität mit dem Bultmann-Gutachten weist SCHMOLL, Heike, „Ist Gott-Vater für Frauen unerträglich? Feministische Theologie und christlicher Glaube“: FAZ, 12. 3. 1992, S. 14.

86 „TÜBINGER STELLUNGNAHME zu Fragen der Feministischen Theologie“: Theologische Beiträge 22 (3/1991) 118–153 = MOLTMANN-WENDEL, Elisabeth/KEGEL, Günter (Hg.), Feministische Theologie im Kreuzfeuer. Der Streit um das „Tübinger Gutachten“. Dokumente – Analysen – Kritiken, Gütersloh 1992, 13–69.

87 MOLTMANN-WENDEL/KEGEL.

88 ALBRECHT, Barbara, Vom Dienst der Frau in der Kirche, Vallendar-Schönstatt 1980; Jesus – Frau – Kirche, Vallendar-Schönstatt 1983, 52–57; BURGGRAF, Jutta, „Die Mutter der Kirche und die Frau in der Kirche. Korrektur der Irrwege feministischer Theologie“: Offerten-Zeitung („Theologisches“) 38 (1985) 6445–6453.6507–6513; dies., Die Mutter der Kirche und die Frau in der Kirche. Ein kritischer Beitrag zum Thema „feministische Theologie“ (Kleine Schriften des Internationalen Mariologischen Arbeitskreises), Kevelaer 1986; MEVES, Christa: zahlreiche Presseartikel, z. B. „Verführerisch erklingt das alte Lied der Schlange“: Deutsche Tagespost, 14. 8. 1987, S. 3; „Gemeinsam am Reich Gottes wirken. Warum es in der Kirche unterschiedliche Dienste von Frauen und Männern gibt“: Deutsche Tagespost, 9. 4. 1991, S. 5; „Die Krise der Katholischen Kirche in Deutschland“: Theologisches 22 (3/1992) 106–114; „Feministische Theologie ante portas“: Theologisches 22 (9/1992) 370f; vgl. auch die im Literaturverzeichnis genannten Arbeiten von COURTH; EMMERICH; HAUKE; MOLL; SCHUHMACHER; SEIFERT; SUDBRACK.

großem Interesse das Studium des theologischen Feminismus begonnen, muß aber am Ende gestehen:

„Je mehr ich ... in der Lektüre voranschritt, um so mehr wurde ich als Frau und Theologin von dieser Theologie enttäuscht"[89].

Die „veröffentlichte Meinung", die nach dem Gesetz der „Schweigespirale"[90] auch die tatsächlich vertretenen Anschauungen mehr und mehr beeinflußt, steht dem theologischen Feminismus jedoch vorwiegend positiv gegenüber. Fast allgemein abgelehnt wird nur der Göttinnenfeminismus[91]. Besonders in den oberen Führungskreisen der „Katholischen Frauengemeinschaft Deutschlands" (kfd) findet man für die Feministische Theologie weitgehende Sympathien, die sich in der Bildungsarbeit und in der Verbandszeitschrift „Frau und mutter"[92] immer deutlicher ausprägen[93].

Ausdrückliche Stellungnahmen von Bischöfen zur Feministischen Theologie sind bislang noch rar. Von besonderer Bedeutung ist in diesem Zusammenhang ein Artikel von Kardinal Simonis. Er nimmt Bezug auf die Situation in den Niederlanden, wo die Feministische Theologie inzwischen wohl mehr Einfluß gewonnen hat als in allen anderen Ländern der Welt. Eine Förderung weiblichen Wir-

---

89 SCHMETTERER, Eva, „Was ist die Frau, daß du ihrer gedenkst". Eine systematisch-dogmatische Untersuchung zum hermeneutischen Ansatz Feministischer Theologie, Frankfurt 1989, 9; vgl. auch: dies., „Trägt Feministische Theologie zur Befreiung von Frauen bei? Einige kritische Gedanken zu fragwürdigen Tendenzen in der feministischen Theologie": Wissenschaft und Glaube 2 (1989) 137–149.

90 NOELLE-NEUMANN, Elisabeth, Die Schweigespirale, Frankfurt u. a. 1982.

91 Vgl. etwa WACKER, Marie-Theres, „Die Göttin kehrt zurück. Kritische Sichtung neuerer Entwürfe": dies., (Hg.), Der Gott der Männer und die Frauen, Düsseldorf 1987, 11–37.

92 „Mutter" wird im Titel der Zeitschrift bewußt kleingeschrieben, was Verbandsfunktionärinnen auch gegen den Protest von Frauen verteidigt haben: vgl. Deutsche Tagespost, 6. 9. 1988; 9. 9. 1988, S. 9.

93 Vgl. etwa die Beiträge der langjährigen Generalsekretärin LISSNER, Anneliese, Erneuert euch in eurem Denken. Eine Auswahl von Referaten, Ansprachen, geistlichen Worten, Düsseldorf 1989, 143–195; dies., Seid nicht so geduldig! Warum der Kirche widersprochen werden muß. Mit einem Vorwort von Rita Süssmuth, Zürich 1993; oder die Arbeit der 1974–86 Leitenden Redakteurin von „Frau und mutter": AHL, Ruth, Eure Töchter werden Prophetinnen sein. Kleine Einführung in die Feministische Theologie, Freiburg i. Br. 1990; dazu HAUKE, Manfred: Kath. Bildung 91 (1990) 382f.

Auf der gleichen feminismusfreundlichen Linie liegt der geistliche Hauptprotektor der kfd: Weihbischof GUTTING, Ernst, „Kinder, Küche, Kirche? – Und was dann?" Neue Stadt 30 (10/1987) 4–7; KNA, 4.6./2.7. 87 (Vortrag Juni 1987 über „Offensive gegen den Patriarchalismus" an der Universität Münster: Anerkennung der „vielen wertvollen Ansätze der feministischen Theologie"); Offensive gegen den Patriarchalismus. Für eine menschlichere Welt, Freiburg ^{4}1988.

kens und eine Theologie des Frauseins, so der Kardinal, sei eine wichtige Aufgabe in der Kirche. Aber die Feministische Theologie sei dafür ungeeignet. Sie leugne Grundwahrheiten des Glaubens, verwerfe die Offenbarung, entstelle das Gottesbild, reduziere die Person Christi, mißbrauche den Heiligen Geist und zeichne ein falsches Bild von Maria. Besessen vom Spukbild des Sexismus, lockten die Feministinnen die Menschen weg von Gott und der Kirche. Es sei außerordentlich traurig, daß gerade die Frauen in dieser Art über die Kirche herfielen, sie sogar verlassen und Mann und Kinder mitnehmen. Er gestehe zu, daß der Frau nicht immer der ihr angemessene Platz in der Kirche gewährt worden sei, aber die Feministische Theologie errichte eine neue Kirche, die mit der göttlichen Offenbarung, der auch die Männer unterworfen seien, nichts mehr zu tun habe[94]. Aus Empörung über diese vorgeblich „frauendiskriminierenden" Äußerungen strengten Feministinnen gegen Kardinal Simonis zwei Gerichtsverfahren an, die sie freilich verloren[95].

Kardinal Ratzinger kritisiert in seinem Interview „Zur Lage des Glaubens" den radikalen Feminismus als Frucht männlicher Ideologien, die vorgeben, die Frau befreien zu wollen, aber sie zutiefst entwurzeln. Mit dem Christentum sei diese Ideologie nicht vereinbar[96]. Eher kritisch zur Feministischen Theologie äußert sich auch Bischof Lehmann und, noch deutlicher, der Paderborner Erzbischof Degenhardt[97]. Eine indirekte Antwort auf den Feminismus ist vor allem das Apostolische Schreiben von Johannes Paul II. über die Würde und Berufung der Frau, „Mulieris dignitatem", erschienen 1988. Der Papst zeichnet hier in Form einer biblischen Meditation die positiven Grundlagen des katholischen Frauenbildes[98]. 1993 verurteilte

---

94 SIMONIS, A. J., „Einige beschouwingen rond de feministische theologie": Communio (flämisch) 11 (6/1986) 464–484; vgl. „Maria und der Feminismus. Zur Wirkung der Gottesmutter in der Freiheitsgeschichte der Menschheit": L'Osservatore Romano (deutsch) 17 (1987), Nr. 27, 3. 7. 87, S. 8.

95 TUKKER, C. A., „Der Prozeß gegen Kardinal Simonis": Bäumer, Remigius/Stockhausen, Alma von (Hg.), Luther und die Folgen für die Geistesgeschichte. FS Theobald Beer, Weilheim-Bierbronnen 1992, 195–203.

96 RATZINGER, Joseph, Zur Lage des Glaubens, München 1985, 93–99.

97 LEHMANN, Karl, „Das Bild der Frau. Versuch einer anthropologisch-theologischen Standortbestimmung": Herder-Korrespondenz 41 (1987) 484f; DEGENHARDT, J. J., Marienfrömmigkeit, Paderborn 1987, 50–60.

98 Vgl. u. S. 94.167.173.223.

der Papst bei einem „Ad-limina"-Besuch US-amerikanischer Bischöfe 1993 einen extremen Feminismus, der den christlichen Glauben untergrabe[99].

Der geschichtliche Durchblick über die Entwicklung der Feministischen Theologie legt deren Radikalität und Problematik frei. Bevor nun aber einzelne Themen des theologischen Feminismus genauer behandelt werden, sei zunächst eine zentrale Gestalt eigens geschildert:

99 L'Osservatore Romano, 13. 8. 1993, S. 11: Die „Rolle der Frauen im Leben der Kirche" verdiene „größte Beachtung". Die Frauenfrage könne freilich „nicht durch einen Kompromiß mit jenem Feminismus gelöst werden ..., der sich in harte ideologische Gegensätze spaltet. ... In seiner extremen Form ist es ... der christliche Glaube selbst, der Gefahr läuft, untergraben zu werden. Manchmal treten verschiedene Formen von Naturkult und Verherrlichung von Mythen und Symbolen anstelle der Verehrung jenes Gottes, der sich in Jesus Christus offenbart hat. Unglücklicherweise unterstützen gewisse Kreise in der Kirche diese Art von Feminismus, einschließlich einige Ordensfrauen, deren Meinungen, Einstellungen und Verhaltensweisen nicht mehr mit der Lehre des Evangeliums und der Kirche übereinstimmen". Aufgabe der Hirten sei es, diesen Auffassungen zu entgegenzutreten und mit den davon beeinflußten Menschen einen „ehrlichen und offenen Dialog" zu führen.

IV. MARY DALY ALS „ZIEHMUTTER" FEMINISTISCHER THEOLOGIE

Die bekannteste und profilierteste feministische Theologin ist die bereits genannte Mary Daly, eine ehemalige Ordensschwester. Daly ist die erste Amerikanerin[1], die 1963 in Fribourg einen Doktortitel für katholische Theologie erwarb[2]. Ihr Name findet sich in fast allen einschlägigen Publikationen. Im Personenregister des neuen „Wörterbuchs der Feministischen Theologie" wird Daly am zweithäufigsten genannt, direkt nach „Jesus". Immer wieder heben ihre Kolleginnen die entscheidende Rolle Mary Dalys hervor[3], auch dann, wenn sie vor manchen Konsequenzen ihres Denkens zurückscheuen. Catharina Halkes etwa spricht von einem „Blitzstrahl", der „alles in ein neues Licht gerückt" und ihr „Klarheit verschafft" habe[4]. Vor dem systematischen Überblick über die Thesen feministischer Theologie sei darum der geistige Weg Dalys skizziert.

Ihre erste größere Veröffentlichung fällt in die bewegten Jahre nach dem Zweiten Vatikanischen Konzil: „The Church and the Second Sex", wörtlich: „Die Kirche und das zweite Geschlecht"[5]. An Simone de Beauvoir erinnert nicht nur der Titel; auch der Inhalt des Buches ist stark von den Auffassungen der französischen Existentialistin geprägt, die sie weitestgehend übernimmt[6]. Auch nach Daly kommt man nicht als Frau zur Welt, man wird es[7]. Sie plädiert dafür, „sich vom Begriff einer fixierten und statischen menschlichen Natur zugunsten einer evolutiven Sicht des Menschen in der Welt zu lösen"[8]. Die Anregungen dazu schöpft sie nicht zuletzt aus den Schriften Teilhard de Chardins, dessen Hervorhebung weiblicher Eigen-

1 So jedenfalls MEYER-WILMES 34.

2 Zur Biographie vgl. DION, Michel, „Mary Daly, théologienne et philosophe féministe": Études théologiques et religieuses 61 (1987) 516–518.

3 Zum Beispiel HALKES, Söhne 10.36; MOLTMANN-WENDEL, Elisabeth, Das Land, wo Milch und Honig fließt. Perspektiven einer feministischen Theologie, Gütersloh ²1987, 42; RUETHER, Sexismus 225; GÖSSMANN, Schwestern 44; Wb, Personenregister.

4 HALKES, Söhne 10.

5 DALY, Mary, The Church and the Second Sex, New York 1968; dt.: Kirche, Frau und Sexus, Olten 1970.

6 DALY, Kirche 11.13–17.

7 Ebd. 38.

8 Ebd. 10; vgl. 44.

arten[9] sie freilich als inkonsequent verwirft[10]. Ein von Gottes Schöpfung gesetztes Wesensbild des Mann- oder Frauseins gebe es nicht. Wohin der Weg der Evolution noch führen werde, sei offen[11].

Eine besonders scharfe Polemik richtet sie gegen Gertrud von le Forts Schrift „Die ewige Frau“, ein Werk, das seit seinem ersten Erscheinen im Jahre 1934 eine ganze Generation von katholischen Frauen geprägt hat und heute wieder neu entdeckt wird[12]. Die bekannte deutsche Schriftstellerin zeichnet in der „ewigen Frau“ Wesensmerkmale des Weiblichen, die jede einzelne Kultur überragen und deren symbolhafte Bedeutung sich in der Gestalt Mariens verdichten. Le Fort, so nun der Vorwurf Dalys, habe die symbolische Bedeutung der Frau mit der „konkreten historischen Realität“ verwechselt. Eine bleibende symbolische Bedeutung gebe es nicht, weil die zugrundeliegenden Fakten – wozu auch die Biologie gehöre – dem „Wandel der Zeit“ unterlägen[13]. Alles Gerede von einem Wesensbild der Frau sei Spekulation der „Männergesellschaft“[14]. Entscheidend sei die Frau als eigenständige Person, die schöpferisch nach „Selbstverwirklichung“ strebe[15]. Die „ewige Frau“ dagegen sei ein „Dämon ..., den man vertreiben sollte“[16]. Daly mißbraucht hierfür den Begriff des „Exorzismus“[17].

Die „evolutive Sicht“ wird auch auf die Kirche übertragen. Deren Lehre und Praxis unterliegen einem ständigen Wandel[18]. Daly begrüßt die Enzyklika Johannes' XXIII., „Pacem in terris“, und die Äußerungen des II. Vatikanums, aus denen sie eine Aufhebung jeglicher Ungleichheit von Mann und Frau herausliest. Gegenläufige Äußerungen des Konzils, die neben der Gleichwertigkeit auch die

9 Vgl. besonders TEILHARD DE CHARDIN, Pierre, Hymne an das Ewig Weibliche. Mit einem Kommentar von H. de Lubac, Einsiedeln 1968.

10 DALY, Kirche 140–142.

11 Ebd. 235.

12 LE FORT, Gertrud von, Die ewige Frau, München 1963 (zuerst 1934). GUTTING, Offensive 109; BURGGRAF, Jutta, „Maria als Vorbild für die Frau. Das Marienbild bei Gertrud von Le Fort“: Pontificia Academia Mariana Internationalis, De cultu mariano saeculis XIX–XX ..., VII, Rom 1991, 125–145.

13 DALY, Kirche 135f.

14 Ebd. 137.

15 Ebd. 138.

16 Ebd. 165.

17 Ebd. 159.

18 Ebd. 39.

Verschiedenartigkeit akzentuieren, übersieht sie geflissentlich oder schwächt sie ab[19]. Das Konzil wird gleichsam als „Stunde Null“ gesehen; Papst Paul VI. habe die Uhr dann leider wieder zurückgedreht[20].

Wie das Konzil gegen die Tradition ausgespielt wird, so auch ein Text der Heiligen Schrift gegen den anderen. Der erste Schöpfungsbericht wird gegen den zweiten gesetzt[21], Jesus gegen Paulus[22] und ein Pauluszitat gegen andere[23]. Eine Minderbewertung und Knebelung der Frau, die es zweifellos auch gegeben hat, wird für die gesamte Kirchengeschichte verallgemeinert. Vor allem die Kirchenväter werden hier zu Prügelknaben[24]. Die Marienverehrung stellt Daly in ein düsteres Licht, weil damit ein unerreichbares Ideal gezeichnet sei, das alle wirklichen Frauen erniedrige[25].

Massive Kritik meldet sich auch schon am Gottesbild. Im Anschluß an den „Gott-ist-tot“-Theologen Leslie Dewart protestiert sie gegen einen allmächtigen und unwandelbaren Gott, der unwandelbare Ordnungen begründe[26]. Die Inkarnation setzt sich nach Daly im „Fortschritt der Menschheit“ fort[27], der „die Antinomien zur Ganzheit versöhnen und seelische Integrität erlangen“ soll für Frauen und Männer[28].

Schon dieses erste Werk Dalys „ließ den Funken des feministischen Dialogs auf die katholische und ökumenische Seite überspringen“[29]. Der eigentliche Durchbruch zur Feministischen Theologie geschah freilich erst 1973 mit „Beyond God the Father“, „Jenseits von Gott dem Vater“[30]. Sie verkündet darin einen unwiderruflichen Abschied vom Christentum. Dessen religiöse Bildersprache sei ebenso wenig reformierbar, wie man ein Dreieck viereckig konstru-

---

19 Ebd. 96–98; zum II. Vatikanum vgl. HAUKE, Frauenpriestertum 55–59.
20 DALY, Kirche 100.
21 Ebd. 45.
22 Ebd. 48.
23 Ebd. 48.196.
24 Ebd. 55–61.
25 Ebd. 13.59; vgl. u. S. 123–127.
26 Ebd. 181.
27 Ebd. 186.
28 Ebd. 239.
29 PISSAREK-HUDELIST (1981) 299.
30 DALY, Vater.

ieren könne[31]. „Wenn Gott in ‚seinem' Himmel ein Vater ist, der über ‚sein' Volk herrscht, dann liegt es in der ‚Natur' der Dinge ..., wenn die Gesellschaft männlich beherrscht ist"[32]. Der unrettbare Sexismus des Christentums zeige sich vor allem in der Gestalt Christi selbst, die als männliches Symbol die Frau ausschließe[33]. Diese „Christolatrie"[34] stütze sich noch zusätzlich auf die Marienverehrung, worin Maria, die Frau, dem Mann Jesus untergeordnet sei. Hiermit habe das Christentum die alte Muttergöttin der Urzeit „in Ketten gelegt"[35].

Das patriarchalische System sei heute lebensbedrohend, weil es die Vergewaltigung der Erde als Schöpfungsauftrag sehe[36] und die kriegerische Hochrüstung fördere[37]. Das Christentum betreibe „Vergewaltigung" als „Lebensweise"[38]. Daly ruft daher alle Feministinnen zu einer „Kastration der Sprache und Bilder" auf, in denen sich die Unterdrückung der Frau widerspiegele und fortsetze[39]. Es gehe darum, „das kastrierende System zu entmannen, das System, das unser aller Großer Gott-Vater ist"[40]. Daly bezeichnet dieses Vorhaben gleichermaßen als „Teufelsaustreibung" wie als eine „Form von Gottesmord"[41].

An einen persönlichen Gott glaubt Daly nicht mehr. Im Anschluß vor allem an den amerikanischen Philosophen A. N. Whitehead, der eine sog. „Prozeßphilosophie" vertritt, bejaht sie eine pantheistische bzw. panentheistische Auffassung von „Gott", die Gott und Welt gleichsetzt[42]. Da „Gott" keinen personalen Eigenstand besitzt, ist das Wort „Gott" nicht Substantiv, sondern Verb. Das „Transzendente" sei das Verb, das Sein, an dem wir teilhaben[43]. Theologischer

31 Ebd. 5.
32 Ebd. 27.
33 Ebd. 99.
34 Ebd. 115.
35 Ebd. 103.
36 Ebd. 199.
37 Ebd. 136f.
38 Ebd. 138.
39 Ebd. 23.
40 Ebd. 24.
41 Ebd. 24.26.
42 Ebd. 52.210f.
43 Ebd. 49.

Gewährsmann ist vor allem der in den USA viel gelesene Protestant Paul Tillich. Tillich spricht von Gott als der „Tiefe des Seins". Allein betont wird die Immanenz Gottes, seine Gegenwart in dieser Welt, während seine Weltüberlegenheit, die Transzendenz, nicht zum Zuge kommt. Gott ist deshalb kein persönlich Handelnder mehr, der in diese Welt aktiv einwirken könnte, sondern mit der Innerweltlichkeit identisch[44].

Attribute, die sich sonst nur auf Gott beziehen, werden nun von Mary Daly dem Menschen zugesprochen. In einem „Augenblick der Erleuchtung" habe „eine radikale Feministin einmal ausgerufen: ‚Wir sind die letzte Ursache!'" Und Daly dazu: „Ich glaube, sie hatte Recht"[45].

Da nun das biblische Gottesbild zerstört ist, fordert sie „das Werden psychologisch androgyner menschlicher Wesen ..., da das verkrüppelnde ‚Ergänzungsprinzip' eine falsche Mann/Frau Polarität gewesen ist"[46]. Daly lehnt also eine gegenseitige Ergänzung von Mann und Frau, eine Komplementarität oder Polarität, radikal ab. Diese Ablehnung ist der Angelpunkt, an dem sich Befürworter und Gegner des Feminismus scheiden. Ein Katalysator für die Ablehnung einer gegenseitigen Ergänzung der Geschlechter ist wohl auch der Lesbianismus Dalys, für dessen Praxis sie sich leidenschaftlich einsetzt[47].

Hebel zur Erreichung der androgynen Zukunft ist für Daly die „Schwesternschaft" der Feministinnen als „Antikirche"[48]. Nach der Zerstörung des Matriarchats will Daly das „zweite Kommen der Frau" vorbereiten, das mit dem Kommen des Antichrist „synonym" sei[49]. „In ihrem tiefsten Wesen sucht die Frauenbewegung, da sie über die Christolatrie hinausdrängt, tatsächlich nach dem ursprünglichen, allgegenwärtigen und zukünftigen Antichrist. Sie tut das, indem sie das ‚große Schweigen' bricht" und „den weiblichen Stolz aufrichtet"[50].

---

44 Ebd. 19.35.41.123 u. a.
Zu Tillich vgl. SCHEFFCZYK, Leo, Gott-loser Gottesglaube? Regensburg 1974, 128–152; HAUKE, Frauenpriestertum 67f.122.265.306.

45 DALY, Vater 202.

46 Ebd. 40f.

47 Ebd. 9.145f; vgl. später DALY, Gyn/Ökologie , z. B. 394.400f.

48 DALY, Vater 153.

49 Ebd. 116.

50 Ebd. 115.

Die nächste Station von Dalys feministischer „Reise des Exorzismus und der Ekstase“[51] ist 1978 das Buch „Gyn-Ökologie“[52], ein Zeugnis für die enge Verquickung von Feminismus und Ökologiebewegung: „Ökofeminismus“. Das Wort „Gott“ will Daly fortan vermeiden, „weil Gott für die Nekrophilie ‚Todesliebe‘ des Patriarchats steht, während Göttin das Lebendiges-liebende Sei-en von Frauen und Natur bestätigt“[53]. Haß auf alles Männliche zieht sich durch das ganze Buch, das größtenteils aus einem verwirrenden Wühlen in Scheußlichkeiten besteht, die Frauen tatsächlich oder angeblich von Männern erfahren haben. Daly meidet nun das Adjektiv „androgyn“, das immerhin noch „Männliches“ einbezieht, und ersetzt es durch „gynozentrisch“ oder „Frauenidentifiziert“[54]. Männliche und sächliche Personalpronomina werden durch weibliche ersetzt[55]. Ihr „Mut zur Blasphemie“[56] zeigt sich u. a. in einer wiederholten Verhöhnung des Kreuzes als Folterwerkzeug, das dem „weiblichen“ Baum des Lebens gegenübergestellt wird[57]. Im Gegensatz zum Gekreuzigten stehe die Feministin „fest auf der Erde, ihrer Selbst gewiß, sich auf die Mitte ihrer Selbst zubewegend“[58].

Daly sieht sich selbst als „Hexe“, welche „ein esoterisches Wissen“ über frühere matriarchalische Kultur neu entdecke[59]. Das hervorstechendste, immer neu abgewandelte Symbol ist das des „Spinnens“: die „Spinnen“, die Feministinnen, sollen die ganze Welt mit ihrem Netz überziehen[60] und sich zugleich immer tiefer „auf die sich bewegende Mitte“ bewegen, „das Zentrum des kosmischen Zyklons, das ‚Ich‘, das sagt Ich bin“[61]. An die Stelle des Gebetes – dieses Stichwort fehlt in dem dickleibigen Buch – tritt

51 Ebd. 5.
52 DALY, Gyn/Ökologie.
53 Ebd. 12.
54 Ebd. 13.
55 Ebd. 10 (Vorwort zur deutschen Übersetzung).
56 Ebd. 282.
57 Ebd. 102f.
58 Ebd. 406.
59 Ebd. 240.
60 Ebd. 443.
61 Ebd. 424.

eine „Theologie des Spinnens", die selbstzentrierte „Reise nach innen"[62].

In dem folgenden Werk Dalys, „Reine Lust" (1984)[63], wird das bewußt antichristliche Gepräge noch gesteigert. Auf dem Buchdeckel der amerikanischen Originalausgabe prangt das Bild einer Schlange, das Daly als luziferisches Geheimwissen deutet und als „drachenidentifiziertes Leben" in hohen Tönen preist[64]. Stolz nennt sie sich eine „Gnostikerin"[65], welche die (vorgebliche) „Todsünde der Lust" als „Ausgangspunkt" ihrer Überlegungen nimmt[66]. In immer neuen Variationen wendet sie sich den „Elementargeistern" zu, den dämonischen Mächten, die sie aus ihrer eigenen „Tiefe" herausrufen will, ihrem fraulichen „Selbst"[67]. Das Symbol des „Himmels" wird gebrandmarkt, um sich ganz der „Erde" zuwenden zu können[68]. Nach eigenem Bekunden ist Daly stolz auf Unberechenbarkeit und Eigensinn ihrer Ausführungen[69]. Sie berauscht sich unentwegt an einer selbst „gesponnenen" Sprache, wo nach dem Vorwort der Übersetzerin „Alliteration wichtiger ‚ist' als ein im patriarchalischen Sinne ‚logischer' Zusammenhang"[70]. Erreicht werden soll die „Lust" als „Fülle des Seins", die vollendete „Machtfülle"[71].

Das neueste Werk von Mary Daly ist ein feministisches Wörterbuch mit einem völlig neuen Vokabular, das den gesellschaftlichen Separatismus des Radikalfeminismus bis zum Äußersten treibt. Der Titel dieses Buches ist zugleich ein anschaulicher Ausdruck für die „Spinnerei", wie Daly ihre Aktivitäten selbst gerne nennt: „Websters' First New Intergalactic Wickedary of the English Language", 1987[72].

---

62 Ebd. 421.

63 DALY, Mary, Pure Lust. Elemental Feminist Philosophy, Boston 1984; dt.: Reine Lust. Elementalfeministische Philosophie, München 1986.

64 Ebd. 6.490–493.

65 Ebd. 22.519.

66 Ebd. 9.

67 Ebd. 11.16f.21.224f.

68 Ebd. 18.

69 Ebd. 3.

70 Ebd., Vorwort der Übersetzerin XII.

71 Ebd. 11.21.

72 DALY, Mary/CAPUTI, Jane, Websters' First New Intergalactic Wickedary of the English Language, Boston 1987. Auf deutsch ungefähr: „Websters erster neuer intergalaktischer Bosheitswortschatz der englischen Sprache".

Vielleicht noch eine Kuriosität am Rande: Mary Daly blieb trotz alldem Professorin an der Jesuitenhochschule in Boston. Da ihre Position nicht kündbar ist, unterrichtete sie weiterhin „katholische Theologie“[73].

---

73 HEINZELMANN 224, Anm. 90. Diese Information wurde mir im Mai 1990 von einem amerikanischen Kenner der Situation bestätigt. Nach dem Erscheinen von „The Church and the Second Sex“ (1968) gab es offenbar Bestrebungen, Daly nicht fest anzustellen. Die Verantwortlichen des „Boston College“ ließen sich jedoch von Studentenprotesten zu einem Verbleiben Dalys veranlassen (HEINZELMANN a. a. O.). 1993 dürfte Daly (* 1928) die Pensionsgrenze erreicht haben. Zu den amerikanischen theologischen Hochschulen vgl. HEINZELMANN 212–215.

V. DAS MENSCHENBILD ALS INHALTLICHER AUSGANGSPUNKT

1. Zur Methodik der weiteren Untersuchungen

Mit der Darstellung des Feminismus, des Werdegangs der Feministischen Theologie und deren Hauptinspiratorin Mary Daly ist der geschichtliche Überblick abgeschlossen. Nun sei eine systematische Bestandsaufnahme dessen versucht, was Feministische Theologie beinhaltet. Dabei werden zentrale Themen angesprochen, ohne daß eine Vollständigkeit angestrebt würde, die aufgrund der weiterlaufenden Entwicklung auch gar nicht möglich wäre. Nach der Vorstellung der Inhalte folgt jeweils eine kritische Stellungnahme. Begonnen sei mit der Anthropologie, der unter allen einschlägigen Themen die Schlüsselrolle zukommt.

Bei aller Unfertigkeit der Feministischen Theologie – Elisabeth Moltmann-Wendel spricht von „Werkstattproben“[1] – und bei recht unterschiedlichen Strömungen schälen sich doch nach 20 Jahren immer mehr gewisse Grundansätze heraus, die sich fast überall wiederfinden. Die folgende Skizze geht vor allem von drei Autorinnen aus, die im Gegensatz etwa zu Mary Daly im Rahmen des Christentums verbleiben wollen: Catharina Halkes, Elisabeth Moltmann-Wendel[2] und Rosemary Radford Ruether, die neben Mary Daly die Feministische Theologie in den USA von Anfang an entscheidend geprägt und inzwischen eine erste „Systematik“ vorgelegt hat[3]. Zur gleichen Grundrichtung gehören u. a. Hedwig Meyer-Wilmes, Elisabeth Schüssler Fiorenza und die amerikanische Ordensschwester Anne Carr, die auf die Verbindung zwischen Feminismus und katholischer Tradition zumindest nach eigenem Bekunden großen Wert legt[4]. Diese „gemäßigte“ Feministische Theologie wird in der Zitation bevorzugt, um deutlich zu machen, daß es sich bei den vor-

---

1 MOLTMANN-WENDEL, Elisabeth, „Werkstatt ohne Angst. Zur ‚Feministischen Theologie‘“: forum religion 3/1987, 34.

2 Vgl. o. S. 52.

3 RUETHER, Sexismus, Klappentext des Verlages; zur Bedeutung des Werkes vgl. AXMACHER 5f.

4 CARR 10–12.

gestellten Auffassungen nicht um seltene extreme Einzelfälle handelt.

Ein wichtiges Hilfsmittel für den Zugang zu feministisch-theologischen Auffassungen ist inzwischen das „Wörterbuch der Feministischen Theologie", das 1991 von drei katholischen und drei evangelischen Theologinnen gemeinsam herausgegeben worden ist. Besonders genannt seien hier die Protestantin Elisabeth Moltmann-Wendel sowie auf katholischer Seite die ebenfalls schon erwähnte Mediävistin Elisabeth Gössmann und Herlinde Pissarek-Hudelist, Professorin für Katechetik und Religionspädagogik. Pissarek-Hudelist ist seit 1988 Dekanin der Theologischen Fakultät der Jesuiten in Innsbruck. Fast 80 Autorinnen haben an dem Wörterbuch mitgearbeitet[5]. Der Unterschied der Konfession spielt dabei, wie auch sonst gerne hervorgehoben wird[6], keine entscheidende Rolle. Maßgebend ist die kirchliche Herkunft weniger in den eigenen Aussagen als vielmehr bei den Inhalten, die man bekämpft.

Der besonders extreme „Göttinnenfeminismus" wird bei der folgenden Bilanz nur gelegentlich berücksichtigt. Ganz ausgespart werden kann er aber nicht, da gerade diese Aussagen oft die Diskussion bestimmen und die Grenze zum „gemäßigten" Feminismus fließend ist. Das deutlichste Beispiel ist hier Mary Daly, deren Grundwerk „Beyond God the Father" von feministischen Theologinnen immer wieder zitiert wird und deren Position einen bleibenden und unübersehbaren Ursprung bildet.

2. Grundmerkmale der feministisch-theologischen Anthropologie

Von der Sache her ist Feministische Theologie zunächst Anthropologie: das Menschenbild des Feminismus wird auf den theologischen Bereich angewandt und in der Transzendenz zu verankern gesucht. Entscheidend ist die bereits beschriebene „androgyne Utopie", die Männliches und Weibliches in jedem einzelnen Menschen möglichst zu gleichen Teilen verbinden möchte. Das Wort „Androgynie" wird inzwischen mehr und mehr vermieden und die gemeinte Sache be-

---

5 WÖRTERBUCH der Feministischen Theologie, hg. v. Gössmann, Elisabeth u. a., Gütersloh 1991 (= Wb).

6 Zum Beispiel HALKES, Theologie, feministische: FLex 1105.

schrieben mit den Begriffen der „Ganzheit“, „Ganzheitlichkeit“ oder „Gesamtheit“. Halkes versteht darunter die „Integration der unterschiedlichen Polaritäten (Frau/Mann; Geist/Körper usw.)“ zu einer personalen Einheit[7]. Ruether ist mit der Etikettierung „männlich-weiblich“ vorsichtiger und fordert, daß Männer und Frauen gleichermaßen „über die psychischen Eigenschaften als Ganzes verfügen, die bisher in der Tradition als Männlichkeit und Weiblichkeit auseinandergehalten wurden“[8]. Das Ideal der Androgynie oder „Ganzheit“ bildet ein Grundprinzip der Feministischen Theologie, das alle Äußerungen entscheidend prägt.

Auch für die gynozentrischen Feministinnen, die den Ausdruck „Androgynie“ ablehnen, ist die „Ganzheit“ (wholeness) die maßgebliche Zielvorstellung. „Hebamme“ bei dieser Richtung ist wiederum die Tiefenpsychologie von C. G. Jung. Nach Jung ist die Ganzheit oder das „Selbst“ die übergreifende seelische Wirklichkeit, worin sich Bewußtes und Unbewußtes, Männliches und Weibliches miteinander verbinden. „Ganzheit“ meint dann die Integration polar geprägter seelischer Urbilder zu einer höheren Einheit[9].

Nach dem Jung-Schüler Erich Neumann ist für die Frau das Finden der seelischen Ganzheit leichter: Während der Junge sich im Laufe seiner Entwicklung in seiner geschlechtlichen Identität von der Mutter ablösen müsse, könne sich das Mädchen weiterhin mit der Mutter identifizieren. „Diese Grundsituation des Weiblichen“, so Neumann, „daß Selbstfindung und Urbeziehung übereinstimmen, gibt ihm von vornherein den Vorzug einer natürlichen Ganzheit und Geschlossenheit, der dem Männlichen abgeht“[10].

---

7 HALKES, Söhne 20.

8 RUETHER, Sexismus 138. Ähnlich MOLTMANN-WENDEL, Milch 162–165; MOLTMANN-WENDEL, Elisabeth, „Ein ganzer Mensch werden. Reflexionen zu einer feministischen Theologie“: EK 12 (1979) 340–342.347.

PAHNKE, Donate, Ethik und Geschlecht. Menschenbild und Religion in Patriarchat und Feminismus, Marburg 1991, 171–173, spricht hier von einem „substantiellen Feminismus“, wonach es keine geschlechtsspezifischen Eigenschaften gebe: „substantiell“ existiere nur Menschliches. Dieser Feminismus unterscheide sich von der gynozentrischen Richtung, aber auch vom „integrativen Feminismus“, der noch gewisse Polaritäten voraussetze und integrieren wolle. Diese Unterscheidung zwischen „integrativ“ und „substantiell“ ist jedoch mehr verbaler als sachlicher Art: in jedem Fall geht es um den möglichst weitgehenden Abbau der geschlechtlichen Differenz.

9 KEINTZEL, Raimar, C. G. Jung: Retter der Religion? Auseinandersetzung mit Werk und Wirkung, Mainz-Stuttgart 1991, 77–86.

10 NEUMANN, Erich, Zur Psychologie des Weiblichen, München ^{2}1975, 14.

Die mit den Worten „Ganzheit" oder „Ganzheitlichkeit" gefaßten Inhalte sind freilich, wie Moltmann-Wendel im „Wörterbuch der Feministischen Theologie" zugestehen muß, oft sehr diffus. Das Streben nach „Ganzheit" kann etwa meinen, alle Eigenschaften des Menschseins zu entwickeln, sonst getrennt existierende Eigenschaften zusammenzuführen, sich selbst zu verwirklichen oder Heilung zu finden[11].

Bei dem Ideal der „Androgynie" oder „Ganzheit" stellt sich die Frage: Hat das spezifische Mannsein oder Frausein noch einen Wert, oder soll die einander ergänzende Verschiedenheit der Geschlechter verschwinden?

Catharina Halkes deutet an, sie wolle keineswegs eine „Neutralisierung der Geschlechter" erreichen[12]. Aber zugleich verwirft sie jegliche „duale Anthropologie", die eine gewisse Verschiedenheit von Mann und Frau bewahren will. Die Formel „gleichwertig, aber anders" lehnt sie ebenso ab wie die Vorstellung, daß Mann und Frau einander ergänzen sollten. Ihr sogenanntes „transformatives Modell" ist auf dem Individuum begründet, das im Rahmen einer veränderten Gesellschaft seine Eigenheiten selbst bestimmt[13]. Daß die biologische Prägung sich auch auf die psychische Struktur auswirke, sei zwar nicht zu leugnen (!), aber weil der Mensch ein wandelbares Kulturwesen sei, können „Natur- und Schöpfungsbestimmungen ... uns ... keine Kriterien dafür bieten, was lebbare ... Menschlichkeit ist". Die Geschlechtlichkeit des Menschen als Mann oder Frau gehöre nach Schillebeeckx nicht zu den anthropologischen Konstanten[14]. Halkes selbst spricht hier positiv von einer „‚single'-Anthropologie"[15].

---

11 MOLTMANN-WENDEL, Elisabeth, Art. „Ganzheit": Wb 136–142; vgl. auch GERL, H.-B., Art. „Ganzheitlichkeit": FLex 399–404.

12 HALKES, Ebenbild Gottes 100; Suchen 112; dies., Das Antlitz der Erde erneuern: Mensch – Kultur – Schöpfung, Gütersloh 1990, 168f.

13 HALKES, Ebenbild Gottes 96; Suchen 112; dies., Art. „Frau/Mann. B. Aus feministisch-theologischer Sicht": Eicher, Peter (Hg.), Neues Handbuch theologischer Grundbegriffe 2, München [2]1991, 61; vgl. Antlitz 161f.168f.

14 HALKES, Antlitz 161f. Halkes beruft sich hier auf SCHILLEBEECKX, Edward, Christus und die Christen. Die Geschichte einer neuen Lebenspraxis, Freiburg 1977, 712–725. Dort soll allerdings keine vollständige Bilanz der „anthropologischen Konstanten" gegeben werden (a. a. O. 715); im übrigen gehört selbst nach Schillebeeckx zur erstgenannten Konstante der menschliche Leib (der nicht geschlechtsneutral zu denken ist).

15 HALKES, Suchen 127. Vielleicht ist hier der biographische Hintergrund zu beachten: Frau Halkes lebt seit 1972 in Scheidung: Südwestpresse. Schwäbisches Tagblatt, 16. 11. 79.

Die gleiche Ablehnung einer gegenseitigen Ergänzung von Mann und Frau findet sich auch bei den anderen Autorinnen: für Ruether bestehen „Männlichkeit und Weiblichkeit ... lediglich als Rollenfestlegung bei der Fortpflanzung“[16]. Moltmann-Wendel karikiert die Vorstellung einer „Ergänzung“ als hoffnungslos veraltet und plädiert für die „Autonomie“ jedes Einzelmenschen[17].

Die Ablehnung der gegenseitigen Ergänzung von Mann und Frau ist in der Feministischen Theologie allgemein. Nur wenige Ansätze zeigen in eine andere Richtung. So spricht etwa Hedwig Meyer-Wilmes, angeregt vom gynozentrischen Feminismus, einmal vom Mann- oder Frausein als seinsmäßiger, ja metaphysischer Wirklichkeit[18]. Gleichzeitig aber, und diese Sicht gibt bei ihr den Ton an, polemisiert sie unentwegt gegen die Rede von einem „Wesen“ der Frau bzw. gegen eine „Ikonisierung“ des Weiblichen[19].

Elisabeth Gössmann, für die Feministische Theologie nicht unbedingt typisch, überrascht mit dem Hinweis auf „den Geheimnischarakter des Menschseins in zwei verschiedenen Existenzformen“ und begrüßt die Formel „Gleichheit in der Verschiedenheit“. Doch diese dem dominierenden Gleichheitsfeminismus widersprechende Redeweise wird schon im nächsten Satz wieder in Frage gestellt: „Die Offenheit des theologischen Menschenbildes aufgrund von Einsicht in die immer mögliche Evolution neuer Wesenszüge bei beiden Geschlechtern läßt keine Festlegung oder Beschränkung mehr zu“[20].

Die Amerikanerin Anne Carr kritisiert zunächst das androgyne Modell: „Diese Vision ist zwar attraktiv, aber auch problematisch, da sie die Bedeutung des menschlichen Körpers ignoriert ...“[21]. Sie schließt sich dann aber einem Bericht der „Catholic Theological Society of America“ von 1978 an. Dort heißt es: die monistische Anthropologie, die den Unterschied zwischen Mann und Frau außer acht lasse, könne zwar kritisiert werden, sei aber für die theologi-

16 RUETHER, Sexismus 139.

17 MOLTMANN-WENDEL, Elisabeth (Hg.), Frau und Religion: Gotteserfahrungen im Patriarchat, Frankfurt 1983, 31 (Einleitung); dies., Milch 17.

18 MEYER-WILMES 91–93.

19 Ebd. 53.79.141 u. a.

20 GÖSSMANN, Elisabeth, Art. „Anthropologie“: Wb 21.

21 CARR 155.

sche Diskussion eine gesündere Basis als die duale[22]. Wird hier nicht die Logik durch Pragmatik ersetzt?

Carr beruft sich auf Karl Rahner, wonach eine statische Auffassung von Natur falsch sei und der Mensch selbst entscheiden müsse, wozu er sich mache[23]. Daß der Unterschied zwischen den Geschlechtern und ihre gegenseitige Ergänzung zur guten Schöpfung Gottes gehören könnte und darum bewahrt werden müßte, kommt der amerikanischen Ordensfrau nicht in den Sinn. Der nachwirkende existentialistische Einfluß Simone de Beauvoirs und des progressistischen Evolutionismus ist offenbar stärker als die Botschaft der Genesis, wonach der Mensch von Gott als Mann und Frau geschaffen wurde (Gen 1,27).

Die Ideologie, daß der Mensch seine Natur grenzenlos formen könne und dürfe, bekommt an einem bestimmten Punkt allerdings einen kräftigen Riß: die Gentechnologie wird auch von den theologischen Feministinnen energisch abgelehnt. Die neuen Technologien, so die geläufige Position, seien ein patriarchaler Machtmißbrauch. Frauen dürften sich nicht dazu hergeben, „ihren Körper als Experimentiergefäße und Materiallager" zur Verfügung zu stellen[24].

Der Unterschied zwischen Mann und Frau profiliert sich neu in der Frage der Gentechnologie. Systembildend wirkt dieser Einzelpunkt aber nicht: die Geschlechterdifferenz betrachtet man, abgesehen vom Göttinnenfeminismus, fast ausschließlich als beliebig formbares Kulturprodukt.

Wenn nun der Unterschied der Geschlechter wertlos ist, fällt auch der Wert von Ehe und Familie, der ohne gegenseitige Ergänzung von Mann und Frau, Vater und Mutter nicht zu denken ist. Für das „Wörterbuch der Feministischen Theologie" ist die Ehe im Bereich der Sexualität und Kindererziehung nur *ein* möglicher Lebensent-

---

22 Ebd. 158. Gemeint ist offenbar der Kampf für das Frauenpriestertum.

23 Ebd. 147.165–167. Die Berufung auf Rahner ist allerdings problematisch, da dieser die positive Bedeutung der Geschlechterdifferenz durchaus betont, auch wenn er die bleibenden Strukturen darin stark relativiert; vgl. RAHNER, Karl, „Maria und das christliche Bild der Frau": ders., Schriften zur Theologie XIII (1978) 358f; RÖPER, Anita, Ist Gott ein Mann? Ein Gespräch mit Karl Rahner, Düsseldorf 1979, 58–60.

24 PRAETORIUS, Ina, Art. „Gen- und Reproduktionstechnologien": Wb 152.

wurf unter anderen, neben dem andere Beziehungen erprobt werden müßten. Kriterium für das Verhalten sei der „Abbau der Dominanzverhältnisse“, der sich aber schwierig gestalte. Denn die Geschichte der Ehe zeige sich als Geschichte der Entmündigung der Frau[25]. Die weibliche Homosexualität wird daher in dem umfangreichen Wörterbuch (wie auch sonst) an keiner Stelle in Frage gestellt, wohl aber immer wieder positiv referiert und verteidigt[26]. Die „Abschaffung der Zwangsheterosexualität“, so wird in einem eigenen Artikel zum Lesbianismus behauptet, „ist eine der dringlichsten Aufgaben Feministischer Theologie“[27]. Die Befürwortung oder zumindest Duldung lesbischer Praxis ist kein situationsbedingter Zufall, sondern gründet im Kern feministischer Anthropologie. Doris Strahm bringt ihn auf den Punkt: „Frauen und Männer sollen endlich aufhören, sich gegenseitig zu ergänzen“[28].

Die scharfe Ablehnung jeglicher Komplementarität der Geschlechter gründet in der Erkenntnis, daß der Unterschied der Ehepartner normalerweise zu einer gewissen Unterordnung der Frau und zu einer stärker ausgeprägten Leitungsfunktion des Mannes führt[29]. Eine Beziehung von Über- und Unterordnung, jede „Herrschaft“ oder „Hierarchie“ ist aber in der Perspektive des Feminismus die Verkörperung des Bösen schlechthin. Das marxistische Erbe zeigt sich hier besonders deutlich. Nach Moltmann-Wendel

---

25 AMMICHT-QUINN, Regina, Art. „Ehe“: Wb 67–73.

26 Wb 38.71.219.243–245.257.262.293.362.371f.

27 WOLLRAD, Eske u. a., Art. „Lesbische Existenz“: Wb 245.

Die Assistentin des Wiener Pastoraltheologen Zulehner nennt gar eine eigene Kontaktadresse „Netzwerk lesbischer Theologinnen in der Ausbildung“: PRÜLLER 212. Vgl. auch BARZ/LEISTNER/WILD (mit einem wohlwollenden Vorwort von Marga BÜHRIG, Mitglied im Präsidium des Weltkirchenrates); BROOTEN, Bernadette, „Liebe unter Frauen“: SOMMER (1985) 351–357; HEYWARD, Carter, Und sie rührte sein Kleid an. Eine feministische Theologie der Beziehung. Mit einer Einleitung von Dorothee Sölle, Stuttgart 1986; HALKES, Antlitz 159f.178; zwiespältig: SCHNEIDER-BÖKLEN/VORLÄNDER 113–116.

28 STRAHM, Doris, Aufbruch zu neuen Räumen. Eine Einführung in feministische Theologie, Freiburg/Schweiz 1987, 128; zustimmend PRÜLLER 102.

Diese Forderung ist allerdings nicht ganz konsequent, wenn Strahm mit Luce Irigaray von einer „offenen Identität“ der Frau spricht, die vielleicht in der Zukunft auftauche. Eine weibliche Identität wäre ja von der männlichen unterschieden. Genau dies lehnt Strahm aber kategorisch ab zugunsten einer ganz auf das Individuum zentrierten Anthropologie: STRAHM, Aufbruch 120–131.

29 HALKES, Frau/Mann 61; CARR 45.67; MOLTMANN-WENDEL, Ganzheit: Wb 136; vgl. SORGE 76; JOHNSON, E. A., „Jesus der Mann“: Concilium 27 (1991) 522.

ist die „crux patriarchaler Theologie“ „das Herrschaftsverhältnis von Geist und Leib, Wille über Unbewußtes, Geschichte über Natur, Mann über Frau“[30]. Und Ruether: „Der sexuelle Symbolismus bildet die Basis der Ordnungs- und Beziehungsvorstellungen unserer Kulturen. Die psychische Strukturierung des Bewußtseins, die dualistische Sicht des Selbst und der Welt, das hierarchische Gesellschaftskonzept, die Beziehung zwischen Mensch und Natur, zwischen Gott und Schöpfung – alle diese Beziehungen entsprechen dem Modell des sexuellen Dualismus“[31]. Implizit vorausgesetzt wird dabei, daß Unterordnung und Minderwertigkeit miteinander identisch seien[32], daß sie „Spaltung“ und „Vergewaltigung“ bedeuten[33].

Diese „anti-hierarchische“ Grundannahme und die Kritik an jedem „Dualismus“[34] spiegelt sich wider in der Verhältnisbestimmung von Leib und Seele. Voraussetzung ist auch hier das „Ganzheitsdenken“. Im Anschluß an Teilhard de Chardin behauptet Ruether: „Geist und Materie sind nicht zweigeteilt, sondern das Innen und Außen ein und desselben Körpers“[35]. „Die materielle Existenz ist dem Geist ontologisch unterlegen“ – diese philosophische Grundwahrheit sei „die Wurzel des moralischen Übels“, die sich in allen anderen Herrschaftsverhältnissen widerspiegele[36]. Konsequenterweise lehnt Ruether daher auch eine Unsterblichkeit der menschlichen Seele radikal ab[37]. „Aus feministischer Sicht“, so das „Wörterbuch der Feministischen Theologie“, „gilt die Vorstellung einer unsterblichen Seele ... als fundamental leib- und frauenfeindlich“[38].

Das Körperliche fällt zusammen mit der sinnesgeprägten „Erfahrung“, die allein das Verhalten bestimmen soll[39]. Die „Kontrolle des Willens und Verstandes über unseren Körper“ ist für Moltmann-

30 MOLTMANN-WENDEL, Werkstatt 34.
31 RUETHER, Frauen 16; vgl. Sexismus 95f.
32 RUETHER, Sexismus 119; HALKES, Söhne 25.
33 MOLTMANN-WENDEL, Milch 25.
34 Vgl. auch NAGL-DOCEKAL, Herta, Art. „Dualismus“: Wb 64–67.
35 RUETHER, Sexismus 109.
36 RUETHER, Frauen 203; vgl. Sexismus 102.
37 RUETHER, Frauen 229; Sexismus 303f.
38 SCHOTTROFF, Luise/SÖLLE, Dorothee, Art. „Auferstehung“: Wb 35f. Kritik daran äußert jedoch GÖSSMANN, Elisabeth, Art. „Zukunft“: Wb 440f; vgl. u. S. 164f.
39 Zum Begriff der „Erfahrung“ vgl. u. S. 49ff.

Wendel eine „Vergewaltigung“[40]. Die Überschätzung des griechischen logischen und abstrakten Denkens habe sich in einer versachlichten und technologisierten Zivilisation verkörpert, welche die Welt in den Abgrund treibe. Halkes kritisiert den theologischen Rationalismus, dem „das Herz, das Mysterium und das Symbol mit seinen vielen Schichten entgehen“[41].

Die Kritik an einer „verkopften“ Theologie und Liturgie, denen das göttliche Geheimnis und das Gemüthafte verlorengegangen ist, wird angesichts der konkreten Entwicklung nach dem II. Vatikanum von vielen Kreisen der Kirche heute geteilt, von den Anhängern des Erzbischofs Lefèbvre bis hin zu Drewermann[42]. Der von vielen als berechtigt erkannte Angriff auf den „männlichen“ Rationalismus steigert sich jedoch bei den Feministinnen zu einer heftigen Abneigung gegen die Erkenntnis überzeitlich gültiger Wahrheit überhaupt. Wie bereits angedeutet, stellt MoltmannWendel die erfahrungszentrierte „Theo-phantasie“ der vernunftbestimmten „Theologie“ entgegen, und Halkes fordert „weniger Sachlichkeit, größere Zweideutigkeit“[43]. Das programmatische Referat von Nelle Morton bei der „Sexismus“-Konferenz des Weltkirchenrates[44], von Moltmann-Wendel lebhaft begrüßt, spricht davon, das „Leben“ müßte „so genommen werden, wie es gelebt wird. Dann gäbe es keine Dichotomie mehr, aufgrund deren der Geist letztgültige Dogmen über Fragen des Leibes wie ... Abtreibung, Umwelt und Energiequellen aufstellt“[45].

Die Abtreibung erscheint hier als Frage des Leibes der Frau, ohne daß das Lebensrecht des Kindes in den Blick käme. In einem von Moltmann-Wendel und Ina Praetorius gezeichneten Artikel des „Wörterbuchs“ wird die Forderung nach straffreier Abtreibung als

---

40 MOLTMANN-WENDEL, Milch 25.

41 HALKES, Söhne 114.

42 In sehr gegensätzlichen Milieus der Kirche wurde z. B. positiv aufgenommen das Buch des Sozialpsychologen LORENZER, Alfred, Das Konzil der Buchhalter. Die Zerstörung der Sinnlichkeit, eine Religionskritik, Frankfurt 1981.

43 Vgl. o. S. 52.

44 Vgl. o. S. 49f. MOLTMANN-WENDEL, Elisabeth, „Sexismus in den siebziger Jahren. Ökumenischer Frauenkongreß in Berlin“: EK 7 (1974) 484f; dies., Frau und Religion 24.

45 Morton, Nelle, „Auf dem Weg zu einer ganzheitlichen Theologie“: MOLTMANN-WENDEL, Frau und Religion 203.

berechtigte „Körperautonomie" verteidigt[46]. Als Beispiel „befreiter Körpererfahrung" verweisen die Autorinnen dann auf das von Rosemary Ruether herausgegebene „Rituale" der amerikanischen „Women-Church", auf die „Liturgie" der feministischen „Frauenkirche". Dort finden wir u. a. ein „Heilritual nach einer Abtreibung". Es beklagt die Entscheidung zwischen zwei Übeln, dem potentiellen Leben und dem existierenden Leben. Mit dem „potentiellen" Leben ist das Kind gemeint. Die Frau habe mit dem Entschluß zur Abtreibung eine „harte Entscheidung" getroffen, aber sie habe „die beste Wahl getroffen, die sie treffen konnte"[47]. Die gleiche Haltung, ohne gegenteilige Stimmen, finden wir im „Wörterbuch" mehrfach. Abstrakte Prinzipien – wie etwa das Lebensrecht des Kindes – dürfe man bei der Frage des Schwangerschaftsabbruchs nicht anwenden[48]. Bei einer solchen Front zugunsten der Abtreibung wird es nicht verwundern, daß 70 feministische Theologinnen in Deutschland eine Petition unterschrieben haben, die sich für die ersatzlose Streichung des Paragraphen 218 einsetzt[49].

Daß das menschliche Leben nicht vom sinnlichen Trieb, sondern vom Geist gelenkt werden muß, wird nicht selten in Frage gestellt. Moltmann-Wendel warnt davor, „unsere Leidenschaften, unsere Wut, unsere Gefühle, unsere Aggressionen" „als zu kontrollierend" anzusehen, was für das Patriarchat typisch sei. Auch Wut und Aggression müßten ausgelebt werden, um psychische Ganzheit zu erreichen[50].

Den Kernpunkt feministisch-theologischer Anthropologie bildet weniger eine positive Zielvorstellung, sondern die Ablehnung der gegenwärtigen Situation. Als deren Grund sieht man die gegenseitige Ergänzung von Mann und Frau, wie sie am deutlichsten in der Familie verankert ist. Die Komplementarität von Mann und Frau wiederum betrachtet man als Ausdruck eines Weltbildes, das ver-

---

46 MOLTMANN-WENDEL, Elisabeth/PRAETORIUS, Ina, Art. „Körper der Frau/Leiblichkeit": Wb 219.

47 RUETHER, R. R., Unsere Wunden heilen, unsere Befreiung feiern: Rituale in der Frauenkirche, Stuttgart 1988, 183.

48 Wb 224.290f.295.

49 So auf der „4. feministisch-befreiungstheologischen Sommeruniversität in Hofgeismar" 1990: Evangelische Information 35 (1990) 4.

50 MOLTMANN-WENDEL, Milch 163.

schiedene Realitäten einander gegenüberstellt (Gott-Welt, Geist-Körper u. a.) und das man als „Dualismus" bezeichnet. Demgegenüber fordern die Feministinnen den Abbau der Dualitäten. Diese Einebnung reicht von der Anthropologie bis hin, wie noch zu zeigen ist, zum androgynen Gottes- und Kirchenbild.

3. Kritische Würdigung

Ein Grundsatz des hl. Paulus lautet: „Prüft alles, das Gute behaltet!" (1 Thess 5,21). In diesem Sinne gilt es nun, sich auch der Herausforderung der Feministischen Theologie zu stellen und die angesprochenen Punkte der Reihe nach durchzugehen, soweit das im Rahmen dieses Überblicks möglich erscheint.

Auf eine gewisse Berechtigung feministischer Anfragen weist das biblische Strafwort nach dem Sündenfall, wonach der Mann über die Frau „herrschen" werde (Gen 3,16). „Herrschen" ist hier vermutlich im negativen Sinne verstanden, als bedrückende Unterwerfung[51]. Jedenfalls ist die Unterdrückung von Frauen eine Folge der Sünde, die bekämpft werden muß. Ob damit freilich undifferenziert jedwede „Unterordnung" gemeint ist, wird noch zu prüfen sein.

Eine andere Frage ist die, ob man tatsächliche oder angebliche Unterdrückung der Frau zum Zentrum der Weltbetrachtung erheben kann. Hier liegt der schwache Punkt des Feminismus, der nach Ursula King von einer eigenartigen Zwiespältigkeit geprägt ist: „... widersprüchlich ist die Wertung weiblicher Biologie, die als rollenprägend verworfen, aber dennoch in der Möglichkeit des Gebärens und Nährens als Quelle weiblicher Stärke und Erfahrung gepriesen wird"[52].

Wenigstens in dem das theologische Feld beherrschenden „Gleichheitsfeminismus" wird in der Tat einerseits betont, wie wichtig die Erfahrung gerade von Frauen sei. Immer wieder trifft man auf den Zungenschlag, Männer könnten in weiblichen Belangen gar

---

51 Apostolisches Schreiben MULIERIS DIGNITATEM von Papst Johannes Paul II. über die Würde und Berufung der Frau anläßlich des Marianischen Jahres (Verlautbarungen des Apostolischen Stuhls 86), Bonn 1988, Nr. 9f; zu den exegetischen Fragen vgl. NEUER (1993) 72–74.

52 KING 1283.

nicht mitreden[53]. Andererseits betrachtet man die frauliche Erfahrung als unbegrenzt wandelbares Kulturprodukt. Dieser Grundwiderspruch zieht sich durch die gesamte einschlägige Literatur. Der „nachchristliche" gynozentrische Feminismus denkt hier wesentlich konsequenter, wenn er das Frausein als bleibende Seinsstruktur betrachtet.

Grundlegend für den „androgyn" denkenden Hauptstrom der Feministischen Theologie ist die These, jeder Mensch vereinige in sich „weibliche" wie „männliche" Aspekte. Hier eine gleichgewichtige „Ganzheit" zu erreichen, gilt als entscheidend. Die „androgyne Utopie" geht nicht zuletzt auf die Tiefenpsychologie C. G. Jungs zurück. Nach Jung soll jeder Mensch auch den gegengeschlechtlichen Anteil in seine Psyche integrieren, den „animus" (bei der Frau) und die „anima" (beim Mann)[54]. Dieser psychologische Ansatz entspricht der auch biologisch fundierten Beobachtung (z. B. Hormonhaushalt), daß sich bei jedem Menschen in gewisser Weise ein Wechselspiel „männlicher" und „weiblicher" Züge findet. „Männlichkeit" und „Weiblichkeit" sind, psychologisch gesehen, keine Eigenschaften, die mit dem konkreten Mann- und Frausein schlechthin identisch sind. Insofern trifft der Feminismus einen richtigen Kern, wenn z. B. betont wird, Frauen sollten sich vor traditionellen „Männerdomänen" wie Naturwissenschaften nicht zurückziehen und umgekehrt Männer ihre Sensibilität nicht vertrocknen lassen[55].

Dieses Wahrheitsmoment wird jedoch überspannt, wenn man bei jedem Menschen eine androgyne Gleichgewichtigkeit aller Eigenschaften postuliert und eine geschlechtsspezifische Prägung als „Halbierung" betrachtet[56]. Jeder Mensch ist bis in die kleinste Körperzelle hinein entweder Mann oder Frau[57]. Wie sehr auch die kulturelle Situation das konkrete Mann- oder Frausein prägt, so bewe-

53 Vgl. u. S. 102.

54 JACOBI, Jolande, Die Psychologie von C. G. Jung. Eine Einführung in das Gesamtwerk, Zürich [4]1959, 173–187.

55 STRAHM, Aufbruch 128.

56 Vom „Halbiertsein" spricht z. B. ein Pastoraltheologe, der stromlinienförmig mit dem Feminismus eine „androgyne Zukunft" proklamiert: ZULEHNER, P. M., Pastorale Futurologie, Düsseldorf 1990, 75–102; ders., Art. „Mann": Rotter, Hans/Virt, Günter (Hg.), Neues Lexikon der christlichen Moral, Innsbruck 1990, 461f.

57 Vgl. die mannigfachen Beiträge in SULLEROT.

gen sich doch alle Ausformungen in einem vorgegebenen biologischen Rahmen. Der Unterschied zwischen Mann und Frau ist keine bloße „Rollenfestlegung bei der Fortpflanzung“ (Ruether), sondern reicht viel tiefer. Das gesamte geistig-leibliche Sein des Menschen ist von dieser Grunddifferenz geformt[58]. Die Kritik des gynozentrischen Feminismus am Gleichheitsfeminismus scheint grundsätzlich berechtigt: Biologie, Psychologie und Soziologie lassen sich nicht auseinanderdividieren. Die soziale Geschlechtsbestimmtheit ist in mancherlei Hinsicht flexibel, aber auch kein reiner Entwurf, der ohne leibliche Verankerung sozusagen über den Wolken schwebt.

Auch C. G. Jung, dessen theoretischer Ansatz im übrigen nicht unumstritten ist[59], hat die unterschiedliche geschlechtliche Formung durchaus anerkannt und keineswegs einer Auflösung der spezifisch männlichen oder weiblichen Identität das Wort geredet. Feministische Theologinnen setzen gerade hier ihre Kritik an[60], übernehmen aber trotzdem das Ideal der Ganzheit, das sie dann in aller Regel als gleichgewichtige Vermischung von Mann- und Frausein uminterpretieren. Das positiv klingende Wörtchen „Ganzheit“ verdeckt das zuletzt Gemeinte: die Zerstörung der jeweiligen Identität. Angezielt ist die Androgynie, in der spezifisch Männliches oder Weibliches verschwinden soll. Der Jung-Schüler Barz, der sonst dem Feminismus sehr wohlgesonnen ist, bedauert, „daß nicht einmal der Begriff der Geschlechter-Komplementarität Gnade findet vor dem Tribunal

58 Vgl. die auch die Philosophie einbeziehende Zusammenschau bei: CLARK, S. B., Man and Woman in Christ. An Examination of the Roles of Men and Women in Light of Scripture and the Social Sciences, Ann Arbor 1980, 369–570; ALBRECHT (1983) 29–43; HAUKE, Frauenpriestertum 81–116; NEUER (1993) 20–51; LUYTEN, N. A. (Hg.), Wesen und Sinn der Geschlechtlichkeit (Grenzfragen 13), Freiburg-München 1985; GASPARI, Christof, Eins und Eins ist Eins – Leitbilder für Mann und Frau, Wien 1985.

59 Zur kritischen Wertung vgl. CLARK 633; HAUKE, Frauenpriestertum 124–129; GÖRRES, Albert, „Erneuerung durch Tiefenpsychologie?“ In: ders./Kasper, Walter (Hg.), Tiefenpsychologiesche Deutung des Glaubens? Anfragen an Eugen Drewermann (QD 113), Freiburg i. Br. 1988, 140–147; KEINTZEL, Klappentext: „Die Werke des Züricher Arztes Carl Gustav Jung werden vor allem in esoterischen Zirkeln und in kirchlichen und theologischen Kreisen rezipiert; dem steht eine weitgehende Nichtbeachtung in der akademischen Psychologie gegenüber“.

60 Zum Beispiel RUETHER, Frauen 166–174; BROCKMANN; vgl. auch BAUMGARDT, Ursula, Art. „Anima/Animus“: FLex 52–54.

der Feministinnen"[61]. Die gynozentrische Feministin Christa Mulack betont sehr zurecht: das androgyne Ideal ist männerzentriert und frauenfeindlich[62].

Gerade von einer vertieften Besinnung auf die Polarität und Komplementarität der Geschlechter könnten wichtige Impulse ausgehen, echte Anliegen des Feminismus aufzugreifen. Der Psychologe und Philosoph Philipp Lersch etwa beschreibt nach sorgfältiger Auswertung einer Fülle empirisch gesicherter Einzelbeispiele die „Polarität" von Mann und Frau in einer Weise, die nach wie vor als beispielhaft gilt[63]. Demnach ist der Mann stärker von der „Exzentrizität" geprägt, die Lersch im „Symbol einer von der Mitte des Subjekts ausgehenden und in die Welt vorstoßenden Linie" darstellt; für die „Zentralität" und die stärker im Rhythmus der Natur eingebettete Haltung der Frau legt er „das Bild einer um den Mittelpunkt gesammelten Kreislinie nahe"[64]. Von der „Zentralität" oder „Mittenhaftigkeit" der Frau her ließe sich etwa ihre stärkere Begabung zur „ganzheitlichen Sehweise" herausstellen wie auch das ausgeprägtere Bestreben, nicht so sehr in einer „Machtpyramide", sondern im überschaubareren „Kreis" ihre Talente zu entfalten[65].

Vor einer solchen philosophischen, das „Rollendenken" überschreitenden Sicht haben Feministinnen freilich die schier heillose Phobie, auf „Prinzipien" festgelegt zu werden. Diese Angst ist unbegründet, wenn man bedenkt, daß die phänomenologischen Unterscheidungen keine festgeprägten „Bauklötzchen" meinen, sondern nur Akzentuierungen oder „Prävalenztendenzen"[66]. Eine exklusive Zementierung ist darin nicht begründet. Trotz der heftigen Abwehr einer Rede vom „Wesen" der Frau argumentieren Feministinnen aber unentwegt mit der „weiblichen Erfahrung", die

---

61 BARZ, Helmut, Männersache: kritischer Beifall für den Feminismus, Zürich 1984, 145.
62 Vgl. o. S. 34.
63 LERSCH, Philipp, Vom Wesen der Geschlechter, München-Basel ^{4}1968; vgl. die Beiträge in LUYTEN, passim.
64 LERSCH 62f.
65 Wie nahegelegt bei KNIE, Ute, „Der Einfluß der Pfarrerin auf das Verständnis vom Pfarramt": Janetzky, Birgit u. a. (Hg.), Aufbruch der Frauen. Herausforderungen und Perspektiven feministischer Theologie, Münster 1989, 180f.
66 Von „Prävalenztendenzen" spricht anscheinend zuerst Theoderich Kampmann: MÖRSDORF 399.

von bloß sozial gedachten „Rollen“ nicht abzuleiten ist. Ingeborg Hauschildt meint dazu kritisch: „Das alles spricht eine deutliche Sprache, wie verunsichert das weibliche Identitätsbewußtsein heute ist“[67]. Und Hanna-Barbara Gerl: „Zu wünschen wäre ... eine Einsicht, worin Selbstand und Sich-Ergänzen-Lassen zusammengehören“[68].

Geht man davon aus, daß es unterschiedliche Akzentuierungen von Eigenschaften beider Geschlechter gibt, läßt sich philosophisch durchaus vom „Wesen“ des Mannes oder der Frau reden, auch wenn eine befriedigende „Definition“ nicht möglich scheint. Die geschlechtlich geprägte Wirklichkeit ist reicher, als philosophische Distinktionen sie einfangen können. Das bedeutet jedoch nicht, daß Klassifizierungsversuche unsinnig seien oder daß die diesem Bemühen zugrundeliegende Realität übersehen werden dürfte[69]. Eine „Selbstverwirklichung ohne Annahme der Wirklichkeit“, ohne Annahme des Frauseins, so Barbara Albrecht, ist unsinnig und vermessen. Das Maßnehmen an einem objektiven „Typus“ Frau (oder Mann) bedeute keine Entfremdung, sondern Ausprägung des eigenen Soseins[70].

Nach traditionell christlichem Verständnis geht es bei der Diskussion um das „Wesen“ der Geschlechter nicht um eine bloße Kompetenzenabgrenzung zwischen Biologie und Soziologie. Mann- oder Frausein ist kein mangelhaftes Zufallsprodukt einer immer weiter fortschreitenden Evolution, sondern schöpferische Gabe des guten Gottes. Schon im ersten Kapitel der Heiligen Schrift heißt es: „Gott schuf ... den Menschen als sein Abbild; als Abbild Gottes schuf er ihn. Als Mann und Frau schuf er sie ... Gott sah alles an, was er gemacht hatte: Es war sehr gut“ (Gen 1,27.31).

Mann und Frau sind als Ebenbild Gottes gleichwertig, aber nicht gleichartig. Wer die Verschiedenartigkeit von Mann und Frau auflösen will, versündigt sich am Willen des Schöpfers und an der Natur des Menschen, die kein geschlechtsloses Neutrum darstellt. Das

---

67 HAUSCHILDT, Feministische Theologie 14.

68 GERL, H.-B., Wider das Geistlose im Zeitgeist. 20 Essays zu Religion und Kultur, München 1992, 50.

69 Einen bemerkenswerten neueren Versuch bietet GASPARI, der die humanwissenschaftlichen Daten tabellarisch zusammenfaßt: 142f.

70 ALBRECHT (1983) 33f.

Sich-Aufbäumen gegen die eigene Prägung als Mann oder Frau gründet letztlich im atheistischen Wahn, sich selbst erschaffen zu können. Die von de Beauvoir aufgenommenen Gedanken Sartres sind auch da weiterhin bestimmend, wo formell noch von „Gott" oder „Schöpfung" geredet wird. Das gedankliche System in der christlich-feministischen Theologie wird weithin nicht vom Glauben an Gott den Schöpfer bestimmt, sondern von einer existentialistischen Vorgabe, die man als „strukturellen Atheismus" benennen könnte. Wenn es richtig ist, wie Ursula Erler meint, daß die Auflehnung der Frau gegen das eigene Frausein heute geradezu den Normalfall bildet[71], dann haben wir hier eine erschreckende Gottlosigkeit größten Ausmaßes vor uns. Die Aufgabe der Gegenwart ist darum nicht in erster Linie die Überwindung von falschen Rollenstereotypen, die es gewiß auch gibt, sondern die Vermittlung eines gesunden Selbstbewußtseins von der je männlichen oder weiblichen Eigenart. Angesichts der zahllosen Attacken gegen die „Geschlechterrollen" in der kirchlichen Bildungsarbeit paßt bestens die Charakterisierung von C. S. Lewis in seiner „Dienstanweisung für einen Unterteufel":

„Das Spiel besteht darin, alle mit Feuerlöschern umherjagen zu lassen, wenn in Wirklichkeit eine Überschwemmung hereinbricht, oder alle auf jene Seite des Schiffes drängen zu heißen, die schon Dollbord unter Wasser ist"[72].

Mit der Ablehnung eines vorgegebenen Frauseins wenden sich die Gleichheitsfeministinnen letztlich gegen sich selbst. Denn wer seine eigene Identität als Mann oder Frau in einer übergeordneten Ganzheit verschwinden lassen möchte, legt die Axt an die Wurzel der je persönlichen Ganzheit. Ein zerbrochenes Menschsein ist die Folge der Bestrebungen, die in der Feministischen Theologie zur „Ganzheit" führen sollten.

Die innere Zerrissenheit der feministischen Ideologie läßt sich manchmal geradezu „sehen". Das neue Standardwerk von Hedwig Meyer-Wilmes, „Rebellion auf der Grenze", zeigt auf dem Titelblatt

---

71 ERLER, Ursula, Zerstörung und Selbstzerstörung der Frau. Emanzipationskampf der Geschlechter auf Kosten des Kindes, Stuttgart 1977, 88.

72 LEWIS, C. S., Dienstanweisung für einen Unterteufel, Freiburg [23]1983, 109.

eine farbige Frauengestalt, die vom Prospekt einer feministischen Kunstausstellung folgendermaßen beschrieben wird[73].

„... eine selbstsichere junge Frau ... Die Schultern ... sind breit und kräftig, ihre Gesichtszüge sind kantig akzentuiert ... sie tritt ... dem Betrachter aktiv entgegen, fordert ihn heraus. Um Hals, Schultern und Arme hat sie eine rötlich gezeichnete Schlange wie eine Stola drapiert, deren Schwanz und züngelnden Kopf sie wie eine Schlangenbändigerin im Zirkus mit sicherem Griff hält. Dabei entsteht nicht der Eindruck, als ob die Schlange die weibliche Figur bedrohen würde ... sie scheint mit dieser eher im Einklang zu stehn, tänzerisch-spielerisch mit ihr verbunden zu sein. Frau und Schlange bilden eine harmonische Einheit".

Ob das Androgynenbild wirklich „Harmonie" ausstrahlt, mögen die Betrachter selbst beurteilen. Die Frage bleibt wohl auch (bei einer christlichen Deutung von Genesis 3), wer hier wen im Griff hat.

Das androgyne Ideal macht Frauen (und Männer) letztlich eheunfähig. Denn eine Ehe ist immer mit einer Ergänzung des einen durch den anderen verbunden. Mann und Frau sind aufeinander bezogen und angewiesen und nicht austauschbar. Ein Alarmsignal für das zerbrochene Menschsein ist die angegebene Tolerierung oder gar Förderung des Lesbianismus. Die Unfähigkeit, Mann und Frau als sich ergänzendes Paar zu sehen, bringt zukunftslose Existenzen hervor, die allein schon biologisch zum Aussterben verurteilt sind. Wer die Familie antastet, bringt die Menschheit um ihre Zukunft. Mann- und Frausein stehen sich nicht gegenüber wie die gesellschaftlichen Klassen in der marxistischen Konzeption, sondern sie sind vom Schöpfer als unausschöpflicher Reichtum gedacht und zu gegenseitiger Ergänzung bestimmt. Die Männer bedürfen der Frauen und umgekehrt. Neben der Ähnlichkeit bilden gerade auch die Unterschiede zwischen Menschen die Basis für gegenseitigen Austausch. Das Ziel einer zwitterhaften, androgynen „Autonomie" steht im Widerspruch zum Ideal der „Gemeinschaft", die vom harmonischen Zusammenwirken unterschiedlicher Begabungen lebt.

---

73 MERTIN, Andreas, „Der Griff zur Freiheit. Die ‚andere Eva' im Blick der Kunst": forum religion 3/1987, 22.

Veranstaltet wurde die Ausstellung vom protestantischen „Institut für Kirchenbau und kirchliche Kunst der Gegenwart", Marburg, 1985/86 unter dem Titel: „Die andere Eva. Wandlungen eines biblischen Frauenbildes".

Die Feministische Theologie bekämpft die Prägung des Mannes als Mann und die Prägung der Frau als Frau deshalb so heftig, weil sie darin Ordnungsstrukturen wittert. Die „Exzentrizität" des Mannes und die „Zentralität" der Frau[74] zeigen sich in der Familie besonders deutlich: als Mutter ist die Frau normalerweise mehr an die Kinder und das Haus gebunden, während der Mann eher dazu tendiert, die Leitung der Familie zu übernehmen. Beides gilt nicht exklusiv. Akzentsetzungen sind gleichwohl gegeben. In diesem Sinne ist der Mann stärker „Haupt" der Familie und die Ehefrau als deren „Herz" eher „untergeordnet", wenngleich die zeitgenössische Entwicklung eine stärkere Angleichung der Aufgaben herbeigeführt hat. Papst Pius XI. nennt in seiner Ehe-Enzyklika diese Ordnungsstruktur ein „von Gott selbst erlassenes und bekräftigtes Grundgesetz", dessen Ausgestaltung freilich „je nach den verschiedenen persönlichen und örtlichen und zeitlichen Verhältnissen" variabel sei[75]. Das II. Vatikanum zitiert diese Enzyklika wiederholt als maßgebliche Autorität, deren Aussagen sie voraussetzt, ohne sie in ihrer ganzen Breite zu wiederholen[76]. Anläßlich der damaligen Reform des Ehe- und Familienrechts erklärten 1953 die deutschen Bischöfe:

„Wer grundsätzlich die Verantwortung des Mannes und Vaters als Haupt der Ehefrau und der Familie leugnet, stellt sich in Gegensatz zum Evangelium und zur Lehre der Kirche"[77].

In dem Schreiben der deutschen Bischöfe von 1981 zur Stellung der Frau fehlt eine entsprechende Aussage. Der allgemeine, eher offene Leitbegriff lautet „gegenseitige Partnerschaft"[78]. Das Ideal gleichwertiger Partnerschaft wird oft als Gegensatz zur biblischen Ordnungsstruktur dargestellt; nach Meinung des Verfassers gehört jedoch beides zusammen[79].

---

74 Vgl. o. S. 89.

75 Enzyklika „Casti Connubii" Nr. 27f; AAS 22 (1930) 549f.

76 Pastoralkonstitution „Gaudium et spes" („Die Kirche in der Welt von heute"), Art. 48–51: RAHNER, Karl/VORGRIMLER, Herbert (Hg.), Kleines Konzilskompendium, Freiburg 1966, 498–503.

77 Hirtenwort der deutschen Erzbischöfe und Bischöfe zur Neuordnung des Ehe- und Familienrechts vom 20. 2. 1953: Amtsblatt für die Diözese Augsburg 63 (1953) 72.

78 Zu Fragen der STELLUNG DER FRAU in Kirche und Gesellschaft (Die Deutschen Bischöfe 30), Bonn 1981.

79 Zum Begriff der „Partnerschaft" vgl. KLEINDIENST, Eugen, Partnerschaft als Prinzip der Ehepastoral, Würzburg 1982; HAUKE, Frauenpriestertum 111.345–351.

1988 veröffentlichte Papst Johannes Paul II. das Apostolische Schreiben über die Würde und Berufung der Frau, „Mulieris dignitatem". Dabei bietet er auch eine kurze Auslegung von Eph 5,21–33, wo die Beziehung von Mann und Frau in der Ehe mit dem Bund zwischen Christus und der Kirche verglichen wird. Der Papst betont hier: Es gibt „nicht nur die Unterordnung der Frau gegenüber dem Mann" in der Ehe, sondern auch eine gegenseitige Unterordnung (Eph 5,21)[80]. Der Papst sieht hierin das Neue des Evangeliums, das damit ein gegenseitiges Beherrschenwollen ausschließt und die patriarchalistische Struktur des zeitgenössischen Judentums von innen her verwandelt.

Diese zentrale und entscheidende Perspektive gegenseitiger Hingabe ist stets im Auge zu behalten, wobei diese Hingabe eine je spezifisch männliche oder weibliche Färbung gewinnt. Johannes Paul II. sieht im männlichen Symbol des Bräutigams die Liebe Gottes angedeutet, der „zuerst" geliebt hat[81], während er bei der Frau eine besondere „Empfänglichkeit" als „Wesensmerkmal ihrer Fraulichkeit" hervorhebt[82]. Die Einheit von Mann und Frau (Gal 3,28) hebe die Verschiedenheit nicht auf[83]. Schon das Dokument der Glaubenskongregation von 1976 zur Frauenordination, auf das sich auch der Papst beruft, sieht in den Bildern des „Bräutigams" und des „Hauptes" eine natürliche Analogie zwischen Christus und dem von Männern auszuübenden Amtspriestertum[84].

Diese „Haupt"-Struktur als Bestandteil der Geschlechterbeziehung (namentlich in der Ehe) wird von vielen neueren Theologen als hoffnungslos antiquiert und als vom Konzil überholt betrachtet[85].

---

80 MULIERIS DIGNITATEM, Nr. 24, S. 56.

81 Vgl. 1 Joh 4,19: MULIERIS DIGNITATEM Nr. 25, S. 58.

82 MULIERIS DIGNITATEM Nr. 16, S. 39.

83 Ebd. 40.

84 ERKLÄRUNG der Kongregation für die Glaubenslehre zur Frage der Zulassung der Frauen zum Priesteramt (Verlautbarungen des Apostolischen Stuhls 3), Bonn 1976, Nr. 5, S. 13–18; die offizielle deutsche Übersetzung ist allerdings fehlerhaft, insofern sie die (zurecht abgelehnte) „excellentia" („Überlegenheit") des Mannes mit „Überordnung" wiedergibt: vgl. HAUKE, Frauenpriestertum 59. Zur Frauenordination vgl. MULIERIS DIGNITATEM Nr. 26, S. 58f.

85 Zum Beispiel BEINERT, Wolfgang, „Theologie und kirchliches Frauenbild": ders. (Hg.), Frauenbefreiung und Kirche, Regensburg 1987, 51f.

Im Gefolge der Feministischen Theologie gehen manche Autoren dazu über, die einschlägigen Aussagen des Neuen Testaments und der noch nicht gar so alten päpstlichen Doku-

Gleichwohl haben sich gerade aufgrund der Auseinandersetzung mit dem Feminismus katholische[86] und evangelische[87] Theologinnen und Theologen neu und vertieft auf dieses Grundprinzip biblischer Anthropologie besonnen. Die neuere humanwissenschaftliche Forschung liefert vielfältiges Material dazu[88]. Ein „Patriarchalismus“, eine gesellschaftliche „Diskriminierung“ und ein historischer „Rückwärtsgang“ ist damit nicht gemeint, wohl aber eine zukunftsformende Strukturierung.

Grundlegend dafür ist die Erkenntnis, daß Unterordnung nicht dasselbe ist wie Minderwertigkeit. Dies gilt in gewisser Weise selbst für das Verhältnis der drei göttlichen Personen untereinander: bei deren Aufzählung wird stets der Vater zuerst genannt als derjenige, von dem das göttliche Leben ausgeht. Der Vater sendet Sohn und Geist in die Welt, nicht aber umgekehrt. Die Ordnung der Beziehung begründet den Unterschied zwischen Vater, Sohn und Geist, hebt aber die Einheit und Gleichheit der göttlichen Natur nicht auf. Aufgrund der personalen Herkunft aus dem Vater sind Sohn und Geist dem Vater in ihrem heilsgeschichtlichen Wirken untergeordnet; deshalb sind sie in ihrem Gottsein nicht gemindert, sondern eins.

Die amerikanische Theologin Joyce A. Little vergleicht das anthropologische Konzept der Feministinnen, wonach Unterordnung vermindertes Menschsein bedeutet, mit der Christologie des Irrleh-

---

mente als „strukturelle Sünde“ zu bezeichnen: so SCHILLING, Hans, „Frauen im Kirchen- und Gemeindedienst: Hilfskräfte oder Partnerinnen der Männer?“ MThZ 39 (1988) 99; ähnlich GUTTING, Offensive 47.52. Beide Theologen setzen hier die vulgärmarxistische These eines vorgeschichtlichen Matriarchats voraus (SCHILLING 99; GUTTING a. a. O. 50f.63); Gutting stützt sich dabei auf den Physiker (!) F. Capra, einen der Hauptprotagonisten der New-Age-Bewegung (a. a. O.).

86 Zum Beispiel CLARK passim; ALBRECHT (1980) 32f; (1983) 42; BURGGRAF (1986) 26f; MAY, W. E., „Marriage and the Complementarity of Male and Female“: Anthropotes 8 (1992) 58–60.

87 Zum Beispiel BEYERHAUS, Aufstand 10.44f.48f.53f; HAUSCHILDT, Feministische Theologie 52; Versuchung 24; NEUER (1993) 72–74 (vgl. auch den Kommentar von MEVES, Christa [1985], Klappentext); ders., Art. „Frau c) systematisch-theologisch“: ELTG 1 (1992) 632–634; DIEPERINK, Feministische Theologie 35; Vrouw 29–32; PIPER, John/GRUDEM, Wayne (Hg.), Recovering Biblical Manhood and Womanhood. A Response to Evangelical Feminism, Wheaton/Ill. 1991.

88 Exemplarisch genannt seien hier nur CLARK 369–506; SIEBEL, Wigand (Hg.), Herrschaft und Liebe. Zur Soziologie der Familie (Soziologische Schriften 40), Berlin 1984; MOIR, Anne/JESSEL, David, Brainsex, Düsseldorf u. a. 1990, 132f.209–225.

rers Arius, der durch das Konzil von Nizäa (325) verurteilt wurde: Arius habe Jesus deshalb als untergöttlich betrachtet, weil er auch als der präexistierende Sohn dem Vater untergeordnet sei. Arius konnte, um die später geprägten Termini zu gebrauchen, die Nachordnung der Person des ewigen Wortes gegenüber dem Vater als dessen Ursprung nicht mit der Gleichheit der göttlichen Natur zusammendenken. Die Väter des Konzils von Nizäa erkannten demgegenüber, daß der Gehorsam Jesu gegenüber dem Vater (der auf der menschlichen Ebene zu seinem ewigen Sohnsein paßt) eine volle Gleichwertigkeit kraft seines Gottseins nicht ausschließt. Eine „Asymmetrie“ in der Beziehung bedeutet noch nicht einen höheren oder minderen Wert. Etwas Ähnliches gilt für die jeweilige Zuordnung der Geschlechter: Gleichwertigkeit und freiwillige Unterordnung sind keine Gegensätze[89].

„Über-“ und „Unterordnung“ sind dabei freilich keine universalen Prinzipien für alle Situationen, sondern funktionsbezogene Anwendungen des grundlegenderen Mann- oder Frauseins, das auch eine gegenseitige Unterordnung beinhaltet (Eph 5,21). Ohne Ordnungsstrukturen, in denen sich immer auch Über- und Unterordnung findet, sind soziale Gebilde überhaupt nicht denkbar[90]. Das gilt nicht zuletzt für Ehe und Familie. Die niederländische Theologin Martie Dieperink meint humorvoll, gegen den Feminismus gewandt: Ein Schiff mit zwei Kapitänen – das könne auf die Dauer nicht gutgehen[91]. Die Verantwortung des Mannes in der Ehe ist dabei aus christlicher Sicht nicht mit dem Leitbild eines autoritären „Paschas“ oder eines arroganten „Machos“ zu vergleichen, sondern mit der Hingabe Jesu, der für die Kirche sein Leben geopfert hat (Eph 5,21–32). „Hauptsein heißt von Christus her sich selbst für die

---

89 Vgl. LITTLE, J. A., „Sexual Equality in the Church: a Theological Resolution to the Anthropological Dilemma“: The Heythrop Journal 28 (1987) 169.

Zur christologischen Frage vgl. auch MARCUS, Wolfgang, Der Subordinatianismus als historiologisches Problem, München 1963; ders., Art. „Subordinationismus“: LThK² 9 (1964) 1138f; WIEDERKEHR, Dietrich, „Entwurf einer systematischen Christologie“: Mysterium Salutis III/1 (1970) 562f.568f; PANNENBERG, Wolfhart, Systematische Theologie I, Göttingen 1988, 298–305.352–355.455; COURTH, Franz, Der Gott der dreifaltigen Liebe, Paderborn 1993, 3.,II.,3.,b.

90 SIEBEL 14–19.

91 DIEPERINK, Feministische Theologie 35.

Frau geben"[92]. Die Ablehnung jeglicher Überordnung, mit spätmarxistischem Tonfall als „Herrschaft" karikiert, kann nur als extreme Realitätsferne bezeichnet werden, die leider im gesellschaftlichen Bereich nicht folgenlos bleibt[93]. „Herrschaft" in soziologischer Bedeutung „als das Handeln im Auftrag und im Sinne einer Sozialeinheit"[94] und „Herrschaft" im Sinne des Unterdrückens (so die deutsche Übersetzung im Strafwort von Gen 3,16) sind nicht dasselbe. Diese Äquivokation wird in manchen Diskussionen nicht beachtet.

Falsch wäre es freilich, die geordnete Beziehung zwischen den Geschlechtern auf den Teilaspekt der „Unterordnung" zu fixieren. Wenn Eheleute einander lieben und füreinander Verantwortung übernehmen, gibt es kein Gerangel um Kompetenzen. Der umfassendere Gesichtspunkt für das Verhältnis von Mann und Frau ist die gegenseitige Ergänzung in Einheit und Verschiedenheit. Die gottgewollte Differenz und Komplementarität der Geschlechter ist die „Wasserscheide", die Feminismus und christliche Anthropologie voneinander trennt. Dem neuen „Weltkatechismus" ist zu danken, daß er das Moment der Komplementarität deutlich herausstreicht:

„Mann und Frau sind sowohl gleich in ihrem Personsein als auch komplementär in ihrem Mann- und Frausein"[95].

---

92 RATZINGER, Joseph, „Die Frau, Hüterin des Menschen. Versuch einer Hinführung zum Apostolischen Schreiben ‚Mulieris Dignitatem'": Die Zeit der Frau. Apostolisches Schreiben „Mulieris dignitatem" Papst Johannes Pauls II., Freiburg 1988, 116.

93 CLARK 442f nennt z. B. folgende „Errungenschaften" der Gleichheitsideologie:

1. Die Familie werde geschwächt, weil die Frau unabhängig von Mann und Kindern ihre Karriere betreibe und weil der Mann weniger bereit sei, für seine Familie Verantwortung zu übernehmen. Aus geschwächten Familien wiederum gehen Kinder mit größeren persönlichen Problemen hervor.

2. Die sexuellen Beziehungen würden durcheinandergebracht (Impotenz des Mannes, „Aufblühen" der Homosexualität).

3. Die Frauen verlören ihr Selbstwertgefühl und gerieten unter größeren Druck, mit Männern zu konkurrieren.

4. Frauliche Gaben wie die persönlich geprägte Zuwendung in der Familie würden vernachlässigt.

5. Ein Funktionsverlust betreffe auch die eher von Männern wahrgenommenen Eigenschaften: Ordnung, Disziplin und Schutz.

6. Männer und Frauen würden psychisch instabil. Je einflußreicher die feministische Bewegung sei, so Clark mit Hinweisen auf diverse Untersuchungen, desto größer die seelischen Probleme.

94 SIEBEL 18.

95 "L'homme et la femme ... sont à la fois égaux en tant que personnes ... et complémentaires en tant que masculin et féminin": Catéchisme de l'Église Catholique, Paris 1992, n. 372;

Die Paulusstelle, wonach es in Christus weder Mann noch Frau gebe (Gal 3,28), ist vom Kontext der Tauftheologie her zu beurteilen. Durch die Taufe sind Mann und Frau „eins" in Christus, gleichermaßen beschenkt mit dem Leben der göttlichen Gnade. Der Heilige Geist wirkt dabei gemäß der paulinischen Theologie nicht als blinder „Gleichmacher", sondern in der Fülle des Leibes Christi, der aus verschiedenen Gliedern besteht (1 Kor 12). Insbesondere zerstört der Geist die Schöpfungsordnung nicht, sondern baut sie in sein Wirken ein. Auch die für manche anstößigen paulinischen Aussagen über das „Hauptsein" des Mannes (1 Kor 11) werden nicht aus dem Sündenfall begründet, wie z. B. Moltmann-Wendel meint, sondern aus der Schöpfung[96].

Die Macht der Frau ist sicherlich nicht geringer als die des Mannes, auch wenn sie stärker im Hintergrund und im Verborgenen sich auswirkt. Oda Schneider, eine Pionierin des katholischen Laienapostolats, hat schon vor 50 Jahren eindringlich darüber gehandelt[97]. Daß heute eine stärkere Teilhabe von Frauen sinnvoll erscheint an Aufgaben, die früher exklusiv Männern zukamen, muß bejaht werden[98]. Schon Papst Pius XII. ermutigte die Frauen nachdrücklich, mehr Aufgaben in der Öffentlichkeit zu übernehmen, und Papst Johannes XXIII. sprach in diesem Zusammenhang bekanntlich von einem markanten „Zeichen der Zeit"[99]. Auch innerhalb der Kirche ist der Wirkungsraum für Frauen gewiß noch ausbaufähig. Aber ist es wirklich glücklich, in einem völlig gleichen und gleichartigen Zugang zu allen Aufgaben (50:50) das Heil der Menschheit zu erblicken?[100] Diese schon etwas „angegraute" Utopie könnte eher überzeugen, wenn die Schwangerschaft, wie von einigen Radikal-

---

offizielle deutsche Übersetzung: KATECHISMUS der Katholischen Kirche, München u. a. 1993, n. 372: „... weil sie einerseits als Personen einander gleich sind ... und andererseits in ihrem Mannsein und Frausein einander ergänzen".

96 CLARK 166–182; NEUER (1993) 102–107; HAUKE, Frauenpriestertum 341–351.

97 Vgl. o. S. 11.

98 Dazu in vorausschauender Weise: STEIN, Edith, „Das Ethos der Frauenberufe" (1930): dies., Die Frau. Ihre Aufgabe nach Natur und Gnade (Werke V), Löwen 1959, 1–15.

99 Vgl. HAUKE, Frauenpriestertum 55f.

100 In diesem Sinne engagiert sich nicht zuletzt SÜSSMUTH, Rita, Art. „Partnerschaft": FLex 883–890 (vgl. o. S. 17); Süssmuth, die bekanntermaßen Simone de Beauvoir als Vorbild betrachtet (s. o. S. 22), ist im weiteren Gefolge Mary Dalys nach eigenen Angaben inzwischen dabei, für die Feministische Theologie „eine Lanze zu brechen": Publik-Forum, 29. 1. 88, 16.

feministinnen gefordert[101], von der Technologie übernommen würde. Ob das hilfreich ist, wird selbst von den meisten Feministinnen inzwischen bezweifelt.

Es scheint, daß feministische Theologinnen trotz gegenteiliger Beteuerungen nicht selten ein an männlichen Strukturen (oder Un-Strukturen) orientiertes Leitbild einbringen. Mary Daly etwa widmet ihre „Gyn/Ökologie“ den „großen, starken Frauen“ und setzt auf die Vorderseite des Buches das Bild einer Doppelaxt, mit der sie in entfesseltem Zorn alle Widerstände „voller gebieterischer Macht nieder(schlagen)“ möchte[102]. Ob hier ein tief sitzender Minderwertigkeitskomplex die Feder geführt hat?

Jedenfalls zeugt es nicht von fraulichem Selbstbewußtsein, wenn Frauen die „Androgynie“ einfordern, die „Mannweiblichkeit“. Liegt nicht in der Konsequenz dieser Forderung die Verweiblichung des Mannes und die Vermännlichung der Frau?

Eine eigentümliche Paradoxie liegt auch in dem Umstand, daß der Feminismus einerseits die zärtliche Verbindung mit allem Lebenden feiert und andererseits von Anfang an den Kampf für die Abtreibung auf die Fahnen geschrieben hat. Feministische Theologie übernimmt dieses Paradox oft in vollem Ausmaß. Die freie Abtreibung wird bejaht[103] oder zumindest nicht kritisiert. Der Mutterschoß gilt als Quelle einer neuen Spiritualität, zugleich aber wird er zum Ort der Vernichtung menschlichen Lebens. Eine brutalere „Herrschaft des Menschen über den Menschen“, die Feministische Theologie dem „Patriarchat“ vorwirft, ist wohl kaum denkbar.

Leib und Seele zu einer harmonischen „Ganzheit“ zusammenzuführen, ist in recht verstandener Weise gewiß ein lobenswertes Anliegen. Ähnliches gilt für das Verhältnis von „Kopf“ und „Herz“, von Verstand und Gemüt. In der modernen westlichen Kultur, nicht zuletzt im Gefolge der „Aufklärung“, kann man eine extreme Kopflastigkeit beobachten, die dem Menschen als ganzen nicht gerecht wird. Daß dergleichen Tendenzen sich in der nachkonziliaren Kirche besonders breit gemacht haben, wie Halkes zurecht kritisiert, bedarf

---

101 Vgl. o. S. 33f.

102 DALY, Gyn/Ökologie 15.424.

103 Zum Beispiel DALY, Vater 77; Gyn/Ökologie 80f; Lust 70; MOLTMANN-WENDEL, Milch 99; Frau und Religion 203 (Morton); vgl. die Hinweise bei HAUSCHILDT, Feministische Theologie 13.

eines entschiedenen Gegengewichts. Ein signifikantes Beispiel „männlichen“ Rationalismus ist wohl die (vorläufige, erste) Einheitsübersetzung von Lk 2,19.51: aus dem „Im-Herzen-Bewahren“ Mariens wurde Anfang der 70er Jahre ein „Im-Gedächtnis-Bewahren“ bzw. ein „Nachdenken“[104]. Eine solche „Verkopftheit“ kann im politischen Bereich zu einem rein technisch-rationalen Machbarkeitskalkül führen, das herzlos die Welt in den Abgrund stürzt. Die stärker „ganzheitliche“ Begabung der Frau kann hier ein wichtiges Gegengewicht bilden, wenn sie identitätsbewußt eingebracht wird.

Aber ist die Lenkung des Leibes durch die Seele, der wechselnden „Erfahrung“ durch den Verstand schon „Vergewaltigung“? Muß eine „Demokratisierung“ von Leib und Seele nicht zu einer „Diktatur des Leibes“ führen? Zu einer irrationalen Launenhaftigkeit? Die Geistseele, die auch den Verfall des Körpers überdauert, begründet zudem die unaustauschbare personale Identität des Menschen. Nur deshalb ist auch das Kind im Mutterleib, der alte und schwache Mensch und der Behinderte mit einer Würde ausgestattet, über die niemand selbstmächtig verfügen darf. Muß ein Abschied von diesem menschlichen Personkern nicht einer menschenvernichtenden Barbarei den Weg bereiten?

Die Seele ist seinsmäßig dem Leibe übergeordnet. Innige Verbundenheit und gegenseitige Wechselwirkung sind zugleich damit anzusetzen. Mit der Leib-Seele-Beziehung das Verhältnis von Mann und Frau zu identifizieren, ist freilich unangemessen. Sinnvoll ist allenfalls eine behutsam durchzuführende Analogie[105]. Mann und Frau stehen auf der gleichen Seinsstufe, was für Leib und Seele gerade nicht zutrifft. Die „Dualismus“-Kritik der Feministischen Theologie wirbelt hier verschiedene Seinsebenen durcheinander.

Die Anthropologie ist der maßgebliche inhaltliche Ausgangspunkt für die Feministische Theologie und prägt alle anderen Bereiche. Die revolutionäre Sicht, die sich nicht als Ergänzung der traditionellen Theologie versteht, sondern als etwas radikal Neues[106], ist

---

104 Einheitsübersetzung der Heiligen Schrift. Das Neue Testament, Stuttgart 1972.

105 Vgl. HAUKE, Frauenpriestertum 110f.

106 HALKES/MEYER-WILMES: Wb 102.

letztlich anthropologisch begründet. Feministische Forderungen werden zwecks größeren Nachdrucks bis ins Gottes- und Kirchenbild hinein übertragen. Feministische Theologie, so Eva Schmetterer, wird zu einem „Appendix Feministischer Anthropologie". Sie erscheine „als eine ins Transzendente verlängerte feministische Anthropologie, nicht mehr aber als *ursprüngliche* Rede von Gott selbst"[107]. Schließlich geht es nicht entscheidend darum, im Gottesbild auch „weibliche" Komponenten wirksam zu sehen oder in liturgischen Texten die Anrede „Brüder" durch „Brüder und Schwestern" zu ersetzen. Maßgebend für die Feministische Theologie ist vielmehr eine ins Theologische ausgeweitete Anthropologie, die das spannungsvolle Zueinander von Mann und Frau auflöst in ein farbloses Einerlei: „Androgynie". Diese menschenfeindliche Verfremdung der Schöpfungsbotschaft setzt sich fort in allen anderen Bereichen, die Feministische Theologie anspricht. Ein Dialog mit der Feministischen Theologie kann sich darum allenfalls in Einzelaspekten vollziehen, aber nicht in diesem weithin dominierenden Grundansatz. Es scheint, daß sich hier in neuem Gewande die alte Herausforderung der Gnosis zeigt, nach der Gott den Menschen nicht als Mann und Frau geschaffen hat, sondern als Mannweib, als Androgyn[108].

---

107 SCHMETTERER, Frau 153; vgl. AXMACHER 13.

108 Zur Nähe zwischen Gnosis, Feminismus und Feministischer Theologie, die von manchen Theologinnen selbst erkannt und bejaht wird, vgl. u. a. (in positiver Wertung) PAGELS, Elaine, Versuchung durch Erkenntnis. Die gnostischen Evangelien, Frankfurt 1981; kritisch: HAUKE, Frauenpriestertum 155–162; HEINE, Frauen 117–135; SUDBRACK, Neue Religiosität, und PADBERG, New Age (Stichwort „Gnosis").

VI. DIE ERFAHRUNG DER FRAU ALS „FORMALPRINZIP“

1. „Material-“ und „Formalprinzip“ des theologischen Feminismus

Um die Kernanliegen des Protestantismus zu kennzeichnen, nutzt die Konfessionskunde einen inhaltlichen und einen formalen Ausgangspunkt, ein „Material-“ und ein „Formalprinzip“: Materialprinzip ist die Rechtfertigung des Menschen vor Gott. Sie geschieht allein aus Glauben (sola fide) und allein aus Gnade (sola gratia). Erkenntnismaßstab oder Formalprinzip ist allein die Heilige Schrift (sola scriptura), in der die Offenbarung Gottes dem Menschen begegnet[1]. Dagegen betont die katholische Kirche, daß bei der Rechtfertigung auch der Mensch mitwirkt und die Werke der Liebe vom Glauben nicht zu trennen sind. Die göttliche Offenbarung wird nicht nur durch die Heilige Schrift vermittelt, sondern auch durch die Überlieferung der Kirche[2].

Die Rede vom „Material-“ und „Formalprinzip“ läßt sich in gewisser Weise auch auf die Feministische Theologie übertragen. Wenn „Materialprinzip“ das inhaltliche Kernanliegen meint, dann geht es um das beschriebene Ideal der „Ganzheit“ oder „Androgynie“[3]. Es begegnet am deutlichsten in der Anthropologie und zieht sich durch alle anderen Aussagen hindurch wie ein roter Faden. Der formale Ausgangspunkt und das entscheidende Kriterium hingegen, wonach alle theologischen Aussagen bewertet werden, ist die weibliche „Erfahrung“. Darin sind sich feministische Theologinnen weitgehend einig. Umstritten ist nur der Ausschließlichkeitsgrad des Kriteriums „Erfahrung“: die „weibliche Sehweise“ wird entweder einziges Prinzip der Theologie – so der „nachchristliche Feminis-

---

1 In der gegenwärtigen ökumenischen Theologie wird diese Unterscheidung nur selten verwandt, da die systematische Pointierung meist als zu stark empfunden wird. Als näher zu erläuterndes Grundraster behält sie aber ihren Wert.

2 Dazu grundlegend die Dogmatische Konstitution des II. Vatikanums über die göttliche Offenbarung, „Dei Verbum“: RAHNER/VORGRIMLER 367–382.

3 Als eine „zentrale“ und „grundlegende“ Kategorie beschreibt das Ideal der „Ganzheit“ z. B. MOLTMANN-WENDEL, Ganzheit: Wb 136.139.

mus" – oder ist mit christlichem Gedankengut zu verbinden – so die „gemäßigten" Theologinnen[4].

2. „Erfahrung" und Offenbarung

Mit der Betonung der „Erfahrung" ist noch nicht gelöst, was darunter im einzelnen zu verstehen ist. Zu klären bleibt auch, ob es „weibliche Erfahrung" als allgemein gültiges Kriterium überhaupt gibt und wie ihr Verhältnis zur Offenbarung zu bestimmen ist.

Der Erfahrungsbegriff selbst wird mehr vorausgesetzt als positiv thematisiert[5]. Eine formelle Definition sucht man selbst beim einschlägigen Stichwort im „Wörterbuch der Feministischen Theologie" vergebens[6]. Einig sind sich theologische Feministinnen darin, daß es um die Erfahrung von Frauen gehe, die in der androzentrischen Theologie der Vergangenheit zu kurz gekommen sei.

Was ist Erfahrung von Frauen?[7] Nach Moltmann-Wendel handelt es sich, ganz ähnlich wie in der Befreiungstheologie, um die „Erfahrung gesellschaftlicher Unterdrückung"[8]. Immer wieder hervorgehoben wird die schon genannte „Kontextualität" und „Parteilichkeit". Besonders konkret wird hier Dorothee Sölle: Gott ist „rot-grün und eine Frau"[9]. Im „Wörterbuch" heißt es etwas nüchterner: „Die Orientierung an Erfahrungen von Frauen fordert Entscheidung und Parteinahme und den Verzicht auf Neutralitäts- und Allgemeingültigkeitsansprüche"[10]. Es geht ganz bewußt um einen Blickwinkel, der an dem Interesse weiblicher „Befreiung" orientiert ist. Eine objektive, neutrale Perspektive gebe es nicht, wie man gelegentlich im Anschluß an Jürgen Habermas betont[11]. Dessen Monographie „Erkenntnis und Interesse"[12] ist eines der bekannte-

---

4 SCHMETTERER, Frau 39–41.
5 SCHMETTERER, Frau 147f.
6 Wb 73–78.
7 Vgl. die Übersicht bei SCHMETTERER, Frau 148–150; SCHAUMBERGER, Christine, Art. „Erfahrung": Wb 75–77.
8 MOLTMANN-WENDEL, Milch 77.
9 So nach: idea Nr. 58/59, 22. 6. 89, S. 6.
10 SCHAUMBERGER a. a. O. 75f.
11 MOLTMANN-WENDEL/KEGEL 191 (Resolution Württemberger Theologinnen).
12 HABERMAS, Jürgen, Erkenntnis und Interesse, Frankfurt [3]1975.

sten philosophischen Werke der neomarxistischen „Frankfurter Schule".

Ein Anspruch auf allgemeine Gültigkeit der Erfahrung wird abgelehnt, aber in Bezug auf die Frauenerfahrung meist vorausgesetzt. Ein Problem bereitet dabei die Tatsache, daß weibliche Erfahrungen von Feministinnen oft sehr gegensätzlich bewertet werden. In den USA hat sich eine Feministische Theologie von schwarzen Frauen entwickelt, die ihre Erfahrungen von denen der Weißen abgrenzen: die „Womanistinnen"[13]. Bei dem manchmal ungewöhnlich positiven Blick auf die Erfahrung islamischer Frauen[14] kann von engagierten Feministinnen gelegentlich selbst der Harem als Vorform feministischer Selbsterfahrungsgruppen freundlich gewürdigt werden[15] – was wohl nicht von allen Kampfgenossinnen ebenso gesehen wird. Im deutschen Sprachraum gibt es inzwischen einen Fachausdruck: den „Schwesternstreit"[16]. Was weibliche „Erfahrung" beinhaltet und was nicht, bleibt verschwommen.

„Erfahrung von Frauen" meint nicht nur die Frau als Trägerin der Erfahrung, sondern auch als deren Gegenstand[17]. Im Zentrum steht demnach die Selbsterfahrung. Catharina Halkes spricht in einem schon genannten Zitat davon, daß „aufständische Frauen" nicht nur das Subjekt, sondern auch das Thema der Feministischen Theologie seien[18]. Streng genommen geht es hier nicht mehr um Gott, sondern um die Frau. Differenzierter spricht dagegen Rosemary Ruether: „‚Erfahrung' umfaßt Gotteserfahrung, Selbsterfahrung, Gemeinschaftserfahrung und Welterfahrung in dialektischer Wechselwirkung"[19].

Die „Erfahrungsorientiertheit" ist eine formale Konzeption, die

---

13 Wb 438–440.

14 Zum Beispiel RIEPLHUBER, Rita, Art. „Islam": FLex 515–524; FANDER, Monika, Art. „Reinheit/Unreinheit": Wb 350; kritischer MÜLLER, Iris, Art. „Frauen in Weltreligionen. IV. Islam": Wb 123–126.

15 ALLIATA, Vittoria, Harem. Die Freiheit hinter dem Schleier, München-Gütersloh 1981.

16 Zum Beispiel CRAMON-DAIBER, Birgit u. a., Schwesternstreit. Von den heimlichen und unheimlichen Auseinandersetzungen zwischen Frauen, Reinbek 1990.

17 SCHMETTERER, Frau 149.

18 Vgl. o. S. 51; HALKES, Catharina, „Maria, die Frau. Mariologie und Feminismus": SCHÖPSDAU, Walter (Hg.), Mariologie und Feminismus, Göttingen 1985, 47f.

19 RUETHER, Sexismus 29.

eine sehr weite Auslegung zuläßt. Doch ganz konkret wird deren Stellenwert, wenn es um die Bewertung dessen geht, was die christliche Tradition „Offenbarung“ nennt. Das grundlegende Offenbarungszeugnis, das wenigstens prinzipiell von allen Christen anerkannt wird, ist die Heilige Schrift. Das Verhältnis von subjektiver „Erfahrung“ und „Offenbarung“ in der Bibelauslegung soll darum exemplarisch beleuchtet werden:

„Die Geschichte ist ... nichts anderes als eine Zusammenstellung der Aussagen, die von Mördern über ihre Opfer und sich selbst gemacht wurden“. Dieses Wort von Simone Weil wendet Elisabeth Schüssler Fiorenza unmittelbar auf die Deutung der Heiligen Schrift an[20]. Ihre exegetischen Ausführungen werden von Halkes, Ruether und Moltmann-Wendel weitestgehend übernommen[21]. Die amerikanische Exegetin deutscher Herkunft ist inzwischen so etwas wie eine feministische „Kirchenmutter“, auf die sich die meisten feministischen Theologinnen kritiklos berufen. Bei der Häufigkeit der Zitation im „Wörterbuch der Feministischen Theologie“ wird sie nur noch von Mary Daly übertroffen und liegt knapp vor Rosemary Ruether[22]. Schüssler Fiorenza glaubt, „daß Offenbarung und Wahrheit nur in solchen Traditionen und Texten gegeben sind, die ihre patriarchalische Kultur und androzentrische Religion kritisch bewerten und transzendieren“[23]. Um die „Offenbarung“ zu erkennen, wendet sie einen methodischen Vierschritt an:

1. „Eine *Hermeneutik des Verdachts*“ (hermeneutics of suspicion), die Bibeltexte von patriarchalischen Einflüssen reinigen soll. Die Heilige Schrift muß von vornherein kritisch betrachtet werden, da sie in einer androzentrischen Kultur entstanden ist.

2. Eine „*Hermeneutik des historischen Erinnerns*“, die verschüttetes Erbe zutage fördern möchte. Die Wirksamkeit von Frauen, so

---

20 SCHÜSSLER FIORENZA, Elisabeth, „Die Rolle der Frau in der urchristlichen Bewegung“: Concilium 12 (1976) 4.

21 Vgl. z. B. HALKES, Suchen 35f; RUETHER, Sexismus 52f; MOLTMANN-WENDEL, Milch 89f; MOLTMANN-WENDEL, Eigener Mensch 10f.

22 Wb, Reg.

23 SCHÜSSLER FIORENZA, Elisabeth, „Für eine befreite und befreiende Theologie: Frauen in der Theologie und feministische Theologie in den USA“: Concilium 14 (1978) 202; vgl. dies., Gedächtnis 63–68.

wird hier vorausgesetzt, ist in den biblischen Schriften unterdrückt worden.

3. Eine *„Hermeneutik der Verkündigung"*, wonach „patriarchal-oppressive Texte nicht weiter als Wort Gottes verkündigt werden sollen". Daß z. B. nach den paulinischen Briefen der Mann in der Ehe das „Haupt" ist, kann nicht Wort Gottes sein und ist aus der Verkündigung zu streichen.

4. Eine *„kreative Hermeneutik"*, „die durch Neu-Erzählung biblischer Texte und eine Neu-Schaffung biblischer Gestalten" zum „Befreiungskampf" der Frauen beitragen will[24]. Die Geschichte muß also umgeschrieben werden mit dem Ziel, die Ideale des Feminismus zu fördern.

Schüssler nennt dafür ein markantes Beispiel: die Deutung der Geschichte von Maria und Martha (Lk 10,38–42):

1. „Hermeneutik des Verdachts": Der „Patriarchalismus" des Evangelisten wird „entlarvt":

„Die Geschichte stellt den *Kyrios* und seine Autorität in den Mittelpunkt der Handlung. Da dieser mit maskulinen Begriffen charakterisiert wird, ist diese Geschichte eindeutig linguistisch androzentrisch, das heißt grammatikalisch männlich zentriert ... Darüber hinaus rechtfertigt die Erzählung Maria, die stillschweigend zuhörende Frau, wogegen Martha, die für ihre Interessen eintritt, zum Schweigen gebracht wird".

2. Die „Hermeneutik des Erinnerns": „Verdrängt" sei folgende Erfahrung: „Als Hausherrin und Vorsitzende einer Hauskirche heißt Martha den *Kyrios* in ihrem Haus willkommen. Der Text spricht mit keinem Wort davon, daß Martha in der Küche ist und das Essen zubereitet. Vielmehr betont er, daß sie mit *diakonia* und *diakonein* beschäftigt ist, Begriffe, die zur Zeit des Lukas bereits ein kirchliches ‚Leitungsamt' bezeichnen".

3. Die „Hermeneutik der Verkündigung": Der Text, wie er im Evangelium steht, ist nicht „Wort Gottes", sondern „Wort des Lukas".

4. Die „kreative Hermeneutik": Die Geschichte wird umgeschrieben:

---

24 SCHÜSSLER FIORENZA, Elisabeth, „Biblische Grundlegung": KASSEL, Maria (Hg.), Feministische Theologie, Stuttgart 1988, 25f.

„Ich bin Martha, die Gründerin der Kirche von Bethanien und die Schwester von Maria, der Evangelistin. Verschiedene Männer versuchen, die Geschichten über Jesus zu sammeln und aufzuschreiben, aber sie tun es nicht richtig. Manche benutzen sogar unsere eigenen Namen, um gegen die Leitungsfunktionen von Frauen in der Bewegung zu argumentieren. Unsere Ur-Ur-Enkelinnen müssen unsere wahre Geschichte erfahren, wenn die Nachfolge von Gleichgestellten fortbestehen soll ...

Jesus bat mich, den Vorsitz beim Brotbrechen zu übernehmen, und lud Susanna ein, den Segen zu sprechen und das Bibelwort für den Tag zu erklären. Die Männer murrten zwar etwas, aber wir Frauen waren ganz begeistert angesichts der neuen Möglichkeiten, die Gott uns eröffnet hatte“[25].

Mit dieser „Hermeneutik“ nimmt Schüssler Fiorenza eine Mittelposition ein innerhalb von drei Tendenzen:

1. Die „Bibel und ihre Symbole seien ‚nichtsexistisch‘“[26]. Wenn man die Schrift nur genau genug interpretiere, decke sich ihr Anliegen mit dem des Feminismus. Dieses wohl mehr idealtypische Modell, das Halkes 1980 noch für möglich hält[27], wird ein Jahr später von ihr verworfen[28].

2. Die „Bibel sei teils sexistisch, teils nichtsexistisch“. Das ist die Position der meisten „gemäßigten“ Feministinnen.

3. Die Bibel sei als „hoffnungslos sexistisch“ ganz zu verwerfen – die These Dalys und des „nachchristlichen Feminismus“[29].

Entscheidend ist die „Auswahl“ innerhalb der Bibel[30]. Die Protestantin Moltmann-Wendel beruft sich dafür auf Martin Luther, der den Jakobusbrief als „stroherne Epistel“ abgelehnt hat, weil er sei-

---

25 SCHÜSSLER FIORENZA, Grundlegung 35f.43f.

26 HAMERTON KELLY, R. G., „Gott als Vater in der Bibel und in der Erfahrung Jesu. Eine Bestandsaufnahme“: Concilium 17 (1981) 247.

27 HALKES, Söhne 64: „Die Frage, ob die Bibel ein patriarchalisches und androzentrisches Buch ist, will ich ... noch nicht beantworten ... Vielleicht müssen wir in 25 ... Jahren doch bekennen, daß die Bibel ein androzentrisches Buch ist“.

28 HALKES, Catharina, „Motive für den Protest in der feministischen Theologie gegen Gott den Vater“: Concilium 17 (1981) 260: „Mit Bezug auf Bibel und Überlieferung glaube ich ... nicht daran, daß diese ... ganz von Sexismen gesäubert werden können“.

29 HAMERTON KELLY 247.

30 HALKES, Catharina, „Feministische Theologie. Eine Zwischenbilanz“: Concilium 16 (1980) 298.

ner Lehre von der „Rechtfertigung aus Glauben allein" widerspricht[31]. Man muß demnach ein Prinzip finden, das bedeutender ist als die Heilige Schrift (und die Überlieferung). Dieses immer wieder beschworene Prinzip ist nun die „Erfahrung". Das „Wörterbuch der Feministischen Theologie" betont: die „Erfahrung von Frauen" ist „Quelle und Kriterium Feministischer Theologie"[32]. Oder Schüssler Fiorenza: Feministische Theologie beginnt „nicht mit Äußerungen über Gott und Offenbarung ..., sondern mit der Erfahrung von Frauen ..."[33].

Die biblischen Aussagen mit ihrem Offenbarungsanspruch und die sog. Frauenerfahrung werden hier gegeneinandergesetzt. Ähnliches geschieht auch bei den drei Autorinnen, die als besonders exemplarisch gelten können. Halkes gesteht der biblischen Botschaft noch einen gewissen Eigenwert zu, wenn „Offenbarung" und „Erfahrung" einander kritisieren können[34]. Gleichwohl kommt das Schwergewicht der Erfahrung zu, kraft derer wir „beurteilen, ob diese biblischen Gedanken überhaupt noch heilsam sind und Sinn machen"[35]. In der Tat sei die Bibel für Frauen ein „garstiges Buch", einmal, weil das Alte Testament den Kult der Göttin bekämpfe, und dann, weil sie einer patriarchalen Kultur entstamme[36]. Bei „frauenfeindlichen Texten" in der Liturgie sollten Frauen aufstehen und das Gotteshaus verlassen[37].

Offenhalten sollte man sich die Möglichkeit, die Bibel vollkommen neu zu schreiben[38] – ein Vorgang, der in den USA bereits begonnen hat. In „nicht-sexistischen" Bibelübersetzungen werden „Vater" und andere „männliche" Symbole ausgemerzt oder durch „weibliche" ergänzt, das Personalpronomen „er" wird neutralisiert durch „er/sie". Auf Betreiben des „Nationalrats der Kirchen" in den

---

31 MOLTMANN-WENDEL, Milch 204f.

32 SCHAUMBERGER a. a. O. 75; vgl. 73.

33 SCHÜSSLER FIORENZA, Elisabeth, „Für Frauen in Männerwelten. Eine kritische feministische Befreiungstheologie": Concilium 20 (1984) 34; vgl. dies., Brot statt Steine. Die Herausforderung einer feministischen Interpretation der Bibel, Freiburg/Schweiz ²1991, 18–20.103–109.

34 HALKES, Suchen 25f.

35 Ebd. 25.

36 HALKES, Söhne 55.

37 Ebd. 56.

38 Ebd. 58f.

USA erschien ein „Lektionar“ für den Gottesdienst, wonach sich z. B. Christus in Gal 4,6 nicht mehr von seinem „Vater“ gesandt weiß, sondern von „seiner Mutter und seinem Vater“ (gemeint ist die erste göttliche Person). Im gleichen Bibelvers wird der „Sohn Gottes“ zum „Kind Gottes“. Man betrachtet dieses als „inklusive“, d. h. als Frauen einschließende Sprache („Inclusive Language Lectionary“)[39].

Noch stärker eingeschränkt als bei Halkes wird die Bedeutung der Heiligen Schrift bei Ruether. „Das kritische Prinzip feministischer Theologie ist die Förderung des vollen Menschseins der Frauen“[40]. Die hieraus erfließende „Erfahrung“[41] bedient sich der Bibel nur als eines Gedankenmusters neben anderen[42]. Gleichgewichtig sind z. B. die Bewegungen der antiken Gnosis oder der kanaanäische Fruchtbarkeitskult[43]. Die Lehren Jesu seien schon „innerhalb der Bibel ... verfälscht“ worden, und der Kanon der Heiligen Schrift ein Ergebnis der „Sieger“, das fälschlicherweise Irrlehren ausgrenze[44]. „Offenbarung“ sind für Ruether „bahnbrechende Erfahrungen“, die sich in allen Religionen finden[45].

Halkes bestreitet, daß die Offenbarung mit dem Kommen Jesu abgeschlossen sei[46], während Moltmann-Wendel darauf besteht, daß in Christus das Entscheidende bereits geschehen sei. Aufgrund dieses Protestes spricht Halkes später lieber von einer „Entfaltung“ der

---

39 Die einschlägigen Quellen nennt BERGER, Teresa, „Women and Worship: a Bibliography“: Studia liturgica 19 (1989) 96–110; typische Beispiele u. a. bei ODDIE, William, What Will Happen to God? Feminism and the Reconstruction of Christian Belief, London 1984/San Francisco 1988; BLOESCH, D. G., Battle for the Trinity: The Debate Over Inclusive Language, Ann Arbor 1985.

Über den offiziellen Rahmen amerikanischer Denominationen hinaus geht ein inzwischen übersetztes Handbuch der „Women-Church“: RUETHER, Rituale.- Vgl. u. S. 149f.

40 RUETHER, Sexismus 36.

41 Ebd. 29f.

42 Ebd. 35.39.

43 Ebd. 31.53.

44 Ebd. 31.35.

45 Ebd. 30.

46 HALKES, Zwischenbilanz 297; Söhne 60; für die Ansicht, die Offenbarung habe „sich ... durch die ganze Geschichte hindurch immer wieder ereignet“, beruft sich CARR 73f auf das II. Vatikanum. Im „Dekret über die göttliche Offenbarung“ (Dei Verbum) findet sich jedoch dergleichen nicht.

Offenbarung als von einer „weitergehenden Offenbarung“[47]; in ihrer neu aufgelegten Monographie ist diese Korrektur (?) freilich nicht berücksichtigt[48]. Zwielichtig bleiben die Formulierungen von Herlinde Pissarek-Hudelist im „Wörterbuch“: ein sog. „älteres, statisches Verstehensmodell von Offenbarung“, das eine karikierende Darstellung erfährt, wird abgehoben von einem sog. „dynamischen“ Modell[49].

Trotz ihres Bezugs auf die Christusoffenbarung versuchen auch Halkes und Moltmann-Wendel, z. B. die kanaanäische Fruchtbarkeitsgöttin in das heutige Gottesbild aufzunehmen[50]. Moltmann-Wendel zitiert dabei wohlwollend eine Theologin, die Jahwe und Astarte zu einer „Synthese“ führen will[51]: Helgard Balz-Cochois setzt sich ein „gegen ‚den Propheten‘ Hosea“, der allzu konservativ am ersten Gebot festgehalten habe, und „für Gomer“, seine Frau, die sich am Mutterkult der Liebesgöttin beteiligt habe. Die Hure Gomer „erscheint als fromme Frau, Hosea dagegen als Sonderling, ... als Tyrann“[52].

Die Methodik des Schriftgebrauchs benennen manche Feministinnen als „Hexegese“ oder „wilde Exegese“[53]. Ein seriöserer Anspruch, aber nicht weniger Problematik steckt hinter dem Bild der „Urkirche“, die Schüssler Fiorenza beschreibt als die „egalitäre urchristliche Bewegung“[54]. Von dieser reichen Tradition sei zwar schon im Neuen Testament „wohl das meiste verlorengegangen“[55], schimmere aber immer noch im Galaterbrief durch, wonach es in der Gemeinde Jesu weder Mann noch Frau gebe (Gal 3,28). Diese Schriftstelle bedeute „die Aufhebung der gesellschaftlich-religiösen

47 So KRATTIGER 81f nach einem mündlichen Tagungsbericht; vgl. HALKES, Protest 260.
48 In HALKES, Söhne 60, steht unausgeglichen beides nebeneinander.
49 PISSAREK-HUDELIST, Herlinde, Art. „Offenbarung“: Wb 307–310.
50 HALKES, Söhne 55; MOLTMANN-WENDEL, Milch 62.
51 MOLTMANN-WENDEL, Milch 113f; BALZ-COCHOIS 55.
52 BALZ-COCHOIS 41.55.
53 MOLTMANN-WENDEL, Werkstattbuch 34–42.
54 SCHÜSSLER FIORENZA, Elisabeth, „Der Beitrag der Frau zur urchristlichen Bewegung. Kritische Überlegungen zur Rekonstruktion urchristlicher Geschichte“: Schottroff, W./Stegemann, W. (Hg.), Traditionen der Befreiung, Bd. 2. Frauen in der Bibel, München u. a. 1980, 80.
55 SCHÜSSLER FIORENZA, Rolle 4.

Unterschiede"[56]. Im Urchristentum „wurden Standesunterschiede aufgehoben oder geringgeschätzt, es gab in ihr weder feste Strukturen noch eine institutionalisierte Leitung"[57]. Im gleichen Atemzug wird freilich gesagt, es habe weibliche Gemeindeleiter gegeben, insbesondere die Apostolin Junia, die erst später als Mann gedeutet worden sei[58]. In den späteren Schichten des Neuen Testamentes sei aber wieder der Patriarchalismus und das Prinzip der Unterordnung über die Christenheit hereingebrochen, wenngleich Gnostiker und Montanisten die egalitären Rollen weitergetragen hätten[59]. Die Idee, gnostische Kreise hätten das eigentliche Urchristentum bewahrt, findet sich auch bei Moltmann-Wendel, Ruether und Halkes[60].

3. Kritische Stellungnahme

Es ist hier nicht der Ort, die Schriftdeutung der Feministischen Theologie im einzelnen kritisch zu würdigen. Durch eine starke Konzentration auf biblische Frauengestalten können gewiß Aspekte zutage treten, die einer wissenschaftlich verantwortbaren Exegese integriert werden können. Der heikle Punkt ist die „parteiliche Auslegung" der Schrift[61], von Kritikern als „Vergewaltigung" gekennzeichnet[62]. Die feministische Weltsicht wird mehr oder weniger zum Filter, mit dem die biblischen Texte „gesiebt" werden. Die vielzitierte „Erfahrung" ist freilich nach dem Philosophen H. G. Gadamer einer unserer „unaufgeklärtesten Begriffe"[63] und kaum in der Lage, ein objektives Kriterium anzugeben; feministische Theologin-

---

56 Ebd. 5.

57 Ebd.

58 Ebd. 6; Urheberin dieser Hypothese ist Bernadette BROOTEN; vgl. dies., „Junia ... hervorragend unter den Aposteln" (Röm 16,7): MOLTMANN-WENDEL, Elisabeth (Hg.), Frauenbefreiung. Biblische und theologische Argumente, München-Mainz ^{2}1978, 148–151; vgl. u. S. 141.

59 SCHÜSSLER FIORENZA, Rolle 8; Beitrag 73; vor allem in: Gedächtnis.

60 MOLTMANN-WENDEL, Eigener Mensch 13; RUETHER, Sexismus 53.234; HALKES, Suchen 36.

61 GERBER, Uwe, Die feministische Eroberung der Theologie, München 1987, 92.

62 BEYERHAUS, Aufstand 35.

63 GADAMER, H. G., Wahrheit und Methode, Tübingen ^{2}1965, 329.

nen kommen dann von ihrer „Erfahrung“ aus auch zu recht unterschiedlichen Ergebnissen.

Für die kritische Bestandsaufnahme läßt sich „Erfahrung“ in einem ganz allgemeinen Sinne umschreiben als „eine durch langen Um‚gang‘ mit Menschen und Dingen gewonnene, der Praxis dienende Kenntnis“[64]. Für den Erfahrungsbegriff typisch ist im allgemeinen die individuelle Prägung, die mit der Wissenschaft in Verbindung zu bringen ist, damit aber gerade nicht identisch ist[65]. Der in der feministischen Subjektivität verbleibende Ansatz ist innerlich widersprüchlich und deshalb nicht in der Lage, eine Wissenschaft zu begründen, der es um allgemeingültige Erkenntnisse geht, die für Frauen und Männer gleichermaßen nachvollziehbar sind. „Die feministische Theo‚logie‘ ... stellt die Subjektivität nicht in den *Dienst* der Erkenntnis, sondern erklärt sie selbst zur Instanz und zum Kriterium der Wahrheit“[66]. Von „Wissenschaft“ kann dann keine Rede mehr sein[67]. Eva Schmetterer fragt zu Recht: „... wie soll Erfahrung, die ja grundsätzlich und zunächst die je eigene Erfahrung ist, kritisiert werden? Es kann höchstens gesagt werden: ‚Ich habe eine andere Erfahrung‘ und dann steht Erfahrung gegen Erfahrung“[68].

Das „Formalprinzip“ der Feministischen Theologie ist nicht nur logisch unsinnig, sondern widerspricht auch den Grundsätzen der Theologie, die das Wort Gottes als entscheidendes Kriterium nimmt. Die eigentliche Quelle und der bestimmende Maßstab der Theologie ist die göttliche Offenbarung, die ihre unüberbietbare Mitte findet in Jesus Christus, dem menschgewordenen Sohn Gottes. Die Feministische Theologie, so wie sie von den maßgebenden Autorinnen betrieben wird, stellt diesen Ausgangspunkt auf den Kopf. Nicht mehr Gott ist Quelle und Maßstab der Theologie, sondern das je eigene Bedürfnis der Frau. Wenn man Theologie als in der Offenbarung Gottes begründete „Rede von Gott“ versteht,

---

64 VRIES, Josef de, Art. „Erfahrung“: Brugger, Walter (Hg.), Philosophisches Wörterbuch, Freiburg ^{14}1976, 88.

65 WISSMANN, Hans u. a., Art. „Erfahrung“: TRE 10 (1982) 83–141.

66 SCHMIDHÄUSER 111.

67 SCHMIDHÄUSER 112: FT sei keine Theologie mehr – was manche Feministinnen bereitwillig zugestehen: vgl. o. S. 51.

68 SCHMETTERER, Frau 145.

dann handelt es sich bei den feministischen Entwürfen um keine Theologie mehr[69].

Ihren Wahrheitskern findet das Insistieren auf die „Erfahrung" in der Bedeutung des Menschen, dessen Glauben an Christus nach katholischer Auffassung eine natürliche Erkenntnis und Willensbereitschaft logisch vorausgeht. Um die Offenbarung annehmen zu können, muß der Mensch ihre Glaubwürdigkeit erkennen. Zu den „praeambula fidei", den Sachverhalten, die dem übernatürlichen Glauben sachlich vorangehen, gehören z. B. die Existenz Gottes und die Bezeugung des göttlichen Anspruches Jesu durch die Wunder. Auch ein anthropologisches Grundverständnis läuft dem Offenbarungsglauben voraus bzw. geht mit ihm konform: z. B. die Eigenprägung und gegenseitige Ergänzungsbedürftigkeit von Mann und Frau, der positive Wert der Mutterschaft und der Familie, die spezifische Verantwortung des Vaters. Das von Gott Geoffenbarte muß sodann mit den Mitteln der menschlichen Vernunft aufgenommen und von den Theologen zu einer geistigen Einheit verbunden werden. Erst hier, bei der subjektiven Aufnahme von Offenbarung, kommt spezifisch „männliche" und „weibliche" Erfahrung ins Spiel. Und an diesem Punkt ist gegebenenfalls auch Kritik möglich an der Art und Weise, wie Menschen in der Kirche (oder auch: „Männer") die Offenbarung formuliert haben. Diese Kritik ist jedoch völlig überzogen, wenn die in Jesus Christus ein für allemal ergangene und von den Aposteln vermittelte Offenbarung nicht mehr als bleibender Maßstab anerkannt wird. Andernfalls wird Theologie zur Projektionswand subjektiver Bedürfnisse.

Ein individualistischer Subjektivismus zeigt sich in der Art und Weise, wie mit christlichem Glaubensgut umgegangen wird. Ruether nennt die christliche Tradition nur als eine gleichwertige Perspektive unter anderen, woraus sie nach Gutdünken auszuwählen ge-

---

69 Vgl. SCHMETTERER, Frau 151f.198; HEINE, Susanne, „Feministische Theologie – Theologischer Feminismus. Über die Bedeutung des Austauschs der Adjektiva": Böhm, Winfried/Lindauer, Martin (Hg.), Mann und Frau – Frau und Mann. Hintergründe, Ursachen und Problematik der Geschlechterrollen, Stuttgart 1992, 174; MOTSCHMANN, Selbstversorgerinnen 292; SCHMIDHÄUSER 118f. Daß nicht die „Erfahrung", sondern die Offenbarung Ausgangspunkt christlicher Theologie ist, wird auch sonst immer wieder von Kritikern der Feministischen Theologie angemahnt, z. B. SCHNEIDER-BÖKLEN/VORLÄNDER 134f; DIEPERINK, Feministische Theologie 30.

denkt. Jutta Burggraf bezeichnet den „Synkretismus“, die Religionsvermischung, als „ein charakteristisches Merkmal“ feministischer Theologie[70] – ein Vorwurf, der in der kritischen Literatur nicht zu Unrecht immer wieder auftaucht[71]. Der Synkretismus entspricht der gleichen „Warenhausmentalität“, nach der manche Anhänger von „New Age“ sich ihre eigene Religion zusammensuchen. Glaube gründet hier nicht mehr im Hören auf das verbindliche Wort Gottes, sondern wird aufgelöst in „Gnosis“, in scheinbare „Erkenntnis“.

Die härteste Kritik am Synkretismus wendet sich gegen die Ansicht mancher Feministinnen, wonach „die weiblichen Gottheiten der Umwelt Israels, gegen die die Propheten wegen des 1. Gebotes kämpfen, als Erscheinungsweisen des wahren Gottes erscheinen“[72]. Das einschlägige Memorandum der „Bekennenden Gemeinschaften“ spricht von einem „Rückfall in das archaisch naturhafte Heidentum“[73].

„Offenbarung“ im christlichen Verständnis meint nicht „bahnbrechende Erfahrungen“ des Menschen (Ruether), sondern die Selbsterschließung Gottes für den Menschen. Die Heilige Schrift ist nur insofern menschliche „Erfahrung“, als sie in verbindlicher Weise die Offenbarung Gottes vorlegt. Hierbei erweist sie sich auch kritisch gegenüber anderen „Erfahrungen“, die sie als Irrlehre ablehnt. Zu beachten ist zudem das Gefälle vom Alten zum Neuen Testament. Die vollkommene und unüberbietbare Offenbarung Gottes geschieht in Jesus Christus, der die Unvollkommenheiten des Alten Bundes korrigiert. Diese Korrektur kommt gerade auch der Frau zugute, was in Jesu Verhalten und in seinem Verbot der Ehescheidung deutlich wird[74]. Nicht unsere „Erfahrung“ ist Maßstab für die Selbstoffenbarung Gottes in Jesus Christus, sondern umgekehrt.

Die Kirchengeschichte, schon innerhalb des Neuen Testaments, als Abfallsgeschichte zu konstruieren (Schüssler Fiorenza), stößt

---

70 BURGGRAF (1986) 16.

71 Zum Beispiel: HAUSCHILDT, Feministische Theologie 20; Gott eine Frau 26; BEYERHAUS, Aufstand 23.41; (1991) 152. Der Sache nach auch in: PADBERG, Feminismus 144; DOKUMENTATION (= nordelbische Bischöfe) 104 (5.); AXMACHER 6.

72 DOKUMENTATION (= nordelbische Bischöfe) 105 (6.); vgl. HERMISSON (1982).

73 BEYERHAUS, Aufstand 43.

74 HAUKE, Frauenpriestertum 323–325.

sich mit dem neutestamentlichen Befund, daß Jesus nicht zu trennen ist von der Gemeinschaft seiner Kirche. Ohne die Überlieferung der Kirche wäre keine der biblischen Schriften vorhanden. Erst die Kirche hat den Umfang der Bibel abgegrenzt und z. B. die phantasiegeladenen Texte der Apokryphen und die Mythen der Gnostiker übergangen. Sollte die Verheißung Jesu, der Heilige Geist werde der Kirche beistehen und sie in alle Wahrheit einführen[75], als „androzentrische Redaktion" auszuscheiden sein? Ohne die Gemeinschaft der Kirche, die von Papst und Bischöfen geleitet wird, ist der Christusglaube schrankenloser Willkür ausgesetzt.

Eine echte Kritik von Frauenunterdrückung muß von einer objektiven Größe ausgehen, wie sie Schrift und Überlieferung im Lehramt der Kirche bieten. Andernfalls bleiben alle „feministischen" oder „maskulinistischen" Erfahrungen hilflos zerstritten.

Die Konstruktion einer „egalitären Jesusbewegung", die gegen 2000 Jahre Kirchengeschichte ausgespielt wird, erinnert allzusehr an den vulgärmarxistischen „Mythos vom Matriarchat". Genauere Bemerkungen dazu seien für das Thema „Ekklesiologie" aufgespart[76]. Das feministische Bild der Vergangenheit, so der Historiker Lutz von Padberg, sage „weniger über die Frühzeit aus als um so mehr über die Zukunftshoffnungen der Feministinnen"[77]. Schüssler Fiorenza beklagt sich denn auch bitter darüber, daß ihr Beitrag für die exegetische Festschrift ihres akademischen Lehrers abgelehnt wurde[78].

Die Gewaltsamkeit gegenüber der Geschichte, mit der manche feministische Lieblingsthesen wie die vom Matriarchat oder der egalitären Urkirche durchexerziert werden, steht im Widerspruch zur Sanftheit und Behutsamkeit, die von den gleichen Autorinnen gegenüber der Tier- und Pflanzenwelt eingefordert wird[79]. Mary Daly fordert direkt auf zum „Methodenmord" in der Wissenschaft, eine Vergewaltigungsmentalität, über die sich Susanne Heine zurecht empört[80]. Ulrich Schmidhäuser vergleicht die feministische

75 Joh 14,26; 16,13.
76 Vgl. u. S. 180–182.
77 PADBERG, New Age 58.
78 SCHÜSSLER FIORENZA, Beitrag 83f.
79 Dazu u. S. 159f.
80 DALY, Vater 25f; Gyn/Ökologie 45; HEINE, Frauen 12.

Hermeneutik nicht ohne Grund mit der Blut-und-Boden-Ideologie des Faschismus[81]. „Deutsche Christen“ haben seinerzeit im evangelischen Bereich großes Unheil angerichtet. „Feministische ChristInnen“ sind auf dem besten Wege, vergleichbare Fehler zu wiederholen, diesmal in ökumenischer Gemeinschaft. Fehler aber soll man nicht perpetuieren, sondern korrigieren.

81 SCHMIDHÄUSER 124.

VII. DAS GOTTESBILD

1. Die Verbindung zur feministischen Anthropologie

Das feministische Menschenbild zeigt sich, wie bereits dargelegt, in zwei verschiedenen Variationen: die „gynozentrischen" Feministinnen orientieren sich am Frausein, dem in der Gesellschaft die Priorität gebühre, während die „Gleichheitsfeministinnen" eine gleichgewichtige Vermischung „männlicher" und „weiblicher" Eigenschaften in jedem Einzelmenschen anstreben: das Ideal der „Ganzheit" oder „Androgynie". Dementsprechend wird die anthropologische Zielvorstellung für das Gottesbild umgesetzt: Der „Frauenzentriertheit" entspricht der „Göttinnenfeminismus", dessen Vertreterinnen das Christentum als „unrettbar patriarchalisch" großenteils verlassen haben; prominentestes Beispiel: Mary Daly[1]. Der Gleichheitsfeminismus dagegen verlangt für das Gottesbild eine „androgyne" Vermischung männlicher und weiblicher Symbole. Die Grenzen zwischen beiden Strömungen sind aber auch im Bereich des Gottesbildes fließend, da die Rede von Gott als „Vater" oder „Herr" auch den „gemäßigten" Feministinnen nicht selten verdächtig erscheint.

Die Ablehnung des symbolhaft eher „männlich" geprägten biblischen Gottesbildes darf dabei nicht isoliert gesehen werden: genauso scharf abgelehnt wird der Vergleich zwischen der Ehe und dem Bund zwischen Gott und den Menschen, bei dem das Volk Israel bzw. die Kirche als „Braut" erscheint und Gott als „Bräutigam". Daß dem Fraulichen in der christlichen Tradition ein Vorrang zukommt, um die auch für den Mann maßgebliche Position des Menschen vor Gott darzustellen, brandmarken die Feministinnen aller Schattierungen als Festschreibung weiblicher Unterdrückung. In diesem Punkt sind sich „Gleichheits-" und „Göttinnenfeministinnen" weitestgehend einig. In der Schilderung des Kirchenbildes und der Mariologie ist später darauf noch genauer einzugehen.

Die Gleichordnung „männlicher" und „weiblicher" Züge im Got-

---

1 Vgl. o. S. 68–75.

tesbild findet sich auch in philosophischen und theologischen Äußerungen, die keine feministische Anthropologie voraussetzen, sondern eine Komplementarität bzw. Polarität der Geschlechter annehmen[2]. Das „androgyne" Gottesbild hat sich schon in der antiken Gnosis deutlich ausgeprägt und zeigt sich unter den derzeit wirksamen Weltreligionen u. a. im Hinduismus[3], der allerdings im Unterschied zum Feminismus den Geschlechtsunterschied keineswegs neutralisiert. Auf diese geschichtlichen Vorbilder für die „Verweiblichung" des Gottesbildes nehmen Feministinnen denn auch häufig Bezug[4]. Trotz seiner faktischen Abhängigkeit vom „androgynen Ideal" in der Anthropologie ist dem feministischen Gottesbild darum ein gewisser Eigencharakter zuzumessen.

2. Typische Positionen

Mary Dalys „Beyond God the Father", „Jenseits von Gott dem Vater", ist gleichsam das Schlüsselwerk für alle Bemühungen, das Gottesbild zu „entpatriarchalisieren". Die „gemäßigten" feministischen Theologinnen, die hier vor allem im Blickfeld stehen, möchten wenigstens prinzipiell „männliche" und „weibliche" Bilder für Gott miteinander verbinden. Anders dagegen Mary Daly: Die Rede vom „Vater" wird radikal abgelehnt, und vor allem seit ihrem Werk „Gyn/Ökologie"[5] geht es ihr allein um die Verehrung der „Göttin". Ähnliches gilt im deutschen Sprachraum von der evangelischen Theologin Elga Sorge, die das „Vater unser" verspottet und ihm ein polemisches „Mutterunsere" entgegenstellt[6]. Ein „matriarchales

---

2 So offenbar GERL, H.-B., Die bekannte Unbekannte: Frauen-Bilder in der Kultur- und Geistesgeschichte, Mainz 1988, 147–160.

3 Vgl. HAUKE, Frauenpriestertum 148–162.

4 Zur Gnosis: im Anschluß an PAGELS z. B. RUETHER, Sexismus 53f; MULACK, Christa, „Gnosis (Verdrängte christliche Erkenntnis)": KASSEL (1988) 227–256; zurückhaltender: SCHÜSSLER FIORENZA, Gedächtnis 336–338; SCHOTTROFF, Luise, Art. „Gnosis": Wb 156–158.

Zum Hinduismus: KING, Ursula, Art. „Frauen in Weltreligionen I. Hinduismus": Wb 113f; Wb 47; KATAPPO, Marianne, mitleiden – mithandeln. Theologie einer asiatischen Frau, Erlangen 1981.

5 Vgl. o. S. 73f.

6 SORGE 3.90f.

Gottesbild" fordert besonders Christa Mulack[7]. Wie wenig man die „Göttinnenfeministinnen" aus der Betrachtung ausblenden kann, zeigt die Tatsache, daß Elga Sorge und Christa Mulack auf dem Evangelischen Kirchentag 1991 als Rednerinnen aufgetreten sind und begeisterten Beifall fanden[8].

Von dem „Göttinnen-Feminismus"[9], der männliche Symbole ausschließt, distanzieren sich die „gemäßigten" Autorinnen. Damit werde die bisherige Polarisierung bloß umgedreht[10]. Nichtsdestoweniger sehen Halkes, Ruether und Moltmann-Wendel das „matriarchalische" Symbol der Göttin für das ursprünglichere an[11], wenngleich sie diesen Vorrang des Weiblichen im Gottesbild unterschiedlich deuten. Catharina Halkes sieht im Weiblichen mehr ein Sinnbild für die Immanenz Gottes, für seine Nähe und seine Anwesenheit in dieser Welt; in der Transzendenz, symbolisch mehr in männlichen Bildern ausgedrückt, erkennt sie die Distanz Gottes zur Welt und sein Eigensein[12]. Sie will beides zusammenhalten, plädiert aber dabei für einen zumindest vorläufigen Vorrang der Immanenz[13]. Zu betonen sei die „Gegenseitigkeit zwischen Gott und Mensch ..., daß Gott zärtlich ist, verletzbar und nahe"[14]. Wo das Bild des göttlichen Vaters als unterdrückend erfahren werde, solle man es fallen lassen[15].

Ruether hingegen verwirft eine göttliche Transzendenz vollständig. „Das Göttliche ist nicht ‚da oben' als abgelöstes Ego, sondern die alles umgebende Quelle des Lebens"[16]. Auf gar keinen Fall

---

7 MULACK, Christa, Die Weiblichkeit Gottes. Matriarchale Voraussetzungen des Gottesbildes, Stuttgart 1983 u. a.

8 Idea spektrum Nr. 24, 1991, S. 27.

9 WACKER, M.-Th., „Die Göttin kehrt zurück. Kritische Sichtung neuerer Entwürfe": dies. (1987) 11–37; HEINE, Göttinnen; RUETHER, Symbole; DIJK, Denise, „The Goddess-Movement in the U.S.A. A Religion for Women Only": Archiv für Religionspsychologie 18 (1988) 258–266.

10 HALKES, Suchen 74; RUETHER, Sexismus 59; Symbole; MOLTMANN-WENDEL, Milch 15.103.

11 HALKES, Suchen 37; RUETHER, Sexismus 18.67; MOLTMANN-WENDEL, Milch 64f.187.

12 HALKES, Ebenbild Gottes 94.

13 HALKES, Suchen 74.

14 HALKES, Zwischenbilanz 296.

15 HALKES, Suchen 76.

16 RUETHER, Sexismus 69; vgl. 72.91.

dürfe man das Göttliche als etwas betrachten, das schon vor der Welt existiere[17]. Sie lehnt das „väterliche" Bild des „Himmelsvaters" ab, das sie als ein kulturelles Produkt altorientalischer Nomaden ansieht[18], und bevorzugt als Bilder des Absoluten die „allumfassende Matrix", die „Mutter Erde"[19], das gebärende „Weltei" oder die „mütterliche" „Quelle"[20].

Moltmann-Wendel geht in die gleiche Richtung:

„Anders als der männliche Götterhimmel, aus dem heraus ein Gott regiert, stellt die Göttin für Frauen eine Art innerweltliches Prinzip dar: Sie ist die Welt, offenbart in jeder Frau"[21]. Die Beziehung zu Gott dürfe nicht „asymmetrisch-hierarchisch" gesehen werden, sondern als „Liebe von gleich zu gleich"[22]. „Abba", die vertraute Gottesanrede Jesu, interpretiert Moltmann-Wendel als „respektlos" und nennt „Gehorsam" gegenüber Gott ein „traumatisches Wort"[23]. Hinter dem Wort „Abba", so pflichtet sie Christa Mulack bei, stehe letztlich ein matriarchalisches Erbe[24]. Mulack selbst beruft sich dabei auf die esoterische Tradition des Judentums, die Kabbala: „Rein äußerlich stellt ‚Abba' etwas Männliches dar, doch ist der innere Wert weiblich: Das Mutterzeichen aleph (A) umschließt das doppelte ... weibliche Zeichen beth (B)"[25]. In ähnlicher Weise deutet Moltmann-Wendel die Dreifaltigkeit von Vater, Sohn und Geist als „ein schlecht verhülltes patriarchalisch überlagertes Modell", dem „eine weibliche Dreiheit" vorausgegangen sei[26]. Diese ursprüngliche Dreiheit lebe in den volkstümlichen Darstellungen der „Anna Selbdritt" wieder auf[27].

---

17 Ebd. 74.
18 Ebd. 73.
19 RUETHER, Frauen 229; Sexismus 72.99f.315.
20 RUETHER, Frauen 25; Sexismus 69.91.
21 MOLTMANN-WENDEL, Milch 62.
22 MOLTMANN-WENDEL, Milch 185. Die Autorin stimmt hier dem Psychoanalytiker H. E. Richter zu, der sich gegen den „Gotteskomplex" ereifert.
23 Ebd. 107.
24 Ebd. 109. Elga Sorge behauptet allen Ernstes, Jesus hätte neben dem himmlischen Vater auch eine göttliche Erdmutter angerufen: SORGE 119.
25 MULACK, Weiblichkeit 333 (Eingeklammertes von mir).
26 MOLTMANN-WENDEL, Milch 187.
27 Ebd. 190.

Andere Theologinnen sprechen von einer Dreifaltigkeit von „Mädchen, Mutter und Greisin" (Mary Grey) oder berufen sich auf die „dreigestaltige Protennoia" der Gnosis (Christa Mulack)[28].

Hildegunde Wöller will auch die „Erde" in das Gottesbild aufnehmen. Dabei weiß sie sich inspiriert von dem Tiefenpsychologen C. G. Jung, der die Trinität durch den Teufel oder auch durch Maria zu einer Quaternität ergänzen wollte[29]. Die Vergöttlichung der „Mutter Erde" entspricht dabei der Verehrung von „Göttinnen", aber auch dem „Öko-Feminismus", der noch eigens zu thematisieren ist[30].

Der letzte Grund für die Veränderung des Gottesbildes wird sehr pointiert von Mary Daly angegeben, deren vielzitiertes Wort lautet: „Wenn Gott männlich ist, muß ... das Männliche Gott sein"[31]. Im Gottesbild sieht man eine transzendente Verankerung einer gewissen Unterordnung von Frauen unter Männer. Um dieses Verhältnis zu brechen, ist man bereit, selbst die Unterordnung gegenüber Gott abzuschaffen.

Diese Animosität geht bis hin zur Auflösung der von der Welt unterschiedenen Identität Gottes, wie es vor allem bei Ruether deutlich wurde. Aber auch Halkes, die „konservativste" der drei exemplarischen Autorinnen, begründet die „Angst, Gott allzuschnell als eine Person zu bezeichnen"[32]. Da das Personsein Gottes vor allem im Gebrauch von Substantiven zum Ausdruck kommt (Vater, König, Herr ...), will Halkes mit Daly das Göttliche stattdessen als Verb benennen, z. B. „ins Sein rufen"[33]. Am liebsten sind den Theologinnen transpersonale Bezeichnungen für das Göttliche wie „Quelle des Seins", deren „erdender Grund" die „Gemeinschaft" ist[34].

---

28 PISSAREK-HUDELIST, Herlinde, Art. „Trinität": Wb 425–427; vgl. SORGE 26.

29 Zu Wöller: GERBER, Eroberung 39; zu Jung: UNTERSTE, Herbert, Theologische Aspekte der Tiefenpsychologie von C. G. Jung, Düsseldorf 1977, 107.126–128.140f; KEINTZEL 102–104.

30 Vgl. u. S. 201–206.

31 DALY, Vater 33.

32 HALKES, Söhne 38.

33 HALKES, Söhne 37; Suchen 74.

34 HALKES, Söhne 37; RUETHER, Sexismus 69; MOLTMANN-WENDEL, Elisabeth, „Gottesbilder durch Frauen überprüfen": dies. u. a. (Hg.), Seid fruchtbar und wehrt Euch. Frauentexte zum Kirchentag, München 1986, 64.71.

Als Mittel, das vorherrschend in männlichen Symbolen dargebotene Gottesbild aufzubrechen, dient nicht zuletzt die Bibel selbst. Dort wird Gott an mehreren Stellen mit einer Mutter verglichen[35], woraus man für heute zumindest eine „Parität“ von männlichen und weiblichen Zügen im Gottesbild fordert. Mit Vorliebe erwähnt man das hebräische Wort für „Erbarmen“, rächäm, das „Mutterschoß“ bedeute[36], und die „weibliche“ Gestalt der Weisheit, die nach dem Erscheinen Jesu als Mann unglückseligerweise von dem „männlichen“ Bilde des göttlichen Wortes, des „Logos“, verdrängt worden sei[37]. Man zitiert Papst Johannes Paul I., der gesagt habe, Gott sei mehr Mutter als Vater[38].

Ein beliebtes Argument ist der Hinweis auf die Gottebenbildlichkeit. Herlinde Pissarek-Hudelist z. B. meint im „Wörterbuch“: „‚Als Mann und Frau schuf Gott sie‘ (Gen 1,27) *muß* bedeuten, daß in Gott Männliches und Weibliches enthalten sind. Es kann nichts außer Gott sein, das nicht zuvor in ihm war“[39].

Wenn es auch um die Betonung weiblicher Aspekte im Gottesbild geht, so trifft das nicht uneingeschänkt für das Muttersymbol zu. Ruether entdeckt hierin das Modell einer Beziehung, die den Menschen unterordne, ihn als Kind sehe und darum unmündig mache[40]. Daß Jesus das „Kindsein“ vor Gott als Ideal ansieht (Mk 10,13–16 parr.), wird auch von anderen Autorinnen immer wieder beargwöhnt und durch das eigene „Erwachsensein“ oder durch die gleichberechtigte „Partnerschaft“ mit Gott ersetzt. Anne Carr beruft sich dafür sogar auf Thomas von Aquin – zu Unrecht, denn an der zitier-

---

35 Besonders Jes 49,14f; 66,13.

36 HALKES, Söhne 38.58; RUETHER, Sexismus 77; MOLTMANN-WENDEL, Milch 103.

37 HALKES, Ebenbild Gottes 94; RUETHER, Sexismus 77f; MOLTMANN-WENDEL, Milch 105.
Ein ausgiebiges Beispiel für feministische Art, Exegese zu treiben, liefert MOLLENKOTT, Virginia, Gott eine Frau? Vergessene Gottesbilder der Bibel, München 1985. MOLTMANN-WENDEL schrieb ein Nachwort dazu.

38 HALKES, Ebenbild Gottes 94; MOLTMANN-WENDEL, Milch 103.

39 PISSAREK-HUDELIST, Herlinde, Art. „Gott/Göttin I. Praktische Theologie“: Wb 161; vgl. SCHÜNGEL-STRAUMANN, Helen, Art. „Gottebenbildlichkeit I. In der biblischen Überlieferung“: Wb 176; Wb 45; HALKES/MEYER-WILMES, Feministische Theologie: 104.172.

40 RUETHER, Sexismus 90f; vgl. SÖLLE, Dorothee, „Vater, Macht und Barbarei. Feministische Anfragen an autoritäre Religion“: Concilium 17 (1981) 227; LUEG, Claudia, „‚Vater unser‘ – ein Gott für Frauen?“ Katechetische Blätter 112 (1987) 591.

ten Stelle ist von gegenseitiger Liebe die Rede (mutua amatio), keineswegs aber von „gleichberechtigter Freundschaft“[41].

Halkes und Meyer-Wilmes betonen: Der „Abschied von Gott als allmächtigem Vater wird abgelöst durch die Betonung der Gegenseitigkeit von ... Mensch und Gott ...“[42]. Daß die göttliche Allmacht geleugnet wird, ist in der Feministischen Theologie inzwischen ein „Fundamentalsatz“, der sich bei allen wichtigen Autorinnen wiederfindet. Im Anschluß an die schon erwähnte, von Mary Daly aufgenommene „Prozeßphilosophie“ Whiteheads[43] lehnt z. B. Anne Carr jegliches Einwirken Gottes in die Geschichte ab. Gott sei ohne menschliche Mitwirkung hilflos und leide (als Gott) mit uns. Er stehe nicht über uns oder uns gegenüber, sondern als Zukunft vor uns[44]. Immer wieder zitiert wird im „Wörterbuch“ die Amerikanerin Carter Heyward, eine Theologieprofessorin, die zu den ersten Frauen gehörte, die 1973 in der anglikanisch geprägten Episkopalkirche zu „Priesterinnen“ ordiniert wurden. Heyward spricht von einem „Gottwerden“ Gottes (godding) und einer „gegenseitigen Erlösung“ von Gott und Mensch (mutual redemption)[45]. Dorothee Sölle, eine Veteranin der „Gott-ist-tot-Theologie“ aus den 60er Jahren, betont ebenfalls: Gott braucht den Menschen. Gott entsteht darum erst nach und nach und bedarf selbst der Erlösung[46]. Darin folgt ihr auch Moltmann-Wendel[47]. Anstelle des Gehorsams gegenüber Gott ist darum, so Sölle, die gegenseitige Solidarität zu setzen[48]. In einer solchen Perspektive hat die biblische Anrede Gottes und Jesu Christi als des „Herrn“ keinen Platz mehr[49].

„Eher als zum Vater und Sohn“, so Halkes, „haben feministische Theologinen Zugang zu Gott dem Geist, der das Relationale (Bezo-

---

41 CARR 189 (zu Thomas, STh II-II q 23 a 1); vgl. 171–176.180; GERBER, Eroberung 39–41; PRÜLLER 104; Wb 171.

42 HALKES/MEYER-WILMES, Feministische Theologie: Wb 104; vgl. HALKES, Antlitz 185.

43 Vgl. o. S. 71.

44 CARR 189–195.

45 SÖLLE, Dorothee, Art. „Gegenseitigkeit I. Theologisch“: Wb 142; MOLTMANN-WENDEL, Elisabeth, Art. „Gegenseitigkeit II. Feministische Diskussion“: Wb145; HEYWARD.

46 SÖLLE, Gegenseitigkeit: Wb 142–144; Art. „Kreuz“: Wb 235.

47 MOLTMANN-WENDEL, Gegenseitigkeit: Wb 145.

48 SÖLLE, Vater.

49 Vgl. o. S. 63.

gene) und Dynamische verkörpert und den Funken anzündet in dem, was sich zwischen Menschen ereignet"[50]. Eine Feministische Theologie müsse „vornehmlich pneumatologische Theologie" sein[51]. „Solange ... lediglich behauptet wird, daß Christus der Herr der Kirche ist, daß er ihre Spitze ist und der Geist sekundär zu sein scheint, steht es nicht gut um die Situation von Frauen in der Kirche"[52].

Das Wirken des Heiligen Geistes berührt sich mit dem feministischen Akzent, nach dem wir „mehr das Göttliche in uns erfahren können"[53]. Moltmann-Wendel zitiert ein russisches Sprichwort, das ebenfalls die „Immanenz" des Geistes betone: „In der Erde lebt der Heilige Geist"[54]. Der Heilige Geist, der im Hebräischen mit dem weiblichen Wort „ruach" bezeichnet werde, sei im Griechischen erst zu einem sächlichen und dann im Lateinischen zu einem männlichen Wort geworden – eine zu entlarvende Vermännlichung[55]. Im Anschluß an den Schweizer reformierten Theologen Kurt Marti halten Halkes und Moltmann-Wendel darum ein Reden von der „Heiligen Geistin" für das Gebot der Stunde[56].

Eine besondere Pointe bietet die Schweizer Theologin Silvia Schroer: Sie begründet die „weibliche" Beschreibung des Gottesgeistes mit dem Bericht der Evangelien von der Taufe Jesu. Die Himmelsstimme sei nicht die des göttlichen Vaters, sondern die der Liebesgöttin Sophia. Dafür beruft sie sich auf das gnostische Hebräerevangelium und auf die orientalischen Liebesgöttinnen, deren Begleittier die Taube gewesen sei[57].

Ruether freilich befürchtet, durch eine „Heilige Geistin" werde die Situation nur noch schlimmer. Der Heilige Geist sei ja in der klassischen Trinitätslehre dem Vater und dem Sohn untergeordnet,

---

50 HALKES, Söhne 42.

51 HALKES, Zwischenbilanz 297.

52 HALKES, Suchen 163.

53 HALKES, Suchen 171; vgl. Ebenbild Gottes 94.

54 MOLTMANN-WENDEL, Milch 113.

55 HALKES, Söhne 61; MOLTMANN-WENDEL, Milch 106; ähnlich RUETHER, Sexismus 79.

56 MARTI, Kurt, Zärtlichkeit und Schmerz, Neuwied ^{4}1980, 109; HALKES, Suchen 159–173; MOLTMANN-WENDEL, Milch 202.

57 SCHROER, Silvia, „Der Geist, die Weisheit und die Taube ...": Freiburger Zeitschrift für Philosophie und Theologie 33 (1986) 197–225; dies., Art. „Gott/Göttin III. Neues Testament": Wb 165.

so daß die patriarchalische Aufspaltung nun auch in den göttlichen Bereich eingetragen werde[58].

Jürgen Moltmann versucht dem zu entgehen, indem er die „Hierarchie“ auch innerhalb der Trinität abschafft. Die biblisch fundierte Formel „zum Vater durch Christus im Heiligen Geist“ (bes. Eph 2,18) sei bloß sekundär. Entscheidend sei die gegenseitige Durchdringung der Personen, die Perichorese, und die Formel „mit dem Vater und dem Sohn“, die keine Unterordnung mehr kenne[59].

Anstelle einer exklusiven „Feminisierung“ des Heiligen Geistes geht der Trend mehr dahin, alle drei göttlichen Personen gleicherweise mit weiblichen Zügen auszustatten, es sei denn, man vermeidet es überhaupt, von einer Dreiheit zu reden. Ruether spricht in diesem Sinne von Gott nur als „Heiligem Geist“, dem „Seinsgrund der Schöpfung“, und lehnt das Bild des Vaters ab[60]; der Titel „Heiliger Geist“ kann dafür offenbar auch fehlen[61]. Auch wenn bei Halkes und Moltmann-Wendel von einem „Vorrang“ des Heiligen Geistes gesprochen wird, erscheint es fraglich, ob damit noch ein trinitarisches Gottesbild vertreten wird oder nicht vielmehr ein Modalismus, bei dem das eine Göttliche sich in verschiedenen Bildern ausdrückt. Nicht untypisch scheint jedenfalls die Aussage einer amerikanischen Theologin, die Trinitätslehre sei unrettbar patriarchalisch und für die meisten Christen „(außer für einige Theologen, Bischöfe und Fundamentalisten) völlig irrelevant geworden“[62]. Pissarek-Hudelist[63] referiert Versuche eines „Re-Imaging“ der Trinitätslehre, um dann am Ende einen Vorschlag zu präsentieren, die unbequeme Vater-Sohn-Relation durch „matriarchale“ Ansätze zu ergänzen.

„Das Göttliche“ wird in der Regel nicht als eine vom Menschen unterschiedene, transzendente Wirklichkeit angesehen, sondern –

---

58 RUETHER, Sexismus 81.

59 MOLTMANN, Vater; ders., „Die Gemeinschaft des heiligen Geistes. Zur trinitarischen Pneumatologie“: ThLZ 107 (1982) 714; ders., Der Geist des Lebens, München 1991, 303–320; zur christologischen Frage vgl. o. S. 75f.

60 RUETHER, Frauen 97.

61 RUETHER, Sexismus 91f.

62 HOPKINS, Julie, „Sind Christologie und Feminismus unvereinbar?“ STRAHM, Doris/STROBEL, Regula (Hg.), Vom Verlangen nach Heilwerden. Christologie in feministisch-theologischer Sicht, Fribourg-Luzern 1991, 204f.

63 PISSAREK-HUDELIST, Trinität: Wb 423–428.

ähnlich wie schon bei Tillich[64] – als die Tiefendimension dieser Welt. Die Leugnung der personalen Eigenwirklichkeit Gottes bestimmt durchgehend den „nachchristlichen Feminismus“[65], dominiert aber auch die Ausführungen der „gemäßigten“, christlich sein wollenden Autorinnen. Auch der „christliche“ Feminismus leugnet weitgehend Grundaussagen der christlichen Gotteslehre (Unterschied zur Welt, Unveränderlichkeit, Allmacht, „Herr“-Sein).

Ein wichtiger Prüfstein ist, ob eine Schöpfung der Welt aus dem Nichts anerkannt wird oder nicht. Wer die „creatio ex nihilo“ als „patriarchalisch“ ablehnt, setzt sich vom biblischen Gottesbild ab, auch wenn die Trennung vom Christentum nicht als solche bezeichnet wird. Wer eine Schöpfung aus dem Nichts bestreitet und doch etwas „Göttliches“ annimmt, muß Gott und Welt identifizieren. Diese Gleichsetzung von Gott und Welt nennt die Theologie „Pantheismus“ oder aber, wenn „Gott“ die „Welt“ noch irgendwie überragt, „Panentheismus“. Ein entscheidendes Problem ist also das Verhältnis der Feministischen Theologie zum Pantheismus (bzw. Panentheismus).

Wenn in der Feministischen Theologie das Thema der „Schöpfung aus dem Nichts“ überhaupt direkt oder indirekt aufgegriffen wird, dann negativ. Das „Wörterbuch“ behauptet eine „ältere“ Schöpfungsgeschichte, mit der die Autorinnen offenbar sympathisieren. Danach bringe die als göttlich vorgestellte Erde selbst alles hervor. Erst die jetzigen Texte „zeigen jedoch einen (männlich vorgestellten) Gott, der durch Formen (Gen 2) oder durch das Wort (Gen 1) alles erschafft“[66]. Nach Halkes „erschuf ‚Gott‘ nicht aus dem Nichts, sie gebar auch nicht, sondern ging liebevoll und schöpferisch mit dem um, was sich ihr darbot“. Die Welt sei gleichsam der „Körper“ Gottes, in dem er sich selbst ausdrücke und verletzlich mache[67]. Halkes beruft sich auf Jürgen Moltmann sowie auf Sallie McFague und bezeichnet diesen Gottesglauben als „Panentheis-

---

64 Vgl. o. S. 72f.

65 WIETHAUS, Ulrike, Art. „Gott/Göttin IV. Theologiegeschichte/Mittelalter“: Wb 168.

66 PRAETORIUS, Ina/SCHOTTROFF, Luise/SCHÜNGEL-STRAUMANN, Helen, Art. „Schöpfung/Ökologie“: Wb 357.

67 HALKES, Antlitz 180–185; Zitat: 183; ganz ähnlich MOLTMANN-WENDEL, Elisabeth, Wenn Gott und Körper sich begegnen. Feministische Perspektiven zur Leiblichkeit, Gütersloh [2]1991, 46.

mus"[68]. Das Bild vom Kosmos als dem „Körper" der göttlichen Weltseele findet sich bereits im antiken Pantheismus der Stoa[69], was Halkes aber nicht bekannt zu sein scheint. Es ist nicht verwunderlich, daß das „Wörterbuch der Feministischen Theologie" ausdrücklich dazu ermahnt, die „Angst" vor dem Pantheismus abzubauen[70].

Im Hintergrund der Ausführungen von Halkes steht letztlich die idealistische Philosophie Hegels, an die Moltmann anknüpft: bei Hegel wird der Mensch zu einem vorübergehenden Moment in der Werdegeschichte Gottes. Schon Hegels Gottesbild wird am passendsten als „Panentheismus" bezeichnet[71]. Die Position Moltmanns wird nicht ganz klar. Einerseits soll das kausale Denken aus der Schöpfungslehre entfernt werden[72], andererseits gilt dann doch die „creatio ex nihilo"[73]. Moltmann spricht vom „Mitleid" und einem Sich-Verändern Gottes durch geschöpfliche Einwirkung[74]. Christlicher Theismus und Pantheismus seien zu vermitteln[75], wobei auch das Stichwort „Panentheismus" auftaucht[76], das allerdings (was Halkes zu übersehen scheint) kritisch beleuchtet wird: die Transzendenz Gottes gegenüber der Welt fehle auch bei einem „differenzierten" Panentheismus[77].

Die pan(en)theistische Auffassung hat tiefgreifende Folgen. Das Verhältnis zu Gott gipfelt dann nicht mehr in der liebenden Anbetung durch den Menschen, der sich seinerseits von der göttlichen Liebe beschenkt weiß, sondern bildet eine naturhafte Selbstgegebenheit. Nach Christa Mulack geht es in der feministischen „Liturgie" daher „nicht um den Kontakt zu einer ‚übernatürlichen' Wirk-

---

68 HALKES, Antlitz 112.

69 SCHWEIZER, Eduard, Art. „soma ...": Theol. Wörterbuch zum NT VII (1964) 1034; POHLENZ, Max, Die Stoa I/II, Göttingen ^{5}1978/80.

70 PRÄTORIUS/SCHOTTROFF/SCHÜNGEL-STRAUMANN: Wb 355f; vgl. WIETHAUS: Wb 168. Ausdrücklich als „pantheistisch" bezeichnet sich auch SORGE 35.40f.66.93.

71 BRUGGER, Walter, Summe einer philosophischen Gotteslehre, München 1979, 430–432; OEING-HANHOFF, Ludger, „Hegels Trinitätslehre. Zur Aufgabe ihrer Kritik und Rezeption": Theologie und Philosophie 52 (1977) 378–407; KOSLOWSKI, Peter, „Hegel – ‚der Philosoph der Trinität? Zur Kontroverse um seine Trinitätslehre": Theol. Quartalschrift 162 (1982) 123; SPLETT, Jörg, Die Trinitätslehre G. W. F. Hegels, Freiburg ^{3}1984.

72 MOLTMANN, Jürgen, Gott in der Schöpfung, München 1985, 28.

73 Ebd. 91.

74 Ebd. 28f u. a.

75 MOLTMANN, Jürgen, Trinität und Reich Gottes, München 1980, 122.

76 Ebd. 120; Gott 114f.

77 MOLTMANN, Gott 115.

lichkeit, sondern um einen Wechsel der Bewußtseinsebenen“[78]. Das von Rosemary Ruether herausgegebene Ritualbuch der amerikanischen „Women-Church“ – wenn man so will, das bekannteste feministische „Gebetbuch“ – vertritt denn auch einen radikalen Hominismus, eine Vergöttlichung des Menschen. Anstelle von Gebet treten Praktiken, die zur Wut aufstacheln, die eigene Selbstbestätigung fördern und die bösen Geister des Patriarchats austreiben sollen. Paradigmatisch genannt sei nur Ruethers Kommentar zur feministischen „Taufe“:

„Die Transzendenz der Gnade liegt ... nicht jenseits unserer menschlichen Natur, die uns bei der Geburt mitgegeben wurde. Eher liegt sie außerhalb des kulturellen Bewußtseins und des Systems ungerechter Herrschaft, die uns prägten“[79].

Betont sei hier noch einmal, daß Ruether innerhalb des theologischen Feminismus zu den „Gemäßigten“ zählt und Meyer-Wilmes sie für die „katholischste“ unter den amerikanischen Feministinnen hält[80].

3. Kritische Stellungnahme

„Wenn Gott männlich ist, muß das Männliche Gott sein“ (Daly). Dieser Satz verkennt die typische Eigenart allen Redens von Gott. Bilder wie „Vater“ für die erste göttliche Person und „Sohn“ für die zweite sind stets analog zu deuten. Sie bringen nur eine Ähnlichkeit zum Ausdruck, wobei die Unähnlichkeit stets größer bleibt. Das gilt für alle menschlichen Aussagen über Gott[81].

Schon das alte Israel hat, ganz im Gegensatz zur heidnischen Umwelt, auf Gott keinerlei sexuellen Züge übertragen: „Jahwe stand ... jenseits der Polarität des Geschlechtlichen, und das bedeutete, daß Israel das Geschlechtliche auch nicht als sakrales Mysterium verste-

---

78 MULACK, Christa, Art. „Ritual/Magie“: Wb 352.

79 RUETHER, Rituale 146.

80 MEYER-WILMES 216.

81 IV. Laterankonzil (1215): „Denn vom Schöpfer und vom Geschöpf kann keine Ähnlichkeit ausgesagt werden, ohne daß sie eine je größere Ungleichheit einschlösse“ (Neuner-Roos 280 = DH 806).

hen konnte. Es schied aus dem Kultus aus, weil es ein Phänomen des Geschöpflichen war“[82].

Auch die Gottebenbildlichkeit des Menschen ist nicht auf seine Geschlechtlichkeit auszulegen, sondern betrifft das Spezifische, wodurch der Mensch die übrige sinnlich erfahrbare Schöpfung überragt und für sie Verantwortung übernimmt (Gen 1,26ff). Der entscheidende seinsmäßige Grund für die Gottebenbildlichkeit ist die personale Geistseele, die als solche nicht geschlechtlich geprägt ist[83]. Das Argument, in Gott müßten sich geschlechtliche Attribute finden, da sie in der Schöpfung vorhanden seien (Pissarek-Hudelist), verkennt den analogen Charakter der Rede von Gott. Nach den klassischen Regeln der Theologie sind Gott im eigentlichen Sinne keine Eigenschaften zuzuschreiben, die in ihrem Begriff eine Begrenztheit oder Unvollkommenheit in sich tragen, sondern nur die sog. „reinen Vollkommenheiten“, z. B. „Sein“, „Wahrheit“ und „Gutsein“. Die sog. „gemischten“ Vollkommenheiten, die in ihrem Begriff etwas Begrenztes oder Unvollkommenes enthalten – z. B. Gottes „Sehen“ und „Hören“ -, sind auf Gott nur im uneigentlichen oder metaphorischen Sinne anzuwenden[84].

Die feministische Empfehlung, das alttestamentliche Gottesbild mit den Zügen der kanaanäischen Fruchtbarkeitsgöttin anzureichern, betrachtet der Alttestamentler H.-J. Hermisson schlicht als „Rückschritt“ „zur Vergöttlichung von Weltphänomenen“[85]. Das Typische jüdischen und christlichen Redens von Gott besteht gerade darin, daß Gott nicht mit der Welt identisch ist, sondern sie aus freier Liebe aus dem Nichts ins Dasein gerufen hat. Der Gedanke einer Schöpfung, von Ruether als „patriarchalisch“ abgelehnt[86], setzt die überweltliche Transzendenz Gottes voraus, der die Welt unendlich überragt. Die „Nähe“ Gottes, seine Immanenz, ist wirkungsträchtig nur aufgrund seiner Transzendenz.

---

82 RAD, Gerhard von, Theologie des Alten Testaments I, München [7]1978, 40f.

83 Zur Gottebenbildlichkeit vgl. HAUKE, Frauenpriestertum 195f.343f; SCHEFFCZYK, Leo, Einführung in die Schöpfungslehre, Darmstadt [3]1987, 105–111.

84 DIEKAMP, Franz/JÜSSEN, Klaudius, Katholische Dogmatik nach den Grundsätzen des hl. Thomas I, Münster [12/13]1958, 136; BRUGGER, Gotteslehre 93.284f.

85 HERMISSON, Rückschritt 294; vgl. ders., „Zur ‚feministischen‘ Exegese des Alten Testaments“: Theol. Beiträge 22 (1991) 126.

86 RUETHER, Frauen 28.

Eine bloße Immanenz Gottes, die bei der Feministischen Theologie im Vordergrund steht, muß die göttliche Transzendenz zurücknehmen und das Personsein Gottes in Frage stellen. Ist Gott aber keine Person mehr, dann wird er zu einer bloßen „Tiefe des Seins" herabgestuft[87]. In logischer Konsequenz erscheint Gott bei Daly als Verb, das vom *Menschen* (als Substantiv) ausgesagt wird[88]. Wird hier nicht Gott durch den Menschen ersetzt?

Wäre Gott nur die „Tiefe" der Welt, ließe sich problemlos mit Dorothee Sölle eine „Demokratisierung des Gottesbildes" fordern[89]. Männliches und Weibliches müßten dann in gleicher Weise symbolisch auf das „Göttliche" übertragen werden. Bei den altorientalischen Fruchtbarkeitsreligionen war gerade dies der Fall, und auch die heidnische Umwelt des Neuen Testaments und der frühen Kirche kennt durchaus eine solche „demokratische Parität". Die Stoiker etwa, in deren pantheistischem System Gott und Welt identisch sind, können ganz „unbefangen" „Gott" bezeichnen als „Vater und Mutter zugleich"[90]. Gleiches gilt für die von der Feministischen Theologie gelobte Gnosis, die Gilles Quispel bezeichnet als „mythische Projektion der (menschlichen) Selbsterfahrung"[91]. Eine pantheisierende Einheitsschau bietet heute nicht zuletzt der Hinduismus, der nicht die geringsten Probleme hat, Gott gleicherweise als „Vater" und „Mutter" anzusprechen[92].

Menschliche Rede von Gott ist analog: ähnlich bei noch größerer Unähnlichkeit. Dennoch ist es nicht gleichgültig, welchen Bildern und Symbolen wir den Vorzug geben. Vor allem dann nicht, wenn es um den menschlich zentralen Bereich der von Gott geschaffenen Geschlechterpolarität geht. Die geschlechtliche Prägung des Menschen reicht tiefer als die soziale, auf die der theologische Gleichheitsfeminismus seine Thesen baut. Die in menschlichen Urdaten

---

87 Vgl. COURTH, Franz, „Zum Gottes- und Menschenbild der Feministischen Theologie": Kath. Bildung 87 (1986) 674.

88 DALY, Vater 49.52.210.

89 So in der Vollversammlung des Weltkirchenrates 1983 in Vancouver: GERBER, Uwe, „Feministische Theologie. Selbstverständnis – Tendenzen – Fragen": ThLZ 109 (1984) 574.

90 Vgl. Augustinus, De civitate Dei 7,9 (CChr.SL 47,194); HAUKE, Frauenpriestertum 162–164.

91 QUISPEL, Gilles, Gnosis als Weltreligion, Zürich 1951, 17.

92 HAUKE, Frauenpriestertum 148–155.

verwurzelte Symbolik birgt Aussageinhalte mit Zeiten überspannender und Kulturen übergreifender Bedeutung.

In diesem Bereich der „Bilder" die passende Auswahl zu treffen, gründet wesentlich nicht im subjektiven Geschmack, sondern in der göttlichen Offenbarung. „Daß in der Bibel von Gott als dem Vater, dem Sohn und dem Geist die Rede ist, gehört zu ihrem unveränderbaren Zeugnis von Gott, dem es gefallen hat, sich so und nicht anders zu offenbaren"[93].

Dies gilt insbesondere für Jesu Anrede Gottes als „Abba", „Vater". Erst durch die Offenbarung des Neuen Bundes ist die Vateranrede Gottes in den Vordergrund getreten; wir treffen hier auf das „Herz des neutestamentlichen Gottesverständnisses"[94]. Kardinal Ratzinger betont zu Recht: „... wir ‚sind' nicht autorisiert, das ‚*Vater unser*' in ein ‚*Mutter unser*' zu verwandeln"[95].

Das Bild des Vaters vereint Güte und Autorität. Beides wird im Neuen Testament zusammengehalten, während die Feministische Theologie die Autorität Gottes abschwächt oder auflöst zugunsten einer „mütterlichen" Gottesvorstellung, wonach Gott „bedingungslos" den Menschen akzeptiere[96].

Bei einem Umbau des Gottesbildes wird nicht nur die Symbolstruktur, sondern der Gottesglauben selbst grundlegend verändert. Vertreterinnen der Feministischen Theologie selbst weisen immer wieder darauf hin: „Die Religion ist ein zusammenhängendes Ganzes aus letztendlicher Sinngebung in der Sprache von Bildern und Symbolen, und man kann nicht willkürlich eines dieser Bilder und Symbole entfernen und durch ein anderes ersetzen (Vater etwa durch Mutter), ohne das Ganze zu gefährden"[97]. Der Feministischen Theologie geht es nicht um kosmetische Änderungen in Gesangbüchern zur Förderung weiblichen Selbstbewußtseins, sondern um eine neue Religion. Der anglikanische Schriftsteller C. S. Lewis

---

93 DOKUMENTATION 105.

94 COURTH (1986) 674; vgl. JEREMIAS, Joachim, Abba. Studien zur neutestamentlichen Theologie und Zeitgeschichte, Göttingen 1966; PANNENBERG 284–287.

95 RATZINGER, Glaube 97. Der Offenbarungscharakter der „Vater"-Anrede Jesu wird auch von vielen anderen Kritikern der Feministischen Theologie betont, z. B. BURGGRAF (1986) 23f; COURTH (1986) 674; DIEPERINK, Feministische Theologie 28.

96 Vgl. u. S. 145f.

97 HALKES, Suchen 73.

ahnte diese Gefahr schon vor über 20 Jahren: „Wenn man einmal mit alldem wirklich Ernst machen würde, dann hätten wir uns auf eine andere Religion eingelassen ... Das religiöse Leben eines Kindes, das man zu einer Mutter im Himmel zu beten gelehrt hat, würde sich radikal von dem eines christlichen Kindes unterscheiden“[98].

Gewiß enthält das christliche Gottesbild auch „weibliche“ Züge. Alle geschöpflichen Vollkommenheiten haben letztlich in Gott ihren Grund. Der Gedanke von Papst Johannes Paul I., der von Jes 49,15f aus sagt, Gott sei uns auch Mutter, ist der christlichen Tradition durchaus nicht fremd[99]. Diese Beobachtung wird von der Feministischen Theologie freilich oft ins Groteske übersteigert[100].

Grundlegend für das biblische Gottesverhältnis ist gerade eine Akzentuierung der Geschlechtersymbolik, die sich vom Heidentum radikal unterscheidet. Die „weiblichen“ Symbole wie „Mutter“, „Braut“, „Jungfrau“ werden keineswegs verdrängt. Wohl aber kommt ihnen ein anderer, der Offenbarungsreligion entsprechender Stellenwert zu. Das Bild der „Braut“ bezeichnet keine Göttin, sondern das Volk Israel und die Kirche[101]. Die Mystik benennt damit die Haltung des Menschen vor Gott, die empfangsbereit ist und zum

---

98 LEWIS, C. S., „Priestesses in the Church?“ in: ders., Undeceptions. Essays on Theology and Ethics, London 1971, 193f.

99 Daß Gott „mehr“ „Mutter“ als „Vater“ sei, wird man den Worten des Papstes nicht entnehmen können; vgl. L'Osservatore Romano (ital.) vom 11./12. 9. 78, S. 1: Nach der Paraphrase von Jes 49,14f: „Anche noi ... siamo oggetti da parte di Dio di un amore intramontabile. Sappiamo: ha sempre gli occhi aperti su di noi, anche quando sembra ci sia notte. E papà; più ancora è madre“.

Wie eine kleine Bemerkung zum „Angelus“-Gebet so hochgespielt werden konnte, ist eigentlich nur aus einer gewissen Übersensibilität heraus verständlich; vgl. HAUKE, Frauenpriestertum 222, Anm. 7. Siehe auch KATECHISMUS, Nr. 239.

100 Auch die erwähnte, weit popularisierte Deutung von „Erbarmen“ (rächäm) ist in der genannten Form nicht korrekt. Zur kritischen Würdigung der „weiblichen“ Züge im Gottesbild vgl. im Einzelnen: HAUKE, Frauenpriestertum 221–232.265–269.271–292.304–307; zum AT: BERG, Werner, „Die Mütterlichkeit Gottes im Alten Testament“: Scharbert, Josef, Ausgewählte Themen der Theologie des ATs I. Gott im AT (Skripten des Lehrstuhls für Theologie des ATs, Heft 5)(als Manuskript gedruckt), München 1982, 185–197; WINTER, Urs, Frau und Göttin. Exegetische und ikonographische Studien zum weiblichen Gottesbild im Alten Israel und in dessen Umwelt, Fribourg-Göttingen ^{2}1987 (zum „Erbarmen“: 531–535); KREUZER, Siegfried, „Gott als Mutter in Hosea 11?“ Theol. Quartalschrift 169 (1989) 123–132. Kreuzer wendet sich gegen Helen Schüngel-Straumann, die in Hos 11,9 eine „feministische“ Kritik hineinträgt: bei der Aussage „Ich bin Gott, nicht ein Mensch“ (hebr. isch), übersetzt sie „Mann“ statt „Mensch“.

101 HAUKE, Frauenpriestertum 245–250.

Heile mitwirkt. Empfänglichkeit und Mitwirkung sind keine „Passivität“, wie von der Feministischen Theologie oft beargwöhnt, sondern beanspruchen den ganzen Menschen mit all seinen Kräften. Es ist aber in der christlichen Mystik nicht üblich, die eigene Seele vor Gott im Bild des „Bräutigams“ zu zeichnen[102].

Die „Exzentrizität“ (Nach-Außen-Gerichtetheit) des Mannes scheint das passendere Symbol, das wirkmächtige Handeln Gottes anzudeuten, das in zwei Hauptmerkmalen der monotheistischen Religionen zum Ausdruck kommt: die Schöpfung aus dem Nichts und die Offenbarung in der Geschichte. Umgekehrt deutet die „Zentralität“ (Mittenhaftigkeit) der Frau eher auf die göttliche Immanenz in der Welt sowie auf die Haltung des Menschen vor Gott[103]. Die „weibliche“ Haltung vor Gott ist nicht nur für Frauen, sondern auch für Männer das letztlich Entscheidende. Der fraulichen Symbolik kommt hier ein Vorrang zu, dessen Bedeutung von der Feministischen Theologie nicht gewürdigt wird[104].

Eine Abwertung der Frau ist mit dieser biblischen Akzentuierung der Geschlechtersymbolik nicht gegeben. Denn der Mann ist nicht Gott; die „männlichen“ Bilder vertreten nur etwas, mit dem sie nicht identisch sind. Die Frau hingegen verkörpert selbst den Inhalt dessen, was die „weiblichen“ Bilder nahelegen, und auch der Mann hat daran maßzunehmen.

Das feministische Menschenbild, bei dem in jedem Menschen Männliches und Weibliches unterschiedslos zusammenfließen, entspricht dem Gottesbild der Feministischen Theologie. Anschaulich faßbar ist diese Parallele in der evangelischen Dornbuschgemeinde zu Frankfurt. Deren Innenraum wurde von feministischen Künstlerinnen ausgestaltet. Eine Menschengestalt, halb männlich/halb weiblich, wird dort interpretiert als „Gott/in“[105]. Wenn die Beobachtung zutrifft, daß „männliche“ Bilder eher für das Verhältnis Gottes zu den Menschen typisch sind, „weibliche“ dagegen für das Verhältnis des Menschen zu Gott – muß dann eine androgyne Vermischung

102 Ebd. 299; vgl. ADNES, Pierre, Art. „Mariage spirituel“: Dictionnaire de spiritualité 10 (1980) 388–408; BROCKHUSEN, Gerda von, Art. „Brautsymbolik“: Schütz, Christian (Hg.), Praktisches Lexikon der Spiritualität, Freiburg 1988, 172–174.

103 Zu diesem von Ph. Lersch geprägten Begriffspaar vgl. o. S. 70.

104 Vgl. u. S. 171f.

105 „Feministische Kunst. Den Altar in Watte verpackt“: Publik-Forum Nr. 16, 14. 8. 87, 18f.

der Bilder nicht letztlich zu einer Vermischung von Gott und Mensch führen? Eine Vermengung, die sowohl Gott wie auch dem Menschen die Identität nimmt? Die Göttliches und Menschliches gleichsam zusammenrührt, wie es der Pantheismus lehrt?

„Man wird in der Tat an frühere pantheistische Theologie erinnert" – so selbst ein Rezensent, der mit der Feministische Theologie sympathisiert[106]. Auch die Feministinnen selbst bezeichnen ihr Gottesbild mitunter ausdrücklich als „pantheistisch" oder „panentheistisch"[107]. W. Schulze, der 1939 über „das androgyne Ideal und den christlichen Glauben" promovierte, stellt lapidar fest: „Beinahe überall, wo die Androgynität Gottes behauptet wird, liegt ein emanatistischer Schöpfungsbegriff zugrunde"[108]. „Emanation" heißt: die Welt wird von Gott nicht in einem freien Willensakt geschaffen, sondern „fließt" notwendigerweise aus dem göttlichen Wesen heraus. Die Identität von Gott und Welt (Pantheismus) gründet in diesem Emanationsgedanken. Die innere Dynamik der Feministischen Theologie triebe demnach zum Pantheismus, der Göttliches und Menschliches gleichermaßen auflöst.

Man wird auch fragen müssen, ob die theoretisch zumeist postulierte „Parität" im Gottesbild überhaupt durchgehalten wird. Die stärker dem „Vater" zugeordnete Bildwelt des „Himmels" ist der Feministischen Theologie nicht ganz geheuer, während die „mütterliche" Erde in den Vordergrund tritt, zusammen mit der ähnlich gefärbten Quellen- und Kreissymbolik[109]. Diese eigentümliche Paradoxie scheint insgesamt bei pantheistisch gestimmten Religionsformen eine Rolle zu spielen: das „Androgyn" wird „geboren" von einer mythologischen Urmutter[110]. Der mythische Grund reicht bis hin zu dem gerade erwähnten Androgynenbild in Frankfurt, wo das Mannweib einem Ei entsteigt – das Ei ist ein altes Gebärsymbol[111]. Das

106 GERBER, Feministische Theologie (1984) 585; etwas vorsichtiger: ders., Eroberung 52–54; den monistischen Pantheismus Ruethers kritisiert AXMACHER 10–13.

107 Vgl. o. S. 127f.

108 SCHULZE, W., Das androgyne Ideal und der christliche Glaube, Lahr-Dinglingen 1940 (Auszug aus einer Diss., Heidelberg 1939), 38.

109 Dazu AUER FALK, N. E., „Feminine Sacrality": Eliade, Mircea (Hg.), The Encyclopedia of Religion 5, New York-London 1987, 302–312; HAUKE, Frauenpriestertum 130f.133–137.

110 HAUKE, Frauenpriestertum 134.

111 Ebd. 133.

scheinbar „demokratische“ Gottesbild bringt, genau betrachtet, ein Übergewicht des Weiblichen. Der bewußt neuheidnische „Göttinnen-Feminismus“ ist hier von großer Konsequenz. Elga Sorge z. B. stellt an Halkes und Moltmann-Wendel die kritische Frage, warum sie denn immer noch von „Gott“ sprächen und nicht von der „Göttin“. Zeigten sie damit nicht, daß sie immer noch dem Männlichen ein Übergewicht zumäßen?[112]

Das Übergewicht oder die Parität des Weiblichen im Gottesbild fördert nach feministischer Vorstellung die Würde der Frau. Die Frage ist nur, ob dieses Ziel damit tatsächlich vorankommt. Jeder Pantheismus lehnt die personhafte Wirklichkeit Gottes ab. Wo aber Gott als personal wirkendes Wesen geleugnet wird, fällt auch die von Gott geschaffene Personalität des Menschen[113]. Der Mensch wird dann ebenso wie Gott in einen Prozeß sachhafter Faktoren eingeebnet. Der Tod bildet das Ende des individuellen Lebens. Diese Konsequenz wird von nicht wenigen Theologinnen tatsächlich angenommen[114]. Die unvertauschbare, einmalige Würde jedes Menschen als Person bricht dann in sich zusammen.

Die Frage, ob die selbstgesteckten Ziele der Feministischen Theologie halten, was sie versprechen, zielt auch auf den Kampf gegen tatsächliche oder vermeintliche Unterdrückung der Frau. Gegen Unterdrückung hilft letzten Endes kein wortreicher Protest, sondern nur konkrete Macht. Gemeint ist die Macht der Liebe. Daß Gott der „Herr“ ist, der Allmächtige und Ewige, kommt gerade den zu kurz Gekommenen und Unterdrückten zugute[115]. Einerseits die Befreiung aus Ägypten als Paradigma der Feministischen Theologie zu feiern und andererseits die Macht des göttlichen Befreiers an die Ohnmacht des Menschen zu binden, paßt nicht zusammen. Ein Gott, der in die Geschichte einwirkt, der die Menschen richtet und die neue Schöpfung heraufführt, ist für das Anliegen der „Befreiung“ viel besser zu „gebrauchen“ als eine apersonale „Tiefe“ der eigenen Zerbrechlichkeit. Die Ablehnung Gottes als des allmächtigen Herrn trifft die Ablehnenden selbst am meisten.

112 SORGE 49.
113 DIEPERINK, Feministische Theologie 51.
114 Vgl. u. S. 207f.
115 Vgl. SCHNEIDER-BÖKLEN/VORLÄNDER 34.125.

Ein wichtiges Anliegen des theologischen Feminismus ist die Selbstbestimmung, die „Autonomie“. Die Frau soll gerade nicht auf ihre Fraulichkeit reduziert werden – ein berechtigtes Ziel -, sondern als individuell geprägter Mensch leben. Andererseits werfen nicht nur Vertreterinnen des Göttinnenfeminismus einen sehnsuchtsvollen Blick auf die Muttergöttinnen der Frühzeit, zumal dann, wenn sie dort das urzeitliche Paradies des „Matriarchats“ zu suchen beflissen sind.

Doch gerade die archaischen Zeugnisse zeigen Frauenbildnisse, die offensichtlich nicht wegen ihrer Persönlichkeit, sondern wegen ihres Schoßes von Bedeutung sind. Hier „sollte man beachten, daß die Rückkehr zu einer vermeintlichen ‚matriarchalischen‘ Religion nicht nur die Transzendenz Gottes grundsätzlich leugnen müßte – denn dann wäre der Urschoß des Gebärens gleich Gott (Göttin); auch die wahre Emanzipation und Würde der Frau, die von der Predigt Jesu Christi her errungen wurde, würde wieder zurückgeschraubt zum vorpersonalen Sexual- und Gebärgrund“[116].

Eine gewisse Berechtigung kommt der Anfrage zu, ob nicht die Symbolik des Heiligen Geistes „weibliche“ Züge enthalte. Der Hinweis auf das weibliche hebräische Wort „ruach“ erscheint dabei freilich als wenig ertragreich. Geht es im Alten Testament doch zunächst nur um eine unpersönliche Kraft Gottes, ein „Neutrum“, und nicht um eine eigene Person. Auch von der Sprachwissenschaft ganz allgemein ist die Situation wesentlich komplexer, als die Feministische Theologie sie erfaßt[117]. Erst im Neuen Testament, aufgrund der Offenbarung Jesu, tritt ein (männliches) Personalpronomen neben das (im Griechischen) sächlich gebrauchte Wort (Joh 16,8.13f). „Weibliche“ Züge des Heiligen Geistes ließen sich dagegen erarbeiten von seinem Proprium als der „göttlich Empfangende“, seiner „Immanenz“ und seiner Kennzeichnung als vermittelndes „Beziehungswesen“[118]. Das Ergebnis dieser Studien dürfte für die Femini-

---

116 SUDBRACK, Neue Religiosität 121.

117 HAUKE, Frauenpriestertum 272; vgl. HEINE, Göttinnen 35f: „weiblich“ sei im Hebräischen z. B. das „Schwert“ und die „Manneskraft“, im Deutschen auch die „Macht“ und die „Gewalt“.

118 HAUKE, Frauenpriestertum 271–292; ders., „Die Diskussion um die weibliche Symbolik in der Pneumatologie“: Stöhr, Johannes (Hg.), Der dreifaltige Gott und das Leben der Christen, St. Ottilien 1993, 130–150; CONGAR, Yves, Der Heilige Geist, Freiburg 1982,

stische Theologie wenig befriedigend sein, wie Ruether wohl zu recht befürchtet. Zudem bieten die „weiblichen“ Symbolelemente nur einen Teilaspekt, der mehr zur Ekklesiologie und Mariologie hinüberweist[119].

Der „Mutter“-Titel für den Heiligen Geist ist in jedem Fall fragwürdig, weil der Heilige Geist den ewigen Logos nicht hervorbringt, sondern aus ihm hervorgeht. Die heidnischen Götterfamilien aufzugreifen, erscheint von daher als ebenso zweifelhaft wie die These des Grafen Zinzendorf, der im 18. Jh. den Heiligen Geist als die „Mama“ in der Trinität bezeichnete[120].

Theologisch monströs wäre es auch, den Heiligen Geist aus dem Gefüge der Trinität zu lösen. Ihn zu „emanzipieren“ oder ihn anstelle von Vater und Sohn in den Vordergrund zu rücken, widerspricht den Zeugnissen von Schrift und Tradition. Die Echtheit des Heiligen Geistes erweist sich im Gebet, das nicht zunächst: „Komm, Schöpfer Geist!“ lautet, sondern: „Abba, Vater!“[121]

Wer diese Grundrichtung übersieht, läuft Gefahr, den Geist Gottes mit der gruppendynamisch zentrierten Selbsterfahrung zu verwechseln, mit der kurzatmigen „Dynamik“ des eigenen Geistes.

424–432; DURWELL, F. X., Der Geist des Herrn. Tiefe Gottes – schöpferische Weite, Salzburg 1986, 211–218; ZIEGENAUS, Anton, „Maria als Abbild der Person des Hl. Geistes nach M. J. Scheeben“: ders. (Hg.), Maria und der Heilige Geist (Mariol. Studien 8), Regensburg 1991, 25–38.

119 Vgl. dazu auch HAUKE, Pneumatologie 147–150; vgl. u. S. 172ff.

120 Vgl. MOLTMANN, Gemeinschaft 711; ZIMMERLING, Peter, Gott in Gemeinschaft. Zinzendorfs Trinitätslehre, Gießen 1991, passim.

121 Gal 4,6; Röm 8,15.26.

VIII. CHRISTOLOGIE UND ERLÖSUNGSLEHRE

1. Die Bedeutung der christlichen Kernbotschaft

Das Hauptkennzeichen des Christentums, das sich dadurch von allen anderen Religionen unterscheidet, ist neben dem Glauben an die göttliche Dreifaltigkeit die Botschaft, daß Gott Mensch geworden ist. Schon der Erste Johannesbrief betrachtet das Bekenntnis zur Inkarnation als das wichtigste Kriterium, echte von falschen Propheten zu unterscheiden: „Jeder Geist, der bekennt, Jesus Christus sei im Fleisch gekommen, ist aus Gott. Und jeder Geist, der Jesus nicht bekennt, ist nicht aus Gott" (1 Joh 4,2f). Gegen den Arianismus, für den Jesus das vornehmste Geschöpf Gottes war, aber nicht Gott, betont die Alte Kirche: Gott selbst ist Mensch geworden, damit wir Menschen Anteil empfangen am Leben Gottes. Ohne die Gottheit Jesu ist unsere Erlösung nicht gesichert.

Ob Feministische Theologie sich das Bekenntnis zu Jesus Christus als Gottes Sohn zu eigen macht, ist also eine wichtige Frage. Wer Jesus Christus ist, wird dabei deutlich in seinem Heilswirken, insbesondere in Tod und Auferstehung. Welche Rolle spielt das Sühnegeschehen am Kreuz, durch das sich Jesus für die Sünden der Menschen hingibt? Akzeptiert man die Auferstehung als konkretes Ereignis, das den Leib des Herrn aus dem Grab befreit und zu einer neuen Existenzform verklärt?

2. Das feministische Jesusbild

Gerade die christliche Kernbotschaft, daß der ewige Sohn Gottes für unsere Erlösung Mensch geworden ist, erscheint der Feministischen Theologie großenteils als suspekt. Vorausgegangen ist hier Mary Daly: „Der Gedanke einer einmaligen Menschwerdung Gottes in Gestalt eines Mannes, des Gottmenschen der ‚Hl. Dreifaltigkeit', ist im Kern sexistisch und öffnet der Unterdrückung Tür und Tor. Christusanbetung ist Götzenanbetung"[1]. Niemand könne

---

1 DALY, Mary, „Der qualitative Sprung über die patriarchale Religion" (1978): MOLTMANN-WENDEL, Frau und Religion 110.

ignorieren, „daß Christus ein männliches Symbol ist und darum tatsächlich auf dieser Ebene die Frau ausschließt“[2]. Diese „Besonderheit“ reiche viel tiefer als etwa die Tatsache, daß er jung oder Semit gewesen sei. Die Vorstellung von einem einzigartigen männlichen Erlöser legitimiere die männliche Überlegenheit, zumal dann, wenn die weibliche Gestalt Mariens als Muster des Menschen diene, der Gott anbete. Wenn man in Zukunft von einer „Inkarnation“ reden solle, dann nur in dem Sinne, daß die „Macht des Seins“ in allen Menschen sei. Ebenfalls „kastriert“ werden müßten der „Mythos von der Sünde“ und der „Mythos von der Erlösung, die beide nur unterschiedliche Symptome derselben Krankheit sind“, nämlich der männlichen Arroganz[3]. Abzulehnen sei in jedem Fall die Lehre, Jesus habe sich für das Heil der Menschen geopfert. Denn dieses „Sündenbock-Syndrom“ ermutige die Frauen dazu, der aufopfernden Liebe Jesu nachzueifern[4].

Die entscheidende Frage ist: Wie gehen die „gemäßigten“ Feministinnen mit dieser Kritik um? Wird Christus als ewiger Sohn Gottes, dessen Menschwerdung einzigartig und unwiederholbar ist, noch anerkannt? Wie wird sein Mannsein gedeutet? Welchen Stellenwert haben die Heilsereignisse von Kreuz und Auferstehung? Was bedeutet „Erlösung“?

„Gott ist im Mann zu kurz gekommen“, so schreibt Inge Wenck, „und ich muß ihr beipflichten“ – so Halkes[5]. Gegen die römische Erklärung zum Frauenpriestertum hält sie das Mannsein Jesu für ein rein zeitbedingtes Faktum[6]. Die Berufung darauf, so Anne Carr, sei „häretisch“, „böse“ und „gewalttätig“[7]. „Gottes Menschwerdung“ umfaßt, wie Halkes meint, nicht nur eine historische Gestalt, sondern „geht weiter“. Feministische Theologie „glaubt an eine weitergehende Inkarnation, die sich manifestiert in der Neugeburt aller

2 Ebd. 99.
3 Ebd. 90.
4 DALY, Vater 94–96.
5 HALKES, Suchen 73; WENCK, Inge, Gott ist im Mann zu kurz gekommen. Eine Frau über Jesus von Nazareth, Gütersloh 1982.
6 HALKES, Söhne 69.
7 CARR 224.

Unterdrückten“[8]. Außerdem brauche Jesus für sein Wirken weibliche Bilder: die Henne, die ihre Küken unter die Flügel nimmt, und die Frau, welche die verlorene Münze sucht[9].

Halkes und Moltmann-Wendel verweisen weiter auf die Theologin und die der Schule C. G. Jungs verbundene Psychologin Hanna Wolff, die für die feministische Christologie im deutschen Sprachraum eine Schlüsselrolle einnimmt[10]. Wolff bezeichnet Jesus unter Berufung auf den protestantischen Theosophen Jakob Böhme[11] als „androgyn“[12]. Jesus habe die weibliche Seite seiner Persönlichkeit, die „anima“, vollkommen in einer psychischen Ganzheit gelebt; er sei „der erste anima-integrierte Mann der Weltgeschichte“[13]. Die Androgynität Jesu bestimme seine „Gottesvorstellung“: auch sie „ist androgyn“[14], ja noch mehr: „Jesus läßt weibliche Seinswerte im Gottesbild dominieren!“[15] Gott richte nicht und bedürfe keiner Versöhnung[16]. Für Jesus sei stattdessen „das Bergen und Bewahren, das Sorgen und Pflegen, das Helfen und Heilen“ entscheidend[17].

Da ist es kein Wunder, wenn feministische Künstlerinnen und Künstler gelegentlich eine „Jesa Christa“ am Kreuz darstellen. So etwa geschehen in der größten Kathedrale Nordamerikas „Saint John the Divine“ in New York, die der Episkopalkirche gehört. Die „Episcopal Church“ zählt zu den wichtigsten Förderinnen der Frauenordination in der anglikanischen Welt. Eine theosophische Sekte kündigte mit dem Bild der episkopalistischen „Jesa Christa“ inzwischen die Wiederkunft Christi als Frau an[18].

Anders als Hanna Wolff bestreitet die eingangs zitierte Inge Wenck die Vollkommenheit Jesu. Auch Jesus sei „männlich-all-

---

8 HALKES, Zwischenbilanz 297; vgl. Söhne 41.
9 HALKES, Söhne 69.
10 BROCKMANN 55.
11 WOLFF, Hanna, Jesus der Mann. Die Gestalt Jesu in tiefenpsychologischer Sicht, Stuttgart ²1976, 53.70.
12 WOLFF 47; zur Jung-Rezeption Wolffs vgl. BROCKMANN 55–82.
13 WOLFF 70.
14 WOLFF 51.
15 WOLFF 121.
16 WOLFF 36f.
17 WOLFF 122.
18 Vgl. MARRS, Wanda, New Age Lies to Women, Austin/Texas 1989, 20. Die gleiche Abbildung, erstellt von Edwina Sandys, findet sich auf dem Titelblatt von ODDIE (1988).

zumännlich“ gewesen und dem „Unangenehmen ... in großem Bogen aus dem Wege“ gegangen[19]. Durch sein „Mannestum“ sei „Gottes Sache ... behindert worden“, der Frau habe es „Nachteil, Einengung und Zurückweisung“ eingebracht[20]. Die Inkarnation Gottes als Mann wird hier ganz offen als Ärgernis empfunden, wie beim dezidiert antichristlichen „gynozentrischen Feminismus“ ohnehin.

Für Halkes ist Jesus „Prophet und Messias“[21]. Ist er auch Gottes Sohn, wahrer Gott und wahrer Mensch im Sinne des Konzils von Chalzedon?

Angesichts der referierten Äußerungen von Halkes über die „Inkarnation“ ist das schwerlich anzunehmen, auch wenn die niederländische Theologin in ihren deutschsprachigen Veröffentlichungen einer formellen Leugnung der Gottheit Jesu auszuweichen scheint[22]. Die Amerikanerin Ruether stellt sich dagegen eindeutig gegen die Gottessohnschaft Jesu. Das Konzil von Chalzedon widerspreche dem, was Jesus über sich selbst gedacht habe[23]. Der „Mythos von Jesus als dem Messias oder göttlichen Logos“ sei zu überwinden[24]. „Jesus, der heimatlose jüdische Prophet“, sei selbst „einer, der erlöst wurde“, wie seine Taufe durch Johannes zeige[25]. Die alte gnostische Irrlehre vom „erlösten Erlöser“[26] erlebt hier ihre „Auferstehung“.

---

19 WENCK 83f.

20 WENCK 126.

21 HALKES, Söhne 43.

22 Schillernd bleiben z. B. die Aussagen von HALKES, Art. „Maria“: Wb 272. Jesus sei deshalb Sohn Gottes genannt worden, weil er so sehr von Gottes Geist erfüllt gewesen sei, daß er Gott durch sein Leben und seine Person sichtbar gemacht habe. Ist es fernliegend, hier an die Jesulogie von Küng und dem (von Halkes viel zitierten) Niederländer Schillebeeckx zu denken, wonach Jesus nur ein besonders begnadeter Mensch ist? Zu diesen Autoren vgl. kurz AUER, Johann, Jesus Christus – Gottes und Mariä „Sohn“ (KKD IV/1), Regensburg 1986, 61–63.

DIEPERINK, Feministische Theologie 59, die Halkes’ niederländische Originalwerke gut kennt, vermißt dort das Bekenntnis zu Jesus Christus als dem eingeborenen Sohn Gottes, der Mensch geworden ist, um uns mit Gott zu versöhnen.

Eine „Christologie von unten“ vertritt auch CARR 199.202.216f. Für sie ist die Inkarnation offenbar keine Wirklichkeit, sondern ein „Symbol“ (188).

23 RUETHER, Sexismus 145.

24 Ebd. 166.

25 Ebd. 169.

26 RUDOLPH, Kurt, Die Gnosis, Göttingen ^{3}1990, 141f.

Selbstverständlich sei Jesus nicht Gottes letztes Wort[27], und erst recht habe sein Mannsein bloß eine „soziale Bedeutung", die heute nicht mehr gilt[28]. Wenn Ruether von „Christus" spricht, meint sie damit „nicht ... die unveränderliche Vollkommenheit einer einzigen Person ..., die vor 2000 Jahren gelebt hat", sondern die „befreite Menschlichkeit" als ganze[29].

Auch für Moltmann-Wendel ist Christus kein „Wundertäter, der von Menschen unabhängig ein göttliches Geheimnis in sich trägt". Die Wunderkraft würden „Menschen sich selbst ... holen"[30]. Er sei kein „emotionsloser Gottessohn", sondern voller Mensch[31]. Die Theologin lobt eine Kreuzigungsdarstellung, die Christus „ohne Hoffnung" zeigt, „erdhaft"; „mit diesem Jesus", der leide und zugrunde gehe, „können Menschen Gemeinschaft haben"[32].

Der Grundsatzartikel über „Jesus Christus" im „Wörterbuch der Feministischen Theologie", verfaßt von der katholischen Schweizer Theologin Doris Strahm, läßt an Eindeutigkeit nichts zu wünschen übrig. Eine Christologie, die den feministischen Kriterien gerecht werde, „muß den Anspruch auf die Einzigartigkeit und Letztgültigkeit Jesu Christi für die Selbstoffenbarung Gottes ... bzw. die Erlösung der Menschheit aufgeben. Jesus wird denn auch in den meisten christologischen Entwürfen feministischer Theologinnen ‚relativiert', und zwar in einem zweifachen Sinne: 1) er ist Inkarnation Gottes, aber nicht die einzige ..., er ist ein messianischer Prophet, aber nicht der endgültige Messias (Radford Ruether); 2) er wird damit in Relation/Beziehung gesetzt zu anderen messianischen Gestalten und nicht zuletzt zu uns selbst ..."[33]

Die Autorin sagt auch sehr deutlich, wie die Feministische Theologie zu diesen Ergebnissen kommt: „Ausgangspunkt" sei, wie auch z. B. in den Christologien von Schillebeeckx, Boff und Moltmann, „nicht das Dogma, sondern der historische Jesus bzw. die biblischen

27 RUETHER, Sexismus 151.
28 Ebd. 169.
29 Ebd. 170.
30 MOLTMANN-WENDEL, Milch 129.
31 Ebd. 133.
32 Ebd. 132.
33 STRAHM, Doris, Art. „Jesus Christus": Wb 204; vgl. dies., Aufbruch 71–96; STRAHM/STROBEL.

Jesus-Traditionen, die nun aber aus der *Sicht von Frauen* gelesen und interpretiert werden"[34]. Der „historische Jesus" meint dann letzten Endes die Exegese des liberalen Protestantismus, die sich vor allem in dem immer noch nachwirkenden „Entmythologisierungs"-Programm Rudolf Bultmanns kristallisiert hat: jedes unmittelbare Einwirken Gottes in diese Welt, z. B. die Naturwunder oder die leibliche Auferstehung, wird von vornherein abgelehnt[35]. Damit fällt die Gottheit Jesu, die ohne das Kriterium des Wunders nicht zu erweisen ist. Nach diesem liberalen „Dogma" meint dann „Auferstehung" im gleichen „Jesus Christus"-Artikel „die Erfahrung, daß das, was sein Leben bedeutete, nicht umzubringen war, daß er weiterlebte in seinen NachfolgerInnen ..."[36].

Aufgrund des meist vertretenen pantheistischen Gottesbildes ist eine solche Haltung nur konsequent: wenn Gott mit der Welt identisch ist, kann er natürlich in dieser Welt nichts wirken, was deren Kraft übersteigt. Ohne die Machttaten Jesu, auf die er selbst verweist[37], hängt sein im Neuen Testament bezeugter Anspruch, der Messias und der ewige Sohn Gottes zu sein, in der Luft.

Das feministische Geltungsbedürfnis reicht bei manchen Theologinnen so weit, daß sie die Autorität Jesu von Frauen ableiten. Das Hauptwerk Elisabeth Schüssler Fiorenzas trägt den Titel: „Zu ihrem Gedächtnis" (In Memory of Her). Er bezieht sich auf die Frau, die Jesus vor der Passion mit Nardenöl salbte. Deren Name, so kritisiert Schüssler Fiorenza, sei von Markus unterschlagen worden, obwohl man selbst den Namen des Verräters Judas überliefert habe. Was man 2000 Jahre unterdrückt habe, sei jetzt neu zu entdecken: Eine Frau habe Jesus zum Messias gesalbt und ihm den Namen Christus gegeben[38].

Mit noch reicherer Phantasie schmückt Christa Mulack diese kühne Behauptung. Während nach dem Johannes-Evangelium Ma-

---

34 STRAHM: Wb 201.

35 Dazu kritisch SCHEFFCZYK, Gott-loser Gottesglaube 108–112; KOCHER, Richard, Herausgeforderter Vorsehungsglaube. Die Lehre von der Vorsehung im Horizont der gegenwärtigen Theologie, St. Ottilien 1993, 180ff.

36 STRAHM: Wb 205.

37 Besonders Mt 11,2–6 par.

38 SCHÜSSLER FIORENZA, Gedächtnis 11f.

ria von Bethanien die Salbende war, setzt Mulack die Schwester des Lazarus mit Maria von Magdala gleich. Als Priesterin der orientalischen Muttergöttin habe sie in Bethanien eine geheime Mysterienschule unterhalten. Wie in den ägyptischen Mythen, wo der Gott Osiris von der Göttin Isis wiederauferweckt wird, so habe Maria Magdalena als Vertreterin der Göttin ihren Geliebten zum Messias gesalbt, ihn in den Tod entlassen und ihm schließlich zu neuem Leben verholfen. „Auferstehung“ betrifft dabei für Mulack nicht den Leichnam, sondern meint ein visionäres Geschehen in den Jüngern, das freilich die Fortexistenz der Seele Jesu voraussetze[39]. Für die These, Maria Magdalena sei Mitglied eines weiblichen Geheimbundes gewesen, beruft sich die evangelische Theologin auf den von der jüdischen Kabbala geprägten Neo-Gnostiker Otfried Eberz[40]. Der Salbung durch eine Frau entspreche das ursprüngliche matriarchale Weltbild, „in dem das weibliche Geschlecht als Erschafferin und Erhalterin allen Lebens, das männliche Geschlecht hingegen als vom weiblichen erschaffen erfahren wurde ...“[41].

Die Thesen Mulacks sind für die Feministische Theologie nicht unbedingt typisch, jedoch ein besonders extremes Beispiel für die Leugnung der Gottheit Jesu: die Sendung Jesu wird nicht vom himmlischen Vater, sondern von einer orientalischen Fruchtbarkeitsgöttin abgeleitet, die dem feministischen Selbstbewußtsein aufhelfen soll. Mit den meisten anderen, „gemäßigten“ Feministinnen kommt Mulack darin überein, daß Jesus Christus nicht der ewige Sohn Gottes ist, für unser Heil Mensch geworden, sondern nur ein besonders vorbildlicher Mensch. Die Leugnung der Inkarnation zieht sich wie ein „roter Faden“ durch die feministischen „Christologien“.

---

39 MULACK, Christa, Jesus – der Gesalbte der Frauen. Weiblichkeit als Grundlage christlicher Ethik, Stuttgart 1987, 271f; vgl. u. S. 164.
40 MULACK, Jesus 104–128. Zu Eberz vgl. HAUKE, Frauenpriestertum 263f.
41 MULACK, Jesus 126.

3. Die Leugnung des Sühnopfers am Kreuz

Mit dem reduzierten Jesusbild fällt die Lehre des Neuen Testamentes, daß Christus stellvertretend für die Vielen sein Blut vergossen hat. Immer wieder betonen Feministinnen: Den Tod Jesu dürfe man nicht als Sühne für unsere Sünden auffassen[42]. Nach Hanna Wolff ist Gott kein „unerträgliches Patriarchenungeheuer ..., das das Blut des eigenes Sohnes opfern muß, ... um wieder ‚Gnade' walten lassen zu können"[43]. Dies sei die Erlösungslehre des „Bewußtseinspatriarchates". Vielmehr sei „in Jesu Konzeption der Liebe" die „weibliche Wertskala bestimmend ... Gott ‚sucht' überhaupt keine Genugtuung mehr für seine verletzte Majestät"[44].

Ganz in diesem Sinne spricht Moltmann-Wendel davon, Gott würde sich niemals vom Menschen distanzieren, sondern wie eine Mutter „bedingungslos" auch den unmoralischen Menschen akzeptieren[45]. Die Theologin will Schuldgefühle vertreiben und führt aus: „Ich bin gut. Ich bin ganz. Ich bin schön"[46]. Eine „allgemeine Sündhaftigkeit" gebe es nicht[47]. Die einzige Sünde der Frauen bestehe darin, statt Autonomie die Bindung zu suchen. Die entgegengesetzte Tendenz, die der biblischen Sündenvorstellung zugrundeliege, sei hingegen typisch für Männer. Nicht der Hochmut sei die eigentliche Sünde der Frau, sondern der Verzicht auf die eigene Selbstwerdung[48]. Diese Umdeutung der „Grundsünde" ist für die Feministische Theologie insgesamt typisch[49].

Wie die Feministische Theologie zum Heilsgeschehen in Christus steht, zeigt sich besonders deutlich in den Aussagen über das Kreuz. Feministische Theologie, so das „Wörterbuch", „hat von Anfang an christliche Kreuzestheologie fundamental kritisiert"[50]. Im Gefolge

---

42 RUETHER, Sexismus 152; MOLTMANN-WENDEL, Milch 157.180; SCHÜSSLER FIORENZA, Gedächtnis 176f; Wb 225–227; STRAHM/STROBEL 52f.56f.59f.148f.182.

43 WOLFF 36.

44 WOLFF 124.

45 MOLTMANN-WENDEL, Milch 156; vgl. 104.155.178.

46 Ebd. 155.158–169.

47 Ebd. 148.

48 Ebd. 169. Zu Moltmann-Wendel vgl. SCHERZBERG, Lucia, Sünde und Gnade in der Feministischen Theologie, Mainz 1991, 45–50.

49 SCHERZBERG 18f; KROBATH, Evi, Art. „Sünde/Schuld III. Feministisch-theologische Diskussion": Wb 387–389.

50 SCHOTTROFF, Luise, Art. „Kreuz I.": Wb 226.

von Mary Daly[51] wird entweder das Kreuz durch den Lebensbaum ersetzt oder aber – weil man den Sühnegedanken ablehnt – als Geschehen erklärt, das sich in gleichartiger Weise bei allen Leidenden finde[52]. Die Darstellung einer Jesa Christa anstelle des Gekreuzigten ist dann kein theologisches Problem mehr. Die evangelische Pfarrerin Jutta Voss wendet sich konsequent gegen die Betonung des Blutes Christi: es sei Tötungsblut und könne als Wandlungsmysterium nur symbolisch verstanden werden. Das weibliche Menstruationsblut dagegen sei real und das Wichtigste im Leben der Menschheit[53].

4. Die Umdeutung der Auferstehung

Biblische Begriffe wie „Inkarnation", „Kreuzigung" oder „Auferstehung" werden zwar oft beibehalten, aber mit neuen Inhalten gefüllt. Catharina Halkes z. B. meint: „Für mich bleiben zwei ... Paradigmen ... als einzigartige Offenbarung bestehen, nämlich die Stimme, die zur Befreiung aus der Sklaverei aufruft (A. T.) und der Mensch Jesus von Nazareth, Bild und Inkarnation Gottes, der uns den Lebensweg durch Leiden und Tod erlösend vorgelebt hat, auf daß wir immer neu zur Auferstehung gelangen (N. T.)"[54].

„Auferstehung" ist hier offensichtlich innerweltlich gemeint, was sich auch anderswo andeutet: als „Berufung durch Leiden, Kreuz und Tod zur Auferstehung und zum Aufstand zu finden"[55]. Die „eschatologische Hoffnung" ist identisch mit der universalen „Gesamtheit", die zwischen Mann und Frau nicht mehr trenne[56]. „Auferstehung", so das „Wörterbuch", meine eine Wirkung *vor* dem Tod und

51 Vgl. o. S. 72.
52 SCHOTTROFF a. a. O. 229; dies., „Die Crux mit dem Kreuz. Feministische Kritik und Re-Vision der Kreuzestheologie": EK 25 (1992) 216–218; STROBEL, Regula, „Feministische Kritik an traditionellen Kreuzestheologien"/"Das Kreuz im Kontext feministischer Theologie. Versuch einer Standortbestimmung": STRAHM/STROBEL 52–64; 182–193.
53 VOSS 50f: zit. b. SCHNEIDER-BÖKLEN/VORLÄNDER 102; vgl. o. S. 49.
54 HALKES, Suchen 48.
55 Ebd. 21.
56 Ebd. 20.

das Weiterleben in anderen Menschen[57]. Besonders großen Eindruck habe die Vorstellung Rosemary Ruethers gemacht, wonach Sterben ein Eingehen in die Erde sei, was aber leider durch Stahlsärge verweigert werde[58]. An die Stelle der Hoffnung, die über das irdische Leben hinausreicht, setzt Ruether das Ziel des „erlösten Menschseins“: „die Wiederherstellung der Ganzheitlichkeit der psychischen Kräfte und der egalitäre Zugang zu Rollen in der Gesellschaft“[59].

Die „Auferstehung“ Jesu, so Dorothee Sölle, betreffe die „Sache“ Jesu, nicht aber eine spezielle Rettungsaktion für Jesus[60]. Ansichten wie die von Sölle sind nicht die Ausnahme, sondern die Regel. Schneider-Böklen und Vorländer, die den Feminismus in das Christentum integrieren möchten, registrieren betroffen: bei fast allen feministischen Theologinnen bleibe „die Möglichkeit ausgespart ..., den lebendigen auferstandenen Christus als Realität zu erfahren“. Zwar betonten sie, Maria Magdalena sei die erste Zeugin der Auferstehung, nähmen deren Erfahrung aber nicht ernst. Dies sei „ein blinder Fleck auf der Landkarte feministischer Theologie“[61].

5. Die Verkehrung der Heilsgeschichte

Umgedeutet oder ausgeblendet werden nicht nur Inkarnation, Kreuz und Auferstehung, sondern damit auch die gesamte Heilsgeschichte. Das wird deutlich vor allem an der Anschauung von Ur- und Endzeit[62]. Ähnlich wie beim Marxismus wird die christliche Lehre von der heilen Gottesbeziehung des Anfangs und von der Neuwerdung der Welt nach der Wiederkunft Christi in weltliche, sich „wissenschaftlich“ gebende Kategorien umgesetzt. Die erhoffte Endzeit entspricht in etwa dem paradiesischen „Urstand“, dessen

57 STRAHM, Jesus Christus: Wb 205.
58 SCHOTTROFF, Luise/SÖLLE, Dorothee, Art. „Auferstehung“: Wb 34f.
59 RUETHER, Sexismus 142. Zu Ruethers „Erlösungslehre“ vgl. SCHERZBERG 58–75.
60 SÖLLE: Wb 236.
61 SCHNEIDER-BÖKLEN/VORLÄNDER 130.
62 Vgl. zur Eschatologie u. S. 207–211.

Funktion bei feministischen Theologinnen eingenommen wird von dem vorgeschichtlichen „Matriarchat"[63] bzw. von der „egalitären Jesusbewegung"[64]. Danach aber ereignete sich gleichsam der „Sündenfall" des Patriarchats und führte zur „Erbsünde des Sexismus"[65].

Was im biblischen Bericht vom Sündenfall als negativ erscheint, gilt in der Feministischen Theologie nicht selten als positiv. Auf dem Titelblatt des repräsentativen „Wörterbuchs der Feministischen Theologie" prangt eine monumentale Frauengestalt, die triumphierend eine Schlange trägt. Moltmann-Wendel sieht den „Apfel" als „Symbol der Sinnlichkeit und der Ganzheit der Welt", die „Schlange" und den „Drachen" dagegen als „die Welt von Weisheit, Wissen und Sinnenlust"[66]. Auch für Halkes ist die Schlange ein Zeichen für „Wissen und sich erneuerndes, ewiges Leben"[67]. Moltmann-Wendel daher: „Eva, der erste Protestant"[68]. In diese Perspektive paßt es, wenn auf dem evangelischen Kirchentag zu Frankfurt 1987 ein großer Stand mit Büchern der Feministischen Theologie aufgebaut war mit der stolzen Überschrift: „Früchte vom Baum der Erkenntnis".

Diese Aufstellungen mögen skandalös sein; neu sind sie nicht. Schon antike Gnostiker haben die Ursünde als Akt der angeblichen „Erkenntnis" lebhaft begrüßt. Die Schlange, die Sünde, ja der Brudermörder Kain werden gepriesen und Gott als Urheber des Bösen gelästert[69]. Ähnliches findet sich bei deutschen Idealisten des 19. Jahrhunderts[70].

---

63 MOLTMANN-WENDEL, Milch 64f; RUETHER, Sexismus 68f.

64 HALKES, Suchen 35f; RUETHER, Sexismus 52f; MOLTMANN-WENDEL, Milch 89f. In diesem Sinne v. a. SCHÜSSLER FIORENZA, Gedächtnis.

65 RUETHER, Sexismus 219; vgl. schon DALY, Vater 91.

66 MOLTMANN-WENDEL, Milch 117.119; vgl. 57.115f.

67 HALKES, Suchen 41. Als „alte Freundin" der Frau betrachtet die Schlange auch die langjährige Generalsekretärin der kfd: LISSNER (1993) 71.

68 MOLTMANN-WENDEL, Frau und Religion 33.

69 BROX, Norbert, Offenbarung, Gnosis und gnostischer Mythos bei Irenäus von Lyon, Salzburg 1966, 50–53.

70 KÖSTER, Heinrich, Urstand, Fall und Erbsünde. Von der Reformation bis zur Gegenwart (HDG II,3c), Freiburg 1982, 149.151.153.166f (Schelling, Kant, Schiller, Hegel).

6. Kritische Stellungnahme

Besonders problematisch wird das Androgynisierungstreben der Feministischen Theologie bei der Gestalt Jesu Christi, deren männliche Prägung man für zufällig oder sogar gefährlich erklären muß. Eindringlich stellt sich zudem die Frage nach der übergeschichtlichen Bedeutung Jesu. Ist Christus nicht der ewige Sohn Gottes, sondern nur ein „Prophet", dann ist auch seine Offenbarung prinzipiell überholbar. Es könnte immer noch eine „Erkenntnis" („Gnosis") kommen, die „vollkommener" ist. Ohne Bekenntnis zur Gottheit Christi wird das Christentum zur religiösen Gemischtwarenhandlung („New Age") und löst sich selbst auf.

Es ist in höchstem Maße bedauerlich, daß Feministische Theologie die Gottheit Jesu entweder leugnet oder ihr zumindest kein erkennbares Gewicht beilegt. Das gleiche gilt für die wahre Menschheit Jesu. Wer aus Christus kein „Traumbild" machen will[71], ist auf die Tatsache verwiesen, daß der Gottessohn in einer bestimmten Kultur und in einem bestimmten Geschlecht die menschliche Natur angenommen hat. Der von feministischer Theologie gerne zitierte Galaterbrief spricht von der „Fülle der Zeit" (Gal 4,4), die in Christus ihre von der Vorsehung Gottes bestimmte Mitte gefunden hat.

Gewiß ist die Menschwerdung Gottes entscheidender als die Tatsache, daß Jesus Christus ein Mann war. Aber kann man das Mannsein Jesu wirklich als historischen Zufall bezeichnen, indem man es exklusiv den „patriarchalischen Verhältnissen" des alten Israel zuordnet? Gründen nicht Mann- und Frausein tiefer als in soziokulturellen Bedingungen?

Was Gott geschaffen hat, wird auch in der neuen Schöpfung nicht vernichtet. In der Auferstehungsexistenz werden wir nach den Worten des Evangeliums sein „wie die Engel", die nicht heiraten oder verheiratet werden (Mk 12,25 par.). Die Leiblichkeit wird „verklärt", verwandelt, aber nicht aufgelöst. Die Spekulationen der Origenisten im Altertum liefen darauf hinaus, der Mensch müsse in Form einer Kugel auferstehen. Denn dies sei die vollkommenste geometrische Form. Als „kugelig" hatte schon Plato im Mythos den

71 So die kritische Bemerkung von GERBER, Feministische Theologie (1984) 583.

androgynen Urmenschen beschrieben[72]. Die Kirche hat sich gegen diese Verfremdung der Schöpfungsbotschaft energisch gewehrt. Augustinus erklärte: „Gott wird, wie er beide Geschlechter schuf, auch beide wiederherstellen“[73]. Elisabeth Gössmann, selbst Feministin, betrachtet gerade diese Hoffnung als frauenfreundlich. Vom Vorwurf der „Leibfeindlichkeit“ werde die Kirche damit entlastet[74].

Ist es für die Offenbarung wirklich völlig gleichgültig, daß Christus ein Mann und Maria eine Frau war? Es dürfte schwer sein, diese Frage mit „Ja“ zu beantworten und gleichzeitig das Mann- und Frausein als *die* Grundsituation des Menschen in die Theologie einzutragen.

Susanne Heine kommt gerade von einem „feministischen“ Ansatz zu einer Kritik der Feministischen Theologie:

„Es ist nicht ohne Bedeutung, daß ein Mann sich der Verführungen der Macht widersetzt hat ... Eine Frau könnte an den Erniedrigten keine Stellvertretung üben, weil sie selbst immer schon da ist, wo diese stehen ... Jesus, der Mann, kehrt das oberste zuunterst. Jesa, die Frau, wäre immer schon unten ... Deshalb Jesus Christus und nicht Jesa Christa ... Was wäre Jesa Christa? Den Frauen keine Erlösung und den Männern die Versuchung, Gott zu unterwerfen“[75].

Ganz ähnlich äußert sich die Feministin Elizabeth Johnson, die dem „Mannsein“ Jesu einen ganzen Aufsatz widmet. Sie meint: „das Hauptproblem ‚ist‘ gar nicht Jesu ‚Männlichkeit‘, es besteht vielmehr darin, daß die meisten Männer gerade nicht wie Jesus sind“. Trotzdem spricht Johnson nur von einer „sozialen“ Bedeutung des Mannseins Jesu und scheut vor weiteren Konsequenzen zurück[76].

Christologie und Erlösungslehre korrespondieren miteinander. Im Zentrum der christlichen Erlösungslehre steht die Befreiung von den Sünden und die Teilnahme am Leben Gottes. Das stellvertretende Eintreten Jesu für uns als Mensch und seine Erlösungsmacht als Gott sind dabei vorausgesetzt. Wäre der Mensch, sei es Mann oder Frau, ohne Sünden, so gäbe es keine Sünden, für die Jesus sich

72 Symposion 189d–191e; vgl. HAUKE, Frauenpriestertum 156–158; SILL 40–43.
73 De civitate Dei 22,17 (CChr.SL 48,836); vgl. zum Ganzen HAUKE, Frauenpriestertum 244f.
74 GÖSSMANN, Zukunft: Wb 441.
75 HEINE, Göttinnen 156f.162.
76 JOHNSON, E. A., „Jesus der Mann“: Concilium 27 (1991) 523f.

kreuzigen hätte lassen müssen[77]. Nach dem Zeugnis der Bibel aber gibt es die Sünde, für deren Tilgung Jesus stirbt[78]. Die nordelbischen lutherischen Bischöfe betonen 1985: „Es gibt kein Menschsein ohne Sünde und keine Heilserfahrung abseits von Vergebung der Sünden. Wo ‚feministische Theologie' Emanzipation und Integration als Selbstbefreiung deutet und für Frauen die Sünde ausblendet (‚ich bin gut, ich bin schön'), liegt ein Menschenbild vor, das zu dem der Bibel im Gegensatz steht"[79].

Die Existenz von „Sünde" wird zwar von den „gemäßigten" Feministinnen anerkannt[80], aber neu „definiert". Pointiert gesagt: Machtstreben, Hochmut gilt der Feministischen Theologie als eine Versuchung für Männer, aber Frauen sollen sich gerade diese Eigenschaften zu eigen machen. Anzuerkennen ist gewiß, daß – wie alles im menschlichen Leben – auch das Phänomen „Sünde" eine männliche oder weibliche „Färbung" annimmt. Die Versuchung z. B., die eigene physische Kraft zu mißbrauchen, liegt für Männer naturgemäß näher als für Frauen. Die Mahnungen des Epheserbriefes an die Männer, die selbstlose Hingabe Christi für die Kirche gegenüber ihren Frauen nachzuahmen, sind wohl nicht von ungefähr doppelt so lang wie die Weisungen an die Ehefrauen (Eph 5,21–33). Umgekehrt neigen Frauen oft mehr zu Minderwertigkeitskomplexen, zu mangelndem Selbstbewußtsein, und bedürfen daher eines gesunden Selbstvertrauens. Die Nächstenliebe setzt die Selbstliebe voraus (vgl. Mt 7,12).

Aber der „Hochmut", wie die klassische Theologie ihn beschreibt, ist eine geistige Haltung, die sich in unterschiedlicher Färbung bei Männern *und* Frauen findet. Als „ungeordnetes Streben nach eigenem Hervorragen"[81] bildet der Hochmut für jeden Menschen Anlaß zur Gewissenserforschung. In der Ursünde, durch die der Mensch aus eigener Kraft wie Gott sein will (Gen 3,5), zeigt sich

---

77 Vgl. 1 Joh 1,8–10.

78 Vgl. z. B. Mk 10,45 par.; 14,22–24 par. SCHÜRMANN, Heinrich, Jesu ureigener Tod, Freiburg 1974; Gottes Reich – Jesu Geschick, Freiburg 1983.

79 DOKUMENTATION 104.

80 Vgl. KROBATH: Wb 387–390; SCHERZBERG.

81 Thomas von Aquin, Summa theologiae II-II q 162 a 2: inordinatus appetitus propriae excellentiae.

Vgl. WEISMAYER, Josef, Art. „Hochmut": Hörmann, Karl (Hg.), Lexikon der christlichen Moral, Innsbruck 1976, 795–798.

besonders deutlich, was in jeder Sünde geschieht: der Mensch setzt ein geschöpfliches Gut absolut und wendet sich damit ab von Gott[82]. Frauen und Männer mögen verschiedene Strategien anwenden, um sich selbst oder eine geschaffene Wirklichkeit in den Mittelpunkt zu stellen, aber der geistige Kern der Sünde bleibt der gleiche. Die bereits referierten Forderungen etwa für politische „Machtpositionen" – Quotenregelungen von 50:50 oder von 70:30 (Mulack) zugunsten der Frauen – scheinen nicht unbedingt dafür zu sprechen, daß Feministinnen weniger nach Macht streben als andere Menschen. Was Mary Daly fordert, können die meisten Kampfgenossinnen ganz gewiß leichten Herzens unterschreiben: „Der revolutionären Frauenbewegung geht es ... um *Macht* und um eine Neudefinierung der Macht"[83]. Die Bereitschaft zum Dienen, die das Neue Testament keineswegs nur von den Frauen fordert, wird hier pervertiert.

Was das angestrebte Ziel angeht, so gilt gegenüber der Feministischen Theologie das gleiche Kriterium wie gegenüber der Befreiungstheologie: „Zwischen der ‚Freiheit, zu der uns Christus befreit hat' (Galater 5,1), und der Befreiung der Frau im Sinne einer umfassenden Veränderung ihrer gesellschaftlichen Rolle ist deutlich zu unterscheiden"[84]. Wohl gibt es eine echte Beziehung zwischen Erlösung und Befreiung, insofern sich das Erlöstsein in dieser Zeit und Welt befreiend auswirkt[85]. Die „Ganzheit" des Erlöstseins in der Harmonie der Gnade ist freilich anders als die psychische Androgynie einer feministisch gedachten Zukunft. Außerchristliche Feministinnen bemerken daher gelegentlich, die Feministische Theologie habe Religion in Psychologie verkehrt[86]. Die Erlösung ist bei der Feministischen Theologie in die androgyne „Befreiung" innerweltlicher Verhältnisse verwandelt. Das „Paradies" des „Matriarchats" und die „egalitäre Jesusbewegung" in der Vergangenheit entsprechen dabei der Utopie von der Zukunft. Eine ähnliche Verfremdung

---

82 Thomas von Aquin, STh II-II q 162 a 6; vgl. HÖRMANN, Karl, Art. „Sünde": a. a. O. 1534.

83 DALY, Sprung 111 (Hervorhebung von der Autorin); vgl. MAASSEN, Monika, Art. „Macht/Bemächtigung": Wb 262–265.

84 DOKUMENTATION 104.

85 Instruktion der Kongregation für die Glaubenslehre über die christliche FREIHEIT und die Befreiung (Verlautbarungen des Apost. Stuhls 70), Bonn 1986.

86 Vgl. HALKES, Suchen 47.57.

der Heilsgeschichte finden wir bereits im Marxismus: der „herrschaftsfreie“ Zustand der Urhorde entspricht der klassenlosen Zukunftsgesellschaft des Kommunismus, in der nach Marx jede „Herrschaft des Menschen über den Menschen“ abgeschafft ist. Feminismus und Marxismus sind hier einander sehr ähnlich.

Die innerweltliche Zentrierung der Hoffnung führt dazu, eine androgyne Befreiung nicht von Gott, sondern allein von sich selbst zu erwarten. Eine Erlösung durch Gott ist ohnehin überflüssig, wenn Gott – so Moltmann-Wendel – immer schon „bedingungslos“ liebt. Bei Halkes findet sich immerhin noch eine nicht näher beschriebene göttliche Hilfe bei dem Befreiungsprozeß. Eigentliche „Erlösungsmacht“, so der Grundtenor vieler Autorinnen, haben die „weiblichen“ Kräfte, die von selbst zur „Ganzheit“ von Mensch und Welt führen, wenn man sie nur aus der Sklaverei des „Sexismus“ befreit. Jutta Burggraf kennzeichnet daher, ähnlich wie Ingeborg Hauschildt und Barbara Albrecht, die Feministische Theologie als „eine moderne Selbsterlösungslehre, die klare antichristliche Züge aufweist“[87]. Oder, dezenter formuliert: die Feministische Theologie müsse sich mit dem Vorwurf des Pelagianismus auseinandersetzen[88].

Das Memorandum der „Bekennenden Gemeinden“ sieht darüber hinaus einen „Rückfall in dämonische Bindungen“, nicht zuletzt „in der frivolen Übernahme der Hexen-Rolle“[89]. Christa Mulack verteidigt im „Wörterbuch der Feministischen Theologie“ die sog. „weiße Magie“ der Hexen-Bewegung, die der Heilung dienen soll[90]. „Praktizierende“ Hexen wie Starhawk haben an der „Liturgie“ der „Women-Church“ mitgewirkt und im katholischen Bildungsbereich der USA „Kurse“ gegeben[91]. Ein Kenner der okkulten Szene betont dagegen zurecht: „Deine Chancen stehen günstiger, eine Klapperschlange als Haustier zu halten, als dich mit okkulten Praktiken einzulassen“[92]. Abgesehen von den blasphemischen Entgleisungen

---

87 BURGGRAF (1986) 18. Vgl. HAUSCHILDT, Feministische Theologie 19; dies., Gott eine Frau 31f; BEYERHAUS, Aufstand 36; ALBRECHT (1983) 56; AXMACHER 14.

88 GERBER, Feministische Theologie: SCHÖPSDAU (1985) 130f.

89 BEYERHAUS, Aufstand 42; vgl. RUPPERT, Hexen.

90 MULACK: Wb 352f.

91 FERREIRA (1987) 10–12.

92 BÄUMER, U., Wir wollen nur deine Seele, Wuppertal ^{2}1985, 90; aus eigener bitterer Erfahrung schreibt DIEPERINK, New Age; s. a. PETERSDORFF, Egon von, Dämonologie II, Aschaffenburg ^{2}1982, 170–215.

Dalys befremdet auch bei den „gemäßigten" feministischen Theologinnen die Sympathie mit der „Schlange" im Bericht vom Sündenfall. Ist es verwunderlich, daß in den Ritualen der feministischen „Frauenkirche" statt Bekenntnissen eigener Schuld wütende Anklagen der „bösen" Mächte des „Patriarchats" in den Vordergrund treten?[93] Für Feministinnen ist das „Exorzismus". Cornelia Ferreira sieht darin genau das Gegenteil[94].

93 RUETHER, Rituale, passim.
94 FERREIRA (1987) 11.

IX. MARIA – MUTTER GOTTES ODER DOMESTIZIERTE GÖTTIN? ZUM MARIENBILD DER FEMINISTISCHEN THEOLOGIE[1]

1. Einführung

Maria, die jungfräuliche Gottesmutter, ist wie ein Brennpunkt, in dem die zentralen Linien des katholischen Glaubens zusammenlaufen[2]. Da sie aus der Heilsgeschichte nicht wegzudenken ist, verweist sie in einmaliger Weise auf das Geheimnis Christi und der Kirche. Durch diese Position wird sie zugleich zum Prüfstein, an dem sich neue theologische Entwürfe zu messen haben. Die kriteriologische Bedeutung Mariens ist von höchstem Wert für die Beurteilung der Feministischen Theologie, die mit dem Anspruch auftritt, das Glaubensleben grundlegend zu verändern[3].

---

1 Dieses Kapitel entspricht weitgehend dem ebenso betitelten Referat, das der Verf. 1992 auf dem Mariologischen Weltkongreß in Huelva gehalten hat (und das demnächst auch in den Kongreßakten publiziert wird). Einige Passagen des Referates, die dem Leser dieses Buches bereits bekannt sind, wurden ausgelassen.

2 Vgl. Lumen gentium 65 (RAHNER/VORGRIMLER 194).

3 Eine Auswahl von feministischen Stellungnahmen zur Mariologie:
ARNOLD, Joan, „Maria – Gottesmutterschaft und Frau“: Concilium 12 (1976) 24–29.- BORRESEN, K. E., „Maria in der katholischen Theologie“: MOLTMANN-WENDEL/KÜNG/MOLTMANN (s. u.)(1988) 72–87.- CARR 237–243.- DALY, Vater 100–112 u. a.; dies., Gyn/Ökologie 107f.110f.205f.; dies., Lust (vgl. Reg.).- GÖSSMANN, Schwestern 99–104.- dies., „Maria und die Frauen“: Lebendiges Zeugnis 43 (1988) 54–63; dies., Art. „Mariologie“: Wb 279–283.- GÖSSMANN, Elisabeth/BAUER, D. R. (Hg.), Maria – für alle Frauen oder über allen Frauen? Freiburg 1989.- HALKES, Catharina, „Eine ‚andere‘ Maria“: Una Sancta 32 (1977) 323–337; dies., Söhne 92–118; dies., Art. „Maria/Mariologie – B. Aus der Sicht feministischer Theologie“: Neues Handbuch Theologischer Grundbegriffe 3, hg. von Eicher, Peter, München ²1991, 315–323; dies., „Maria, die Frau. Mariologie und Feminismus“: SCHÖPSDAU (s. u.) (1985) 42–70; dies., Suchen 81–99; dies., „Maria-inspirierendes oder abschreckendes Vorbild für Frauen?“ MOLTMANN-WENDEL/KÜNG/MOLTMANN (s. u.) (1988) 113–130; dies., Art. „Maria“: Wb 268–275.- JOHNSON, E. A., „Mary and the Female Face of God“: Theological Studies 50 (1989) 500–526.- KASSEL, Maria, „Maria – Urbild des Weiblichen im Christentum?“ MOLTMANNWENDEL/KÜNG/MOLTMANN (s. u.) (1988) 142–160.- LUCCHETTI BINGEMER, Maria Clara, „Frau: Zeitlichkeit und Ewigkeit. Das ewige Weib und das weibliche Antlitz Gottes“: Concilium 27 (1991) 514–520.- MAECKELBERGHE, Els, Desperately Seeking Mary. A Feminist Appropriation of a Traditional Religious Symbol, Kampen (NL) 1991.- MOLTMANNWENDEL, Milch 198–202.- MOLTMANN-WENDEL, Elisabeth/KÜNG, Hans/MOLTMANN, Jürgen (Hg.),

Referate und Stellungnahmen zum feministischen Marienbild hat es im deutschen Sprachraum schon eine ganze Reihe gegeben[4]. In diesem Kapitel geht es darum, eine vorläufige Bilanz und Wertung

---

Was geht uns Maria an? Gütersloh 1988.- MULACK, Christa, „Maria und die Weiblichkeit Gottes – Ein Beitrag feministischer Theologie“: Beinert, Wolfgang u. a., Maria – eine ökumenische Herausforderung, Regensburg 1984, 143–170; dies., Maria – die geheime Göttin im Christentum, Stuttgart 1985.- RUETHER, Frauen 50–76; dies., Maria – Kirche in weiblicher Gestalt, München 1980; dies., Sexismus 171–192.- SCHIRMER, Eva, Eva – Maria. Rollenbilder von Männern für Frauen, Offenbach 1988.- SCHÖPSDAU.- WARNER, Marina, Maria. Geburt, Niedergang, Rückkehr eines Mythos? München 1982.

4 BEINERT, Wolfgang, Maria in der Feministischen Theologie. Wege und Abwege feministischer Theologie, Kevelaer 1988 (vgl. ders., „Maria in der Feministischen Theologie“: Catholica 42 [1988] 1–27); ders., Unsere Liebe Frau und die Frauen, Freiburg 1989, bes. 111–138.- BURGGRAF (1985; 1986).- COURTH, Franz, „Mariologie im Umfeld von Ökumene und Feminismus. Akzente neuerer mariologischer Literatur“: ThPQ 136 (1988) 140–149; ders., Art. „Feministische Theologie“: ML II (1989) 459–461; ders., „La Mère de Dieu, une déesse chrétienne? Marie dans la théologie féministe dallemande“:e langue tudes Mariales 45 (1989) 61–79; ders., Mariologie (Texte zur Theologie), Graz u. a. 1991, 252–264. DEGENHARDT 50–60.- DIRKS, Marianne, Art. „Maria“: FLex 704–710.- GERBER, Eroberung 155–157.- GÖSSMANN, Elisabeth, „Mariologische Thesen in der Feministischen Theologie. Darstellung und Kritik“: GÖSSMANN/BAUER (1989) 168–179 (vgl. auch Anm. 3).- HAUKE, Frauenpriestertum, bes. 292–321; ders., Art. „Frau“: ML II (1989) 520–524.- HEINE, Susanne, „Maria, die Mutter Jesu, in der feministischen Theologie“: Kießig, Manfred (Hg.), Maria, die Mutter unseres Herrn. Eine evangelische Handreichung, Lahr 1991, 121–135.- HERZIG, Anneliese, „Maria – hoffnungslos entferntes Ideal oder Schwester im Glauben?“ Ordenskorrespondenz 33 (1992) 65–76.- SCHLICHTING.-SCHNEIDER-BÖKLEN/VORLÄNDER 106–113.- SCHUHMACHER, Joseph, „Mariologische Verkündigung vor dem Hintergrund gegenwärtiger Zeitströmungen“: Ziegenaus, Anton (Hg.), Maria in der Evangelisierung (Mariol. Studien 9), Regensburg 1993, 20–29.- SIMONIS, A. J., „Maria und der Feminismus. Zur Wirkung der Gottesmutter in der Freiheitsgeschichte der Christenheit“: L'Osservatore Romano (dt.) 17 (1987), Nr. 27, 3. 7. 87, S. 8; vgl. ders., „Einige beschouwingen rond de feministische theologie“: Communio (flämisch) 11 (6/1986) 464–484, hier 471f.- WALTER, Meinrad, „Die andere Maria. Das Marienbild in der feministischen Theologie“: Beinert, Wolfgang/Hoeren, Jürgen (Hg.), „Dein leuchtend Angesicht, Maria ...“ Das Bild der Mutter Jesu in der Glaubensgeschichte, Freiburg 1988, 76–88.—

Aus dem außerdeutschen Sprachraum seien exemplarisch hervorgehoben:

BELLENZIER, M. T., Art. „Donna“: De Fiores, Stefano/Meo, Salvatore (Hg.), Nuovo Dizionario di Mariologia, Milano ^{2}1986, 499–510.- BUCKLEY, G. A., „Mary, the Alternative to Feminism“: HPR 91 (1991) 11–16.- FIORES, Stefano de, Maria nella teologia contemporanea (Serie pastorale di studio 6), Rom ^{2}1987, 398–435.- GALOT, Jean, „Marie, modèle de la femme dans la théologie catholique“: Studia missionalia 40 (1991) 95–114.- LAURENTIN, René, „Marie dans la perspective du féminisme américain“: Études mariales 44/45 (1989) 81–111.- LITTLE, Joyce A., „Mary and Feminist Theology“: Thought 62 (1987) 343–357.

Auf dem Mariologischen Weltkongreß in Huelva 1992 ragte heraus der amerikanische Beitrag von CARROLL, E. A., „La figura de María y los movimientos feministas“ (erscheint demnächst auf englisch in den Kongreßakten: Pontificia Academia Mariana Internationalis, Via Merulana, 124, I-00185 Roma).

der feministischen Mariologien zu erstellen. Zu beachten sind dabei die unterschiedlichen feministischen Ausgangspositionen, die sich auch im Marienbild widerspiegeln.

2. Die Mariologiekritik Mary Dalys

2. 1 Der Grundvorwurf: Maria als domestizierte Göttin

Den entscheidenden Anstoß für die Mariologiekritik des theologischen Feminismus gab 1973 die amerikanische Theologin Mary Daly mit ihrem Werk „Beyond God the Father", „Jenseits von Gott dem Vater"[5]. Daly gilt nach wie vor als die einflußreichste Einzelgestalt innerhalb der Feministischen Theologie, auch wenn andere Theologinnen manche Konsequenzen ihres Ansatzes ablehnen.

Schon 1968 hatte Daly ein Buch über die Frauenthematik veröffentlicht, dessen Titel (und im Kern auch der Inhalt) sich eng an Simone de Beauvoir anlehnt: „The Church and the Second Sex", „Die Kirche und das zweite Geschlecht"[6]. Auch nach Daly kommt man nicht als Frau zur Welt, man wird es[7]. Aufgrund der Evolutionslehre könne man nicht mehr von einem „Wesen" des Mannes oder der Frau sprechen, ebensowenig von einem unwandelbaren Gott, der unwandelbare Ordnungen begründe[8]. Für die Veränderung in Gesellschaft und Kirche gibt es darum keine schöpfungsgegebene Voraussetzung mehr, sondern allein das Ideal der „Gleichheit".

1973, in „Beyond God the Father", kommt dann der feministische Impetus vollends zum Durchbruch. Daly verkündet nun einen radikalen Abschied vom Christentum. Dessen Bildersprache sei nicht reformierbar, ebensowenig wie man ein Dreieck viereckig konstruieren könne[9]. Der unrettbare Sexismus des Christentums zeige sich vor allem in der Gestalt Christi selbst: wenn der Sohn

---

5 So auch die Wertung von GÖSSMANN, Mariologische Thesen 168; LAURENTIN 84. Vgl. o. S. 68.
6 Dt.: DALY, Mary, Kirche, Frau und Sexus, Olten 1970.
7 Ebd. 38.
8 Ebd. 137.181.235 u. a.
9 DALY, Vater 5.

Gottes sich in einem männlichen Menschen inkarniert habe, sei damit die Frau von der Inkarnation ausgeschlossen[10]. Der Glaube an eine Inkarnation als Mann übe eine viel tiefere Wirkung aus als etwa die Tatsache, daß Christus jung oder ein Semit gewesen sei[11]. Die einmalige Menschwerdung Gottes als Mann sei für das Christentum ebensowenig korrigierbar wie die Tatsache, daß ausgerechnet eine Frau, nämlich Maria, dem Mann Christus im Erlösungswerk untergeordnet sei. Diese „Christolatrie"[12] wirke für Frauen verheerend.

Inspirieren läßt sich Daly bei ihrer Kritik wiederum von Simone de Beauvoir, die schon 1949 auf den Gegensatz zwischen den antiken Göttinen und Maria gewiesen hatte: Während die Göttinnen über eigenständige Macht verfügten und sich Männer dienstbar gemacht hätten, sei Maria ganz Dienerin Gottes:

„‚Ich bin eine Magd des Herrn'. Zum ersten Male in der Geschichte der Menschheit kniet die Mutter vor dem Sohne und erkennt aus freien Stücken ihre Unterlegenheit an. Der höchste Sieg der Männlichkeit vollendet sich im Marienkult: er bedeutet die Rehabilitierung der Frau durch die Vollkommenheit ihrer Niederlage"[13].

Daly pointiert nun diese Kritik und stellt sie in einen größeren systematischen Kontext: Maria sei „ein Überbleibsel des uralten Bildes einer Muttergottheit ..., die im Christentum als ‚Mutter Gottes' in Ketten gelegt und untergeordnet wurde"[14]. Gegen diesen Versuch, die Muttergöttin zu „domestizieren", setzt Daly nun das Bemühen, das Göttliche mit dem Fraulichen zusammenzubringen[15].

In einem späteren Werk, „Gyn/Ökologie" (1978), nimmt Daly Abschied von dem zuvor noch vertretenen Ideal der „Androgynie" und wird die wichtigste Vertreterin des gynozentrischen „Göttinnenfeminismus". Maria sei „ein blasses abgeleitetes Symbol, das die besiegte Göttin verbirgt", eine „prunkvolle Zurschaustellung der

10 Ebd. 99.
11 Ebd. 98.
12 Ebd. 89f.99.
13 BEAUVOIR 182.
14 DALY, Vater 103; vgl. 111.
15 Ebd. 102f.

gezähmten Göttin"[16]. Ihre dienende Rolle bei der Menschwerdung Gottes sei nichts anderes als eine „Vergewaltigung"[17].

Das Göttliche ist für Daly schon 1973 keine transzendente Größe mehr, sondern – ähnlich wie bei Paul Tillich, von dem sie sich inspiriert weiß – die „Tiefe" des Seins, die mit dem eigenen „Selbst" gleichgesetzt wird[18]. Der Mensch ist nicht Gott untergeordnet, sondern das Göttliche wird zu einer Funktion des Menschen, zu einem „Verb", das vom Menschen als Substantiv ausgesagt wird[19]. Die Unterordnung des Menschen gegenüber Gott ist für Daly etwas Negatives, besonders dann, wenn diese Haltung mit einem weiblichen Symbol ausgesagt wird – wie bei Maria.

Daß Maria eine „domestizierte Göttin" sei – dieser Grundgedanke Dalys ist nicht originär feministisch. Der gleiche Vorwurf findet sich auf andere Weise vor allem seit dem 19. Jh. in der liberalen Polemik gegen die katholische Marienlehre. Vor allem den Titel der Gottesmutter „erklärt" man gerne aus dem Bedürfnis des Volkes, eine Göttin zu verehren. Auf diesen „Ladenhüter" der antikirchlichen Polemik näher einzugehen, scheint hier nicht notwendig[20]. Während freilich im antikatholischen Schrifttum früherer Generationen Wert darauf gelegt wurde, daß Maria keine „Göttin" sei, betonen die Feministinnen die Platzhalterfunktion Mariens: Maria offenbare die weiblichen Züge Gottes, die bislang unterdrückt worden seien. Typisch hierfür ist der Buchtitel Christa Mulacks: „Maria. Die geheime Göttin im Christentum". Maria ist in dieser Perspektive keine eigenständige Persönlichkeit, sondern eher eine Projektionswand archetypischer Bedürfnisse, die – so betont man – eigentlich auf das Gottesbild gelenkt werden müßten.

2. 2 Die Umdeutung der Mariendogmen

Mary Daly hat nicht nur der These von Maria als der „domestizierten Göttin" Auftrieb verschafft, sondern auch den Mariendogmen eine feministische Deutung gegeben:

16 DALY, Gyn/Ökologie 107.111.
17 Ebd. 107.
18 DALY, Vater 19.35.41.52.123.202.210f; Gyn/Ökologie 406; Lust 11.16f.21.224f u. a.
19 DALY, Vater 49.
20 Vgl. dazu: MÜLLER, G. L., Art. „Gottesmutter": ML II (1989) 690–692.

Das Grundprinzip für Dalys Interpretation ist die Verselbständigung der Mariengestalt, die aus ihrem Bezug auf Christus zu lösen sei. Die *Jungfräulichkeit* Mariens wird zu einer Umschreibung der weiblichen Autonomie: die Frau sei unabhängig und nicht allein durch ihre Beziehung zum Mann bestimmt[21]. Diese Deutung der Jungfräulichkeit hat sich in feministischen Kreisen fast allgemein durchgesetzt. Eine wörtliche Auffassung der Jungfrauengeburt ist damit freilich nicht verbunden. Christa Mulack nennt die Annahme einer biologischen Jungfräulichkeit „materialistisch"[22], und Catharina Halkes, die wohl bekannteste katholische Feministin in Europa, meint: Jungfräulichkeit sei eine Haltung, keine Enthaltung[23].

Die *Gottesmutterschaft* – immerhin das Zentrum der gesamten Mariologie – wird von Daly überhaupt nicht positiv kommentiert, auch nicht als isoliertes Symbol. Der Grund ist einsichtig: das „Muttersein" beinhaltet immer den Bezug zum Kind. Das aber ist mit dem feministischen Autonomieideal Dalys offenbar nicht vereinbar.

Auch von den Feministinnen nach Daly wird der Titel „Gottesmutter" weithin ausgeblendet, zumindest aber nicht aufgenommen[24]. Eine Ausnahme bildet Mulack, die den Gottesmutter-Titel umdeutet auf die Inkarnation des Göttlichen im Leib einer jeden Frau. Wie das Matriarchat dem Patriarchat vorausgehe und das kollektive Unbewußte dem individuellen Bewußtsein, so entspringe aus der Frau das neue Männliche[25]. An den Darstellungen Mariens mit dem Jesuskind lobt Mulack, „daß das Männliche hier immer kleiner dargestellt wird als das Weibliche", denn die Liebe könne nur da zum Ausdruck kommen, „wo die weiblichen Kräfte stärker vertreten sind". Nicht der Erzeuger sei wesentlich, sondern die Gebärerin[26].

Im Unterschied zur Gottesmutterschaft ist für Mary Daly die *Un-*

---

21 DALY, Vater 103–105.
22 MULACK, Göttin 36.
23 HALKES: Wb 274 u. a.
24 Vgl. BURGGRAF (1986) 19; BEINERT (1989) 129.
25 MULACK, Göttin 92–160, bes. 122.159; vgl. o. S. 58.
26 MULACK (1984) 162.

befleckte Empfängnis Mariens wiederum einer Umdeutung wert: abgelöst vom Dogma, gehe es um eine Negation des weiblichen Bösen und eine Ablehnung des Patriarchats. Die Frau bedürfe nicht der Erlösung durch einen Mann[27]. „Unbefleckte Empfängnis" sei eine „Metapher", die parthenogenetische Kräfte wecke und den „Prozeß einer Frau" beschreibe, „die ihre Selbst schafft", „von Vätern und Fesseln befreit"[28].

Ansonsten ist das Immaculata-Dogma für Feministinnen ein Ärgernis, auch für Daly: Maria werde unerreichbar hoch auf einen Sockel gestellt und sei für alle wirklichen Frauen kein echtes Vorbild. Das Frauenbild werde aufgespalten in die böse Eva, womit alle wirklichen Frauen gleichgesetzt würden, und in das unmögliche Ideal einer jungfräulichen Gottesmutter, die von allen Sünden frei sei[29].

Gegen Maria, die Schlangenzertreterin, setzt Daly das Ideal der Schlangengöttin[30]. Im Anschluß an C. G. Jung, nach dem auch das Böse positiv zu integrieren ist und der Teufel ins Gottesbild gehört[31], fordern manche Theologinnen, angefangen mit Daly[32], einen Abbau des bloß Guten und Heiligen in Maria. Christa Mulack betrachtet die archetypische Maria als Reinkarnation der Schlange, in der alle Gegensätze aufgehoben sind, auch der von Gut und Böse. Darum sei auch das Verhalten Evas positiv zu sehen, die sich selbst, d. h. der Schlange, gehorcht und dem eifersüchtigen Jahwe widerstanden habe[33]. Daß sie hiermit gnostische Positionen aufnimmt, ist Mulack durchaus bewußt[34].

Eine Uminterpretation erfährt bei Daly neben dem Immaculata auch das *Assumpta-Dogma*. Daß Christus aktiv in den Himmel „aufgefahren" sei (ascendit), Maria aber aufgenommen „wurde" (assumpta est), hält sie für eine patriarchalische Deutung. Als freies Symbol aber bedeute die Assumptio den Aufstieg der Frau in die

---

27 DALY, Vater 105f.
28 DALY, Lust 131–148.
29 DALY, Vater 101.
30 DALY, Lust 490.
31 KEINTZEL 80f.102–104.
32 DALY, Vater 107.
33 MULACK, Göttin 171.179f.192.
34 Ebd., 172f u. v. a.; Gnosis.

Sphäre der Göttlichkeit, was C. G. Jung mit seiner Rede von der Quaternität zum Ausdruck gebracht habe[35].

3. Grundströmungen der feministischen Mariologie nach Daly

3. 1 Ablehnung der Mariengestalt

Die Position Mary Dalys hat auf die Mariologie der Feministischen Theologie maßgeblichen Einfluß ausgeübt. Manche Theologinnen haben daraus die Konsequenz gezogen, die Gestalt Mariens überhaupt zu verabschieden. Nach Kari Brresen, einer katholischen Theologin aus Norwegen, ist Marienverehrung eine Reaktion auf das männliche Gottesbild und darum überflüssig[36]. Die Rolle Mariens in der Feministischen Theologie erscheint ihr „völlig widersprüchlich, weil diese Gestalt in einer androzentrischen Typologie verankert ist". Die „Verbindung von Weiblichkeit und Unterordnung" bleibe „sowohl in der Ekklesiologie als auch in der Mariologie fundamental"[37].

Ähnlich skeptisch urteilt Elisabeth Moltmann-Wendel, die wohl einflußreichste Feministin im deutschen Protestantismus: die drei Zeuginnen der Auferstehung Jesu, vor allem Maria Magdalena, seien viel „lebensnaher" für die moderne Frau als Maria von Nazareth, auch wenn sie als unsere „Schwester" nicht völlig zu verwerfen sei[38]. Als Freundin Jesu sei Maria Magdalena im Gegensatz zur Mutter Jesu auf keine Ordnungsvorstellungen festgelegt. Für unabhängiger werdende Frauen sei darum nicht Maria, sondern Maria Magdalena das Leitbild[39].

---

35 DALY, Vater 107f; zu Jung vgl. UNTERSTE 139ff.

36 BORRESEN, K. E., „Männlich-Weiblich: eine Theologiekritik": Una Sancta 35 (1980) 333.

37 BORRESEN, Maria 83f.

38 MOLTMANN-WENDEL, Milch 202.

39 MOLTMANN-WENDEL, Elisabeth, „Maria oder Magdalena – Mutterschaft oder Freundschaft?" MOLTMANN-WENDEL/KÜNG/MOLTMANN 55f.

3. 2 Die tiefenpsychologisch orientierte Richtung

Die Ablehnung Mariens oder die zurückhaltende Skepsis ihr gegenüber dominiert wohl in der Einstellung der Feministinnen insgesamt. Daneben finden sich aber Versuche, die Mariologie umzudeuten und damit das traditionelle Marienbild aus den Angeln zu heben. Vor allem zwei Richtungen sind es, in denen sich feministisches Reden von Maria darstellt: eine mehr tiefenpsychologisch und eine eher soziologisch-befreiungstheologisch gefärbte Strömung. Zur tiefenpsychologischen Richtung gehört im deutschen Sprachraum vor allem die evangelische Theologin Christa Mulack und auf katholischer Seite Maria Kassel, die mehrere Jahre die Forschungsstelle „Feministische Theologie" an der Katholisch-Theologischen Fakultät der Universität Münster geleitet hat. Bestimmend geworden sind hier die Thesen von C. G. Jung und dessen Schüler Erich Neumann, der für die Menschheitsgeschichte ein ursprüngliches Matriarchat annimmt. Die Entwicklung vom Matriarchat zum Patriarchat, die Phylogenese, spiegele sich wieder in der Ontogenese des Einzelmenschen: aus dem mütterlichen, transpersonalen Unbewußten entspringe das Bewußtsein[40]. Wegen der Höherwertigkeit des Weiblichen in dieser Konzeption tendieren die Jungianerinnen zum gynozentrischen Feminismus und zur Verehrung einer Göttin[41].

Auf C. G. Jung geht auch die Rede von den angeblich zeitlosen Archetypen zurück[42], die im katholischen Raum anklingt bei Andrew Greeley[43] und besonders konsequent aufgenommen worden ist von Eugen Drewermann[44]. Greeley und Drewermann werden von Feministinnen gerne zitiert[45].

---

40 Vgl. o. S. 57.

41 Vgl. BROCKMANN.

42 KEINTZEL 89–97.

43 GREELEY, Andrew, The Mary Myth ‚sic' – On the Femininity of God, New York 1977; dt.: Maria – Über die weibliche Dimension Gottes, Graz u. a. 1979; dazu HAUKE, Frauenpriestertum 304–307.

44 DREWERMANN, Eugen, „Die Frage nach Maria im religionswissenschaftlichen Horizont": Zeitschrift für Religions- und Missionswissenschaft 66 (1982) 96–117; ders., Tiefenpsychologie und Exegese I, Olten 1984, 194.309.503f.

45 Greeley: HALKES, Söhne 117; dies., Maria, die Frau 67; Drewermann: MULACK, Göttin 23f.48; HALKES, Suchen 95f u. a.

Sehr oft genannt wird besonders von den „tiefenpsychologisch" orientierten Feministinnen das umfangreiche Werk der Engländerin Marina Warner, die das christliche Marienbild ebenfalls als Mythos betrachtet, der allerdings wegen seiner negativen Folgen wie die antiken Göttinnen in den Bereich der Legende verschwinden werde. Im Gegensatz zu Jung betont Warner die geschichtliche Verankerung der Mariengestalt, weshalb sie die archetypische Deutung ablehnt. Maria sei kein natürlich entstandener Archetypus, sondern ein Instrument kirchlicher Unterdrückung[46]. Nichtsdestoweniger wird Warner auch von der in „zeitlosen Archetypen" denkenden Christa Mulack eifrig benutzt[47].

3. 3 Die befreiungstheologisch orientierte Strömung

Der Göttinnenfeminismus hat auch innerhalb der Feministischen Theologie harte Kritik erfahren[48]. Ein höheres Ansehen in der akademischen Theologie genießen die stärker befreiungstheologisch orientierten Konzeptionen. Hauptvertreterinnen dieser Richtung sind (bezüglich der Mariologie) Rosemary Radford Ruether und Catharina Halkes. Das biblische Kennwort entstammt dem Magnifikat: „Gott stürzt die Mächtigen vom Thron und erhöht die Niedrigen" (Lk 1,52). Rosemary Ruether deutet diese Schriftstelle – ähnlich wie lateinamerikanische Befreiungstheologen – als Aufruf zum revolutionären Umsturz[49]. Alles, was mit „Hierarchie", mit Über- und Unterordnung zusammenhängt, muß verschwinden. Maria, so Ruether, „wird erst dann zu einem Symbol der Befreiung für die Frauen, wenn sie als radikales Symbol einer neuen, von hierarchischen Machtverhältnissen, auch von denen zwischen Gott und den Menschen, befreiten Menschlichkeit begriffen wird"[50].

Ruether erkennt sehr deutlich, daß in der katholischen Symbolwelt Maria, die Kirche und die Seele des Menschen vor Gott gleich-

---

46 WARNER 18f.388f.

47 MULACK, Göttin, passim.

48 Vgl. HEINE, Göttinnen; WACKER; MAECKELBERGHE 31f.

49 RUETHER, Sexismus 186; zur befreiungstheologischen Deutung Mariens vgl. PIEPKE, J. G., Art. „Befreiungstheologie": ML I (1988) 400f; GOLDSTEIN, Horst, Kleines Lexikon zur Theologie der Befreiung, Düsseldorf 1991, 143–146.

50 RUETHER, Frauen 75.

sam in einer Perspektive gesehen werden. Das gemeinsame Analogon sei die Rezeptivität, die Empfängnisbereitschaft[51]. Doch Ruether lehnt diese Symbolisierung leidenschaftlich ab: wenn der Epheserbrief Christus als „Bräutigam" und die Kirche als „Braut" bezeichne, so sei das ein Resultat „geistige,r' Verwirrung"[52], ja ein sadomasochistisches Modell[53], das die gesellschaftliche Unterordnung der Frau verstärke. Dem demokratistischen Weltbild gemäß wird dabei nicht nur eine zwischenmenschliche Unterordnung abgelehnt, sondern – ähnlich wie bei Daly – auch die Unterordnung des Menschen gegenüber Gott[54].

Etwas behutsamer ist Catharina Halkes. Ähnlich wie Ruether betrachtet zwar auch sie das Magnifikat als „Dynamit", das die traditionelle Mariologie zerstören solle[55]. Typisch für Halkes ist jedoch, daß sie zwischen „Magnificat" und „Fiat" „pendeln" will, d. h. zwischen dem Aufstand gegen Unrecht und der Zustimmung zum Göttlichen. Dem Jawort Mariens räumt sie eine positive Qualität ein als Ausdruck der kreatürlichen Empfänglichkeit[56]. Aber auch Halkes weist energisch jeden Versuch zurück, den Vorzug Mariens, zur Inkarnation das freie, aktive Jawort sprechen zu dürfen, mit dem Frausein in Verbindung zu bringen. Das Mannsein Jesu und das Frausein Mariens zu betonen, sei für Frauen gefährlich[57]. Rezeptivität sei keine Eigenschaft, für die Frauen begabter seien als Männer[58].

3. 4 Die emanzipatorische Auslegung der Mariologie

Daß dem Frausein Mariens keine vorbildliche Funktion speziell für Frauen zukommt, betont auch Elisabeth Gössmann, die wohl gemäßigste unter den Feministinnen, die in deutscher Sprache mariologische Themen behandelt haben. Eine Remythologisierung der Mariengestalt (wie bei Mulack) und die pauschale Verdächtigung

51 RUETHER, Sexismus 171.177.183f.
52 Ebd. 173.
53 RUETHER, Frauen 74.
54 Vgl. o. S. 123–131; zur Mariologie Ruethers vgl. MAECKELBERGHE 14–18.
55 HALKES, Mariologie und Feminismus 64; Maria/Mariologie 318 u. a.
56 HALKES, Mariologie und Feminismus 65; Wb 273.
57 HALKES, Mariologie und Feminismus 59f.
58 HALKES: Wb 273.

der kirchlichen Tradition lehnt Gössmann ab[59]. Aber ein zentrales Moment des Feminismus findet sich auch bei ihr: das Überspielen der Geschlechterkomplementarität[60].

Elisabeth Gössmann ist die Hauptvertreterin einer feministischen Mariologie, die man als „emanzipatorisch" bezeichnen könnte[61]: Maria als Urbild menschlicher Aktivität aufgrund ihrer Mitwirkung bei der Erlösung:

Maria ist „keine ‚Göttin', sondern ... ein starker Mensch, der Glauben und Entschlußkraft hat und Autorität besitzt, um die ganze Menschheit zu vertreten und das Heilsangebot Gottes wirksam anzunehmen. Denn das ist die Erklärung der Tradition für das ‚Fiat', nicht ein unterwürfiges Magdtum"[62].

Franz Courth sieht in der Gössmann'schen Position die „Gefahr einer aktivistischen Engführung", die „bei einem pelagianisch konzipierten Menschenbild landen" könnte[63]. Die nicht einfach allgemein-menschlich, sondern auch typisch fraulich gefärbte Rezeptivität Mariens wird von Gössmann ausgeblendet. Befremden muß auch die Tatsache, daß die Jungfräulichkeit in ihrer leiblichen Verankerung nicht gewertet, sondern auf den geschlechtsneutralen „Transzendenzbezug" reduziert wird[64]. Dies verwundert umso mehr, als Gössmann die leibliche Aufnahme Mariens in den Himmel positiv betrachtet: der Glaube an die Bewahrung des Frauseins in der ewigen Herrlichkeit entlaste die Kirche vom Vorwurf der Leibfeindlichkeit[65].

Der Skeptizismus gegenüber einem vorgegebenen Wesen von Mann und Frau führt in der Mariologie auch bei Gössmann dazu,

---

59 GÖSSMANN, Schwestern 99–104; Maria und die Frauen; GÖSSMANN/BAUER 63–85.168–179; Wb 279–283.

60 Vgl. o. S. 82.

61 COURTH (1991) 252.262 spricht von einem „historisch-kritischen" Ansatz feministischer Mariologie.

62 GÖSSMANN, Schwestern 104.

63 COURTH (1991) 262.

64 GÖSSMANN/BAUER 81: „... Mariologie ist keine Gynäkologie. Die Jungfräulichkeit Marias wird in der neueren Theologie aufgefaßt als eine Rede vom Transzendenzbezug des Menschen. Die Messias-Mutterschaft Marias hat mit diesem Transzendenzbezug aller zu tun, ist ein Theologoumenon, eine theologische Aussage, in diesem Sinne, was immer sich dahinter verbergen mag"; vgl. Wb 279f.282.

65 GÖSSMANN: Wb 441; vgl. GÖSSMANN/BAUER 84; LUCCHETTI BINGEMER 516f.

die spezielle Vorbildbedeutung Mariens für die Frau zu leugnen. Die gegenläufigen Aussagen des Papstes im Apostolischen Schreiben „Mulieris dignitatem“[66] lehnt sie ab. Nicht nachvollziehen kann sie, daß Johannes Paul II. „eine Empfänglichkeit“ der Frau hervorhebt, „die einem Wesensmerkmal ihrer Fraulichkeit entspricht“[67]. Keineswegs, so Gössmann, habe etwa die Frau eine größere Fähigkeit, auf den konkreten Menschen zu achten als der Mann. Die komplementäre Sicht der Geschlechter, die der Papst voraussetzt, beurteilt sie kritisch[68].

3. 5 Die Ablehnung der Geschlechterkomplementarität als gemeinsames Band feministischer Mariologien

Um eine Zwischenbilanz zu ziehen: die Leugnung der Geschlechterkomplementarität durch den Feminismus zieht sich durch bis zu den Gestalten Jesu und Mariens. Die symbolhafte Bedeutung des Mann- oder Frauseins für die Heilsordnung kommt bei den Feministinnen, die im Rahmen des Christentums bleiben wollen, nicht zum Zuge, so bei Halkes und Gössmann; wo sie in ihrer prägenden Struktur erkannt wird, wirft man das Christentum als Ganzes über Bord – so bei Daly – oder deutet es in einem hominististischen Sinne um – besonders kraß bei Ruether.

4. Die Verbindung der feministischen Aussagen zur Christologie[69]

Für Daly ist die Inkarnation Gottes in einem männlichen Menschen der entscheidende Grund, das Christentum abzulehnen. „Christusanbetung“, so Daly, „ist Götzenanbetung“[70]. Es wurde bereits gezeigt, daß auch die Mehrzahl der „gemäßigten“ Vertreterinnen der

---

66 MULIERIS DIGNITATEM, Nr. 16–19.25f.30f.

67 Ebd. Nr. 16.

68 Die Zeit der Frau. Apostolisches Schreiben „Mulieris dignitatem“. Hinführung von Joseph Kardinal Ratzinger. Kommentar von Elisabeth GÖSSMANN, Freiburg 1988, 142.149. Ganz ähnlich gefärbt sind die Bemerkungen von BEINERT (1989), der die Komplementarität der Geschlechter als überholte These der Romantik wertet (117.150.162.171).

69 Vgl. o. S. 138ff.

70 DALY, Sprung 110.

Feministischen Theologie die ewige Gottessohnschaft Jesu ablehnt. Mit der Leugnung der Gottheit Jesu fällt ganz automatisch die einmalige Bedeutung Mariens. Wo der „neue Adam“ in die Menschheitsgeschichte eingeebnet wird, verliert auch die „neue Eva“ ihr Profil. Wo man die menschliche Bedeutung der Gottesmutter nicht mehr werten kann, die in ihrer Würde jedes andere Geschöpf übertrifft, dann muß man aus Maria eine „geheime Göttin“ machen oder ihr Spezifikum darin sehen, die weiblichen Züge Gottes zu offenbaren.

Zum Abschluß des Kapitels sei nun, gewissermaßen im Telegrammstil, eine dreifache Bilanz gezogen:

1) Positive Wahrheitsmomente in der feministischen Mariologie;

2) Gründe für die Ablehnung des Feminismus als Gesamtkonzeption;

3) Aufgaben für die zukünftige Mariologie.

5. Positive Wahrheitsmomente in der feministischen Mariologie

1) Die prägende Bedeutung der Geschlechtersymbolik.

Die geschlechtlich geprägte religiöse Symbolik ist kein nebensächlicher Faktor, sondern eine Wirklichkeit, die unser Leben und Handeln als Christen zuinnerst mitformt. Daß Gott in Schrift und Tradition stärker mit männlichen Bildern und die Haltung des Menschen vor Gott stärker mit weiblichen Symbolen umschrieben wird, ist ernstzunehmen und theologisch zu reflektieren[71]. In dem Hinweis auf die Bedeutung der männlich oder weiblich geformten Symbolik ist der Feministischen Theologie grundsätzlich recht zu geben, auch wenn die Wertung dieses Faktors anders ausfallen muß.

2) Das Gewicht des Mannseins Jesu und des Frauseins Mariens.

Wenn die „geschlechtliche“ Färbung der religiösen Symbolik bedeutsam ist, dann gilt das besonders für die beiden Menschen, die im Christentum die größte Bedeutung einnehmen: Jesus Christus, den menschgewordenen Sohn Gottes, und Maria, das Urbild der

---

71 Vgl. HAUKE, Frauenpriestertum 117–192.209–321.500–503 (Lit.); o. S. 101–108.

Kirche und des erlösten Menschen. Gerade die Ablehnung dieser Differenzierung macht für deren positive Bedeutung hellhörig.

3) Maria als Offenbarung der „weiblichen" Züge Gottes.
Maria ist nicht nur Zeichen des Menschen, der sich Gott gegenüber öffnet und im Heilsgeschehen mitwirkt, sondern auch Offenbarung der „weiblichen" bzw. „mütterlichen" Züge Gottes. Diese Beobachtung ist nicht neu[72], wird aber von den Feministinnen massiv betont. Dabei ist jedoch zu beachten, daß Maria nicht zunächst die „Mütterlichkeit" *Gottes* darstellt, sondern die Gottesmutter ist, also die *geschöpfliche* Würde in ihrem Höchstfall verkörpert.

4) Maria als Aufnahme menschlicher Sehnsüchte.
Ist Maria auch keine „geheime Göttin", so bindet sie doch die positiven psychischen Kräfte des Menschen an sich, die im Heidentum den Göttinnen gegolten haben. Von da aus besitzt die religionsvergleichende Betrachtung der Mariengestalt eine gewisse Berechtigung. Zugleich aber führt Maria hier zu einer Reinigung und einer grundlegenden Korrektur: Maria ist nicht sündig und heilig zugleich, nicht gleichzeitig Hure und Jungfrau, sondern die ganz Heilige, die dem Menschen keine Selbstbestätigung liefert, sondern ihn „nach oben" zieht. Maria ist dabei keine auswechselbare Projektionswand menschlicher Bedürfnisse[73], sondern die historische Jungfrau und Gottesmutter, die dem Streben des Menschen eine feste geschichtliche Verankerung bietet. Daß die weibliche religiöse Symbolik aus dem göttlichen Bereich abgezogen und auf die menschliche Mitwirkung übertragen wird, sollte man nicht negativ deuten: die Würde des Geschöpfes, speziell auch die Würde der Frau, wird hier aufgewertet.

5) Die menschliche Nähe Mariens, der „Schwester" im Glauben.
Zur Betrachtung der Vorbildlichkeit Mariens gehört nicht nur ihr Gnadenreichtum, sondern auch ihre menschliche Nähe. Um dieses Anliegen zur Geltung zu bringen, empfehlen christliche Feministin-

72 Vgl. die Hinweise bei HAUKE, Frauenpriestertum 304.
73 So v. a. MULACK, Göttin 23f.122.

nen gerne die Bezeichnung Mariens als „Schwester“[74], ein Titel, der durchaus traditionell ist[75]. Aber auch hier gilt es, den richtigen Rahmen zu beachten. Das Spezifische der Stellung Mariens erreicht die „Schwester“-Anrufung nicht.

6) Die „emanzipatorische“ Bedeutung Mariens.
Jungfräulichkeit mit „Autonomie“ gleichzusetzen, übersieht den Verweischarakter des jungfräulichen Lebens, das sich nicht selbst genügt, sondern in je eigener Weise auf Christus und die Kirche hingeordnet ist[76]. Nichtsdestoweniger hat die aktive Mitwirkung Mariens auch eine, wenn man so will, „emanzipative“ Bedeutung[77], die Papst Paul VI. in „Marialis cultus“ herausgestellt hat:

„... die heutige Frau, die danach strebt, mit Entscheidungen an den zu treffenden Wahlen der Gemeinschaft teilzunehmen, ‚wird‘ mit inniger Freude Maria betrachten, die, da sie in den Dialog mit Gott aufgenommen wird, ihre aktive und verantwortungsbewußte Zustimmung gibt ...“[78].

Erinnert sei auch an einen wichtigen Gedanken Gertrud von le Forts: die gottgeweihte Jungfrau „hat ihren Platz nicht innerhalb der Generation, sondern sie schließt die Generation ... Von hier aus fordert sie den Glauben an einen letzten Wert der Person in sich selber ...: die Jungfrau bedeutet gestalthaft die religiöse Heraushebung und Bejahung des Personwertes in seiner letzten Unmittelbarkeit zu Gott allein“[79].

---

74 Vgl. HALKES: Wb 274; MOLTMANN-WENDEL, Milch 202; PISSAREK-HUDELIST, Herlinde, „Maria – Schwester oder Mutter im Glauben?“ GÖSSMANN/BAUER 146–167, bes. 157.167; SCHNEIDER-BÖKLEN/VORLÄNDER 107f; vgl. BEINERT (1989) 167f, der behauptet: „Nicht hierarchische, sondern familiale Relationen geben das Muster gegenseitigen Verhaltens und Agierens ab“ (168). Versteht Beinert „Familie“ „anarchisch“?

75 MACCA, Valentino, Art. „Sorella“: Fiores, Stefano de/Meo, Salvatore (Hg.), Nuovo dizionario di Mariologia, Milano ^{2}1986, 1323–27.

76 Vgl. HAUKE, Manfred, Art. „Maria als Vorbild der Jungfrauen“: ML III (1991) 484–487.

77 So GÖSSMANN (1988) 56; COURTH, Feministische Theologie 461.

78 MCu 37. Textausgabe und Kommentar bei: SCHEFFCZYK, Leo, Neue Impulse zur Marienverehrung, St. Ottilien 1974.

79 LE FORT 38.

6. Negative Abgrenzung

1) Die Unbrauchbarkeit des Feminismus als Gesamtkonzeption.

Die Betrachtung der Wahrheitsmomente im Feminismus kann ein Gespür vermitteln für wichtige frauliche Anliegen von heute. Die feministische Mariologie bietet aber nichts Neues, was der katholischen Lehre nicht auch schon von eigenen Quellen her zugänglich wäre. Vor allem darf eine Wertung der Feministischen Theologie nicht vergessen, daß schon deren anthropologischer Ausgangspunkt, der sich in allen Einzelfragen durchhält, mit dem christlichen Glauben unvereinbar ist. Gott hat den Menschen nicht androgyn geschaffen oder den Mann als krüppelhaften Satelliten der Frau, sondern als Mann und Frau, gleichwertig, aber nicht gleichartig. Zustimmung verdient hier Barbara Albrecht, die klar hervorhebt: „feministische Theologie als ganze ist ... abzulehnen“[80]. Aufgabe der katholischen Mariologie ist es nicht, die Feministische Theologie zu „befruchten“[81], sondern sie überflüssig zu machen.

2) Die ekklesiologische Grundbedeutung der weiblichen Symbolik.

Die sich in allen Kulturen durchhaltende und tiefreichend prägende Geschlechterdifferenz wird von den gynozentrischen Feministinnen betont, aber von den Gleichheitsbewegten ausgeblendet. Die androgyne Richtung hat hier wohl, langfristig gesehen, die schwächere Position. Paradox scheint, daß gerade die gynozentrischen Feministinnen, die einen vorgegebenen Wesensbestand des Frauseins anerkennen, als Verehrerinnen der „Göttin“ vom Christentum am weitesten entfernt sind. Wer den Menschen als Mann und Frau ernstnimmt, bejaht entweder die biblische Geschlechtersymbolik und verneint damit den Feminismus[82] oder er verabschiedet sich vom Christentum.

---

80 ALBRECHT (1983) 56; BURGGRAF (1986) 13: Der Feminismus ist „ein Höhepunkt der neuzeitlichen antichristlichen Revolutionen“; SCHLICHTING 12; vgl. SIMONIS (1986) 483: Der Feminismus ist für eine sehr notwendige Theologie des Frauseins absolut unbrauchbar. Noch zahlreiche andere Stimmen könnten hier angeführt werden.

Gegen BEINERT (1989), für den der Feminismus eine „irreversible Erscheinung“ ist (das haben andere Theologen schon von dem Nationalsozialismus und dem Marxismus behauptet), die „ihre letzten Wurzeln“ im Evangelium habe; die feministische Mariologie stelle „keinen echten Bruch mit der Marienlehre der Tradition“ dar (1988, 9; 1989, 124).

81 COURTH, Feministische Theologie 461.

82 Vgl. etwa die Arbeiten von BURGGRAF und SCHLICHTING.

Alle Feministinnen nehmen besonders daran Anstoß, daß in der biblischen Geschlechtersymbolik der weibliche Part dem männlichen untergeordnet ist, vor allem in der Parallelisierung Christus-Kirche/Bräutigam-Braut. Die Rede von Maria als der „demütigen Magd" treibt sie zur Weißglut[83]. Zurückgedrängt wird dabei, daß die frauliche Symbolik hier auch für die Männer maßgeblich ist. Für die Haltung des Menschen vor Gott sind Haltungen erforderlich, die symbolhaft stärker „weiblich" als „männlich" geformt sind: die Empfänglichkeit, aber auch die aktive Mitwirkung. Die Frau symbolisiert hier eine Wirklichkeit, mit der sie selbst identisch ist. Ganz anders stellt sich die Situation bei der männlichen Symbolik dar: wenn etwa der Mann in der Ehe mit dem Bräutigam Christus verglichen wird, dann ist vollkommen klar, daß der Mann nicht Christus ist, sondern dessen liebende Hinwendung nur vertritt. Auch der Mann hat in seiner Gottesbeziehung an der fraulichen, „marianischen" Haltung maßzunehmen. Die Kirche als Kirche, als von Christus Empfangende und mit ihm Mitwirkende ist, wie Hans Urs von Balthasar zu Recht hervorhebt, primär „weiblich" und nicht „männlich"[84].

3) Das Mannsein Jesu als Brücke zum emanzipatorischen Anliegen.

Daß Jesus Christus keine Frau war, sondern ein Mann, läßt sich im übrigen gerade einer „feministischen" bzw. emanzipatorischen Perspektive durchaus plausibel machen. Susanne Heine betont: Der Mann stehe viel stärker in der Versuchung, seine Macht zu mißbrauchen. In Jesus Christus habe aber ein Mann die Haltung des Dienens vorgelebt[85].

4) Maria als Urbild der Kirche und des erlösten Menschen.

Die maßgebliche Bedeutung Mariens ist es nicht, die „weib-

---

83 MULACK (1984) 152: „Am häufigsten finden wir den Anstoß, der an der ‚gehorsamen Magd des Herrn' genommen wird ..."

84 BALTHASAR, H. U. von, „Epilog: Die marianische Prägung der Kirche": Beinert, Wolfgang (Hg.), Maria heute ehren, Freiburg u. a. ^{2}1977, 276; ders./RATZINGER, Joseph, Maria – Kirche im Ursprung, Freiburg 1980.

Erinnert sei daran, daß MULIERIS DIGNITATEM als einzigen neuzeitlichen Theologen ausführlich BALTHASAR zitiert (Nr. 27, Anm. 55): „Frauenpriestertum": ders., Neue Klarstellungen, Einsiedeln 1977, 114.

85 Vgl. o. S. 151.

lichen" Züge Gottes zu offenbaren, sondern die Mitwirkung des Menschen im Heilsprozeß zu verkörpern. Daß die religiöse Symbolik von den Feministinnen exklusiv dem Gottesbild zugeeignet wird, nicht aber der Mitwirkung des Menschen und der Kirche, scheint mit protestantischen Voraussetzungen zusammenzuhängen, wonach im Heilsprozeß das „solus Deus" betont wird[86]. Von daher ist es wohl auch zu erklären, daß die Feministische Theologie im protestantischen Raum einen viel stärkeren Erfolg hat als im katholischen Bereich: die weibliche religiöse Symbolik, vor allem in Gestalt der Mariologie, ist hier jahrhundertelang weitgehend reduziert worden. Der Protestantismus erfährt aus feministischer Sicht darum heftige Kritik[87]. Aber auch das Manifest der konservativen „Bekennenden Gemeinschaften" betont: „Es wartet ... die unerledigte Aufgabe auf die evangelische Theologie, nach dem Sinn des Zeugnisses der Heiligen Schrift über Maria als Vorbild der gläubigen Frau und der gläubigen Gemeinde zu fragen"[88].

5) Der Vorbildcharakter Mariens.

Maria ist kein „unmögliches Vorbild". Jungfräulichkeit und Mutterschaft sind gewiß bei ihr in einmaliger, unnachahmlicher Weise verbunden. Hierin zeigt sich gerade die unvertauschbare Eigenständigkeit Mariens, die sich weder in Christologie noch in Ekklesiologie auflösen läßt. Gerade dieser Aspekt der relativen „Eigenständigkeit" wird von den Feministinnen übersehen, die ansonsten gerne kritisieren, Maria werde nur als ein Wesen „in Beziehung" betrachtet[89].

Doch die Privilegien Mariens sind in analoger Weise auf jeden Christen übertragbar, wobei sich die Urbildlichkeit der Gottesmutter für die Frau in besonderer Weise ausprägt. Hier sei verwiesen auf die Ausführungen von „Mulieris dignitatem" über den Vor-

---

86 Dazu HAUKE, Frauenpriestertum 306f.

87 Zum Beispiel DALY, Vater 104f; RUETHER, Maria 73–78; HALKES, Söhne 106; KRATTIGER 48.56f; WB 239; MULACK, Göttin 9: „Nach knapp 500 Jahren ... leidet die Seele an religiöser und emotionaler Auszehrung. Die Bilderstürmer hatten ganze Arbeit geleistet und nichts übriggelassen von der emotionalen Wärme, die Maria in Wort und Bild für den katholischen Raum auch weiterhin ausstrahlte".

88 BEYERHAUS, Aufstand 56f.

89 Zum Beispiel HALKES, Söhne 105; Maria/Mariologie 316.

bildcharakter von Jungfräulichkeit und Mutterschaft. Der Papst spricht dabei von den „zwei besonderen Dimensionen bei der Verwirklichung der Persönlichkeit einer Frau“[90]. In der Jungfräulichkeit um des Himmelreiches willen bestätigt sich die Frau in ihrem Personsein, das um ihrer selbst willen geschaffen ist, und verwirklicht ihre Berufung zur Liebe in der Hingabe an Christus. Diese „bräutliche“ Grundhaltung der christlichen Liebe spiegelt sich auch wider in der Ehe und erweitert sich durch die geistige Mutterschaft auf alle Menschen, die von der Liebe Christi umfangen sind[91].

Die Eva-Maria-Parallele[92] beinhaltet keine vollkommene Abqualifizierung Evas. Immerhin setzt die kirchliche Tradition gegen Tatian voraus, daß die Stammeltern ihre Sünde bereut haben und durch Christus gerettet worden sind[93]. Die paradiesische Eva ist in der Vätertheologie durchaus ein gewisser Vorentwurf Mariens, und Dantes „Divina Commedia“ zeigt Eva zu Füßen Mariens sitzen[94]. Eva und die „konkrete Frau“ werden ebensowenig verworfen wie Adam und der „konkrete Mann“, sondern als der Bekehrung und Heiligung fähig dargestellt.

Ein Vorbild erbringt freilich nichts, wenn es denjenigen, der es betrachtet, nicht weiter bringt. Ein Vorbild, das nicht „verehrt“ wird, verdient seinen Namen nicht[95]. Eine „Mischung“ aus Eva und Maria zum Vorbild zu nehmen oder gar einen Jung'schen

---

90 MULIERIS DIGNITATEM, Kap. VI, hier Nr. 17.

91 Ebd. Nr. 20f.

92 Dazu SÖLL, Georg, Art. „Eva-Maria-Parallele“: ML II (1989) 420f; HAUKE, Manfred, Heilsverlust in Adam. Stationen griechischer Erbsündenlehre: Irenäus – Origenes – Kappadozier, Paderborn 1993 (Reg.).

93 HAUKE, Heilsverlust 124.228f.

94 Vgl. die Hinweise bei GÖSSMANN, Schwestern 102f; die Ausführungen in Wb 95–97 (Art. „Eva“) schießen über dieses berechtigte Anliegen erheblich hinaus (z. B. das Lob einer Darstellung Evas mit dem Drachen im Arm), ebenso schon GÖSSMANN/BAUER 177, wo eine „Verschmelzung“ Evas mit Maria vorgeschlagen wird. MOLTMANN-WENDEL, von Gössmann als Beleg angeführt (Wb 97), meint: „Der Drache mit dem Apfel im Maul, mit dem sie so liebend verbunden ist, ist die Welt von Weisheit, Wissen und Sinnenlust, der sie sich hingibt – freiwillig, souverän, ohne archaische Zwänge“ (Milch 119). Kritisch dazu SUDBRACK, Feministische Theologie 302.

95 Nicht nachvollziehbar erscheinen dem Verf. die Behauptungen BEINERTS (1989), der das „traditionelle“ Marienbild so beschreibt: „Maria gilt zwar als der nach Christus vollendetste Mensch; aber gerade deswegen ist sie für die Frauenfrage ohne Relevanz. Je mehr man ihre Heiligkeit pries, um so nachhaltiger schied sie als Vorbild aus“ (103; vgl. 26). Was wären dann erst die Folgen für den Vorbildcharakter des menschgewordenen Gottessohnes?

„Verschnitt" aus heiliger Jungfrau und grausamer Hexe würde den Weg des Menschen zu Gott keineswegs fördern, sondern behindern.

7. Aufgaben der mariologischen Forschung

1) Das Verhältnis von Mariologie und Frauenbild.
Ein immer wiederkehrender Vorwurf feministischer Mariologie lautet, Maria sei für Frauen ein unmögliches Vorbild. Rosemary Ruether behauptet sogar: je mehr Maria verehrt worden sei, desto mehr seien die lebenden Frauen abgewertet worden[96]. Elisabeth Gössmann, selbst Feministin, ist hier sehr viel zurückhaltender: die Vermutungen auf die negative Wirkung der Mariologie in den vergangenen Jahrhunderten seien „noch nicht verifiziert"[97]. Für Frauen sehr positiv sei beispielsweise Maria als „Urtyp der mystischen Erfahrung der Gottesgeburt in der menschlichen Seele", aber auch ihre Stellvertretung für die Menschheit durch ihr Jawort[98]. Ein wichtiges Postulat der Forschung sei die Erforschung der Mariologie der Frauen und deren Verbindung zum Frauenbild[99].

Diesem Vorschlag wird man sich anschließen dürfen, allerdings mit der Ergänzung, daß die Verbindung zwischen Mariologie und Frauenbild nicht nur bei weiblichen Autoren eine weitere Untersuchung verdient. Daß die Marienverehrung auch bei Männern eine Hochschätzung der konkreten Frauen zu bewirken vermag, wird selbst von einer so extremen Feministin wie Christa Mulack gelegentlich anerkannt[100]. Doch die Verbindung zwischen Mariologie und Frauenbild verdient eine weitere Beleuchtung[101].

96 RUETHER, Maria 67.
97 GÖSSMANN, Schwestern 103.
98 GÖSSMANN/BAUER 66.69.
99 Ebd. 80; Wb 282.
100 MULACK, Göttin 129.
101 So auch COURTH (1988) 148.

2) Der Heilige Geist und Maria.
Ein bereits mehrfach aufgenommenes Thema in der deutschen Mariologie ist die Verbindung zwischen dem Heiligen Geist und Maria[102]. Diese Verknüpfung ist nicht exklusiv zu sehen – immerhin ist Christus und nicht Maria der hervorragendste „Geistträger" -, bietet aber doch interessante Gesichtspunkte. Auch dieser Forschungsbereich scheint noch ausbaufähig[103]. Es könnte hierdurch deutlicher werden, daß einerseits die Empfänglichkeit und Relationalität Mariens ein gewisses Analogon im göttlichen Bereich besitzen, aber andererseits die frauliche religiöse Symbolik ihren Schwerpunkt in der Haltung des Menschen vor Gott findet.

8. Schlußbetrachtung: Unsere Liebe Frau von Guadalupe und die Menschlichkeit Mariens

Maria – Mutter Gottes oder domestizierte Göttin? Diese Alternative läßt sich abschließend recht gut an einem Beispiel aus Lateinamerika beleuchten. Das Bild der Gottesmutter in Guadalupe zeigt Maria mit Gesichtszügen, die denen der Mexikaner gleichen[104]. Ihr Erscheinungsort liegt in der Nähe des zerstörten Tempels der Muttergöttin Tonantzin. Die Erscheinung der Gottesmutter in Guadalupe hat zur größten Massenbekehrung der Kirchengeschichte geführt. Im Gefolge der Befreiungstheologie preisen auch feministische Theologinnen ohne Unterschied der Konfession das Bild der Gottesmutter von Guadalupe als Helferin der Unterdrückten[105]. Und doch tritt hier nicht selten ein altes Mißverständnis auf, z. B. bei Mulack: Maria sei eine „Reinkarnation der alten mexikanischen

---

102 Vgl. zuletzt ZIEGENAUS, Anton (Hg.), Maria und der Heilige Geist (Mariol. Studien 8), Regensburg 1991.
103 Vgl. HAUKE, Frauenpriestertum 271–292.311–313.502f; Pneumatologie.
104 JOHNSTON, Francis, So hat Er keinem Volk getan. Das Wunder von Guadalupe, Stein am Rhein 1986, 66f. Vgl. auch: NEBEL, Richard/RZEPKOWSKI, Horst, Art. „Guadalupe": ML III (1991) 38–42.
105 Vgl. HALKES, Suchen 88f; Wb 274; MULACK, Göttin 74; CARR 242; SCHNEIDER-BÖKLEN/VORLÄNDER 109.
Anders ARNOLD 26, die sich an den gefalteten Händen Mariens stört: damit werde die Unterwerfung der Azteken unter die Herrschaft der Spanier bekundet.

Erdmutter"[106]. Und für Drewermann, von Feministinnen gerne zitiert, hat hier die Kirche einfach eine Göttin „umge-tauft"[107].

Und in der Tat finden wir auf dem Marienbild, das auf wunderbare Weise auf dem Gewand des Sehers entstanden ist, Attribute, die zur aztekischen Götterwelt gehören: Sonne, Mond, Sterne und Schlange. Aber durch die Verteilung dieser Symbole wird das Heidentum vollkommen auf den Kopf gestellt: Maria steht vor der Sonne, ist also mächtiger als der gefürchtete Sonnengott. Einen Fuß setzt sie auf den Halbmond, ein Zeichen des grauenerregenden Schlangengottes, dem Abertausende von Menschenopfern dargebracht worden waren und dessen Machenschaften sie besiegt hat. Sie ist mächtiger als alle Göttinnen und Götter, als die Sterne. Und doch ist Maria keine Göttin, denn sie legt ihre Hände im Gebet zusammen und neigt ihr Haupt vor einem, der größer ist als sie. Sie zeigt keine Maske, um ihre göttliche Art zu verbergen – so die aztekischen Götter -, sondern zeigt ganz offen ihr Menschsein[108].

Was wir hier sehen, ist eine Anknüpfung im Widerspruch: das Erbe und die Sehnsüchte der Menschheit (in diesem Fall der Indios) werden aufgenommen, aber zugleich verwandelt und auf Gott hin gelenkt. Sollte das Gleiche in Bezug auf den modernen Feminismus unmöglich sein?

Die Verehrung Mariens bedeutet das Ende der Vergötzung geschöpflicher Werte, erst recht das Gericht über jedwede pantheistische Selbstvergötzung. Maria führt die Menschen zu Christus hin. Ob diese Erfahrung von Guadalupe auch die Feministinnen inspirieren könnte? Ein spanischer Jesuit meinte jedenfalls schon vor mehreren Jahrhunderten:

„Von diesem Bild strahlen wie von einem reflektierenden Kristall

---

106 MULACK, Göttin 7.

107 DREWERMANN, Tiefenpsychologie II 318; Drewermanns unwissenschaftliche Methode legt an diesem Beispiel bloß: GROCHTMANN, Harald, Unerklärliche Ereignisse, überprüfte Wunder und juristische Tatsachenfeststellung, Langen 1989, 221–225.

108 JOHNSTON 110f.

Abwegig ist die synkretistische Deutung eines Autors, wonach durch das Marienbild dem männlichen Gott der weibliche Aspekt hinzugefügt wird, eine „neue Religion" durch wechselseitige Ergänzung von Heidentum und Christentum entsteht und die Jungfrau mit dem Attribut der Allmacht geschmückt wird: ELIZONDO, Virgil, „Maria und die Armen. Ein Modell eines evangelisierenden Ökumenismus": MOLTMANN-WENDEL/KÜNG/MOLTMANN 131–141.

viele Zeichen der Ehre ..., von Licht und Herrlichkeit aus. Mögen alle Frauen davon lernen“[109].

Und es sei hinzugefügt: Auch alle Männer.

109 JOHNSTON 67.

X. DAS KIRCHENBILD

1. Darstellung

Der wütende Protest der Feministischen Theologie reibt sich an der Realität der Kirche, die man vor allem als Institution der Macht betrachtet. Anstoß erregt namentlich das sakramentale Priestertum, das die katholische Kirche in der Stiftung Christi begründet[1]. Kritisiert wird nicht nur, daß Frauen nicht die Priesterweihe empfangen, sondern auch das sakramentale Amt überhaupt. Aus Vertreterinnen der Frauenordination, insbesondere katholischer Herkunft, hat sich in den USA seit 1983 eine „Frauenkirche" (Women-Church) gebildet[2]. Ein gewisses Vorbild fand man in befreiungstheologischen Basisgemeinden Lateinamerikas. Um besser gegen den „Patriarchalismus" kämpfen zu können, zelebriert die „Women-Church" ein liturgisches Eigenleben, das Männer ausschließt. Für die Bewegung maßgeblich sind u. a. zwei Autorinnen, die immer wieder zitiert werden: Elisabeth Schüssler Fiorenza und Rosemary Radford Ruether[3].

Seit den 70er Jahren vertritt *Schüssler Fiorenza* die These, die ersten Christengemeinden seien „egalitär" strukturiert gewesen: eine „Nachfolgegemeinschaft von Gleichgestellten"[4]. Jesus habe jegliche Herrschaftsstruktur abgelehnt[5]. „(J)edem Vater und jeglichem Patriarchat" habe er die Existenzberechtigung abgesprochen. Die Vaterautorität sei Gott allein vorbehalten[6]. Erst in späterer Zeit (nach Paulus und Petrus) habe sich die Kirche ihrer patriarchalischen Umgebung angepaßt[7]. Die Briefe an die Kolosser und die Epheser, die Pastoralbriefe und der erste Petrusbrief seien das Produkt dieser frauenfeindlichen Anpassungsstrategie. Zuvor aber habe es Aposte-

1 KATECHISMUS Nr. 858–862; 874f.

2 Vgl. RUETHER, R. R., „Frauenkirche. Neuentstehende feministische liturgische Gemeinschaften": Concilium 22 (1986) 275–280; dies., Rituale 19–114; PRÜLLER 62–91.

3 Vgl. o. S. 56.76.

4 SCHÜSSLER FIORENZA, Gedächtnis 183.

5 Ebd. 199.

6 Ebd. 201.

7 Ebd. 400f.

linnen gegeben – insbesondere Junia[8] – und Gemeindeleiterinnen, so Phoebe[9].

Die Kirche hat demnach schon im Neuen Testament den Willen Jesu verraten. Die Auswahl der für die Christen verbindlichen biblischen Schriften, der Bibelkanon, sei ein Dokument der historischen Sieger, die sich damit insbesondere gegen die Gnosis durchgesetzt hätten[10]. Diese Erkenntnisse nachzuvollziehen, setze freilich „eine intellektuelle Konversion voraus, die nicht logisch hergeleitet werden kann, sondern in einer Veränderung der patriarchalen gesellschaftlichen Verhältnisse wurzelt“[11].

Schüssler Fiorenza stellt sich selbst die Frage, warum sie sich überhaupt mit der Kirche befasse, in der sich ihrer These zufolge der Patriarchalismus gegen den ursprünglichen Egalitarismus durchgesetzt hat. Ihre Antwort ist weniger religiös als pragmatisch begründet: da die westliche Kultur nun einmal von christlichen Einflüssen geprägt sei, müsse man der patriarchalischen Kirche die Geschichte entwinden, das unsichtbar Gewordene sichtbar machen und die Bibel neu schreiben[12].

Das ideale Kirchenbild, das Schüssler Fiorenza vorschwebt, ist ganz vom demokratistischen Gleichheitsideal geprägt, das ins Neue Testament zurückversetzt wird:

„Ekklesia – die Bezeichnung für Kirche im Neuen Testament – ist weniger ein religiöses, als ein politisches Konzept. Ekklesia ist die Zusammenkunft freier BürgerInnen, die sich versammeln, um ihre spirituell-politischen Angelegenheiten selbst zu bestimmen“[13].

---

8 Ebd. 81.220; dazu HAUKE, Frauenpriestertum 352–354.504; BAUMERT, Norbert, Frau und Mann bei Paulus, Würzburg 1992, 187f. Ob der Akkusativ „Iounian“ in Röm 16,7 von einem Frauennamen namens Junia oder einer Kurzform des Männernamens Junianos (= Junias) abzuleiten ist, bleibt exegetisch offen. Klar ist nicht einmal, ob Andronikos und Junia(s) – wie meist angenommen – unter die „Apostel“ gezählt oder nur von denselben hochgeachtet werden. Selbst wenn man eine „Junia“ annimmt und den Apostelbegriff auf sie überträgt, ist die Spannweite des Apostelbegriffes im Neuen Testament zu beachten sowie das Verbot amtlichen Lehrens im Gottesdienst für Frauen (1 Kor 14,33b-38; 1 Tim 2,12).

9 A. a. O. 218; dagegen HAUKE, Frauenpriestertum 352; WITHERINGTON, Ben, Women in the Earliest Churches, Cambridge 1988, 113f.

10 A. a. O. 13.91f.

11 A. a. O. 21.

12 A. a. O. 18.61.

13 A. a. O. 409.

Während Schüssler Fiorenza die „Frauenkirche" historisch begründen will, stammen die wichtigsten systematischen Reflexionen zu Theorie und Praxis der feministischen Gemeinschaften von *Rosemary Ruether*. Von Schüssler Fiorenza übernimmt sie den historischen Grundansatz (den Gegensatz zwischen Kirche und „Jesusbewegung"), stellt ihn aber in einen umfassenderen Zusammenhang. Ein geweihtes Amt, dessen Aufgabe in der Vermittlung sakramentaler Gnade besteht, kann es nach Ruether schon deshalb nicht geben, weil sie den Unterschied zwischen der geschaffenen Natur und der von Gott in Christus geschenkten Gnade leugnet[14]. Ein „Sakrament" schenkt dem Menschen darum nichts Neues, sondern ist ein „Symbol unserer gegenseitigen Ermächtigung", in dem wir „unser wahres Selbst ‚erkennen' – etwas, das uns bereits innewohnt"[15]. Die „geistlichen Funktionen" dienen demnach dazu, daß „wir uns wechselseitig in ihr ‚der Kirche' bestätigen ..."[16]. Das Amt beinhaltet keine göttlichen Vollmachten, sondern ist „nur die Selbstartikulation des Lebens in der Gemeinde"[17]. Es geht um die „Transformation von Macht über andere in Bevollmächtigung von anderen"[18].

Diese Auffassung paßt nahtlos zu dem pantheistischen Gottesbild, das Gott und Welt gleichsetzt[19] und in dem es keine personale Zuwendung Gottes geben kann („Gnade"). Die Sorge um das ewige Heil ist für die „Frauenkirche" darum kein Thema. Ihr geht es allein um den innerweltlichen Kampf gegen die gesellschaftliche Vormacht des Mannes. „Frauenkirche" ist „Gemeinschaft der Befreiung vom Patriarchat"[20], die den Auszug Israels aus der Sklaverei Ägyptens als „Ursprungsmythos" aufgreift[21] und sich auf das herrschaftsfreie „neue Zeitalter" (New Age) ausrichtet[22].

---

14 RUETHER, Rituale 103: „Die Frauenkirche baut auf einer Konzeption auf, die kürzlich als ‚schöpfungsorientierte Spiritualität' definiert wurde. Das bedeutet, daß Gnade und Erlösung nicht jenseits der menschlichen Natur liegen, sondern Gnade und Sein in Gott der menschlichen Natur selbst innewohnen, daß sie in der Natur begründet sind. Die Schöpfung selbst ist die ursprüngliche Gnade oder der ursprüngliche Segen Gottes".

15 Ebd. 104.

16 Ebd.

17 RUETHER, Frauen 90f; vgl. Sexismus 249.

18 RUETHER, Sexismus 247.

19 Vgl. o. S. 126.

20 RUETHER, Rituale 72.

21 Ebd. 53.

22 Ebd. 54.79.

Ruether weiß selbst, daß ihre Konzeptionen mit dem kirchlichen Dogma nichts mehr zu tun haben. Sie gibt sogar zu, daß die biblischen Traditionslinien, die der Feminismus für sich beansprucht, „nie wirklich entwickelt worden" seien (!)[23]. Ihre Auffassung, „Erlösung" bestehe wesentlich in der Erkenntnis unseres Selbst, gleicht dem Grundansatz der antiken Gnosis, der sie ausdrücklich ihre Sympathie bekundet[24].

Die feministischen Thesen sind vorbereitet worden durch „progressive" katholische Theologen wie Küng und Schillebeeckx, für die das geistliche Amt eine bloße Funktion darstellt, nicht aber auf einer seinsmäßigen Bevollmächtigung durch die sakramentale Weihe beruht[25]. Dieses funktionalistische Amtsverständnis ist freilich kein originär moderner Gedanke, sondern findet sich prinzipiell schon bei Martin Luther[26]. Das demokratistische Gleichheitsideal im feministischen Kirchenbild ist ohne die Wegbereitung der reformatorischen Theologie (und deren Einfluß auf den nachkonziliaren Katholizismus) nicht zu verstehen. Ein bekanntes Bild der „progressiven" Theologie findet sich auch in feministischen Werken: Der „Machtpyramide" wird gerne der „Kreis der Gleichwertigen" gegenübergestellt[27].

Um den Einfluß der Kirche zu brechen, gibt es im wesentlichen drei Strategien[28]: den Kirchenaustritt und den Anschluß an die „kosmische Schwesternschaft" der „Antikirche"[29]; die Etablierung einer Subkultur („Frauenkirche") und schließlich die gezielte Unterwanderung. Die beiden letzteren Strategien gehen dabei meist Hand in Hand. Dazu Ruether: „Meiner Ansicht nach wird die feministische Bewegung wesentlich bessere Chancen haben, sich durchzusetzen, wenn sie sich in den existierenden Kirchen einen Standort sichert"[30].

---

23 Ebd. 49.

24 Ebd. 59f.

25 Vgl. z. B. CARR 37f; RUETHER, Rituale 106; zu Küng und Schillebeeckx siehe GRESHAKE, Gisbert, Priestersein, Freiburg ^{5}1991, 24–29.193–196.

26 Dazu FAGERBERG, Holsten, Art. „Amt/Ämter/Amtsverständnis VI. Reformationszeit": TRE 2 (1978) 557–561.

27 Vgl. z. B. HALKES, Söhne 84.90; Suchen 44.71; s. a. HAUKE, Frauenpriestertum 65.

28 Vgl. GERBER, Eroberung 152–154.

29 DALY, Vater 153ff.176ff.

30 RUETHER, Rituale 51; vgl. 77.

Feministinnen katholischer Herkunft haben in der Regel kein Bedürfnis, sich in das vorgegebene Priesteramt einzugliedern. „Wir warten nicht auf den Aufruf, in das Land der Pharaonen zurückzukehren und dort als Altarmädchen in den Tempeln des Patriarchats zu dienen" – so Ruether[31]. Dennoch streben nach wie vor viele Theologinnen danach, das Priesteramt von innen her zu revolutionieren[32]. Typisch scheint hier ein Wort von Luise Rinser: „Man kann sehr wohl in der Kirche bleiben und gleichzeitig sie überwinden"[33].

Die Kritik an Autoritätsstrukturen trifft auch die evangelische Kirche. Ruether bezeichnet das weibliche Pfarramt als „doppelte Falle", die Frauen ein „Männlichkeitsspiel" vorschreibe und zugleich Fraulichkeit von ihnen verlange. Im übrigen würden die Pastorinnen das Monopol männlicher Macht ohnehin nicht ernsthaft bedrohen[34].

2. Kritische Wertung

Die Kritik der Feministischen Theologie enthält das Wahrheitsmoment, daß kraft der Taufe alle Glieder der Kirche sich einer grundlegenden Gleichheit erfreuen („gemeinsames Priestertum")[35]. Diese Gleichheit gründet in der gemeinsamen Hinordnung auf Christus, der die Seinen mit den Gaben des Heiligen Geistes beschenkt. Christus handelt aber in entscheidenden Situationen durch menschliche Vermittlung. Schon die Apostel sind, wie bereits ihr Name sagt, „Gesandte" und Repräsentanten Christi: „Wer euch hört, der hört mich!" (Lk 10,14). Das Neue Testament kennt Amtsträger, deren Wirken auf die Sendung durch die Apostel zurückgeht[36]. Die apo-

---

31 RUETHER, Sexismus 160.
32 Vgl. z. B. HALKES, Söhne 45f; CARR 55; RAMING: Wb 330.
33 RINSER, Luise, „Ich möchte den weiblichen Geist einbringen": SOMMER (1985) 37.
34 RUETHER, Sexismus 240. Diese Äußerungen entsprechen durchaus einer immer wieder vorgebrachten Kritik evangelischer Theologinnen, z. B. REICHLE, Erika, Die Theologin in Würtemberg. Geschichte – Bild – Wirklichkeit eines neuen Frauenberufes, Bern-Frankfurt 1975, 310; RUPPRECHT, Friederike, „Frauen im Pfarramt": Theologia practica 22 (1987) 113–121; KNIE.
35 Vgl. Lumen gentium 32 (RAHNER/VORGRIMLER 162f); KATECHISMUS Nr. 871–873.
36 Insbesondere Apg 6,1–6; 14,23; 1 Tim 4,14; 2 Tim 1,6.

stolische Nachfolge begründet die hierarchische Struktur der Kirche, eine personale Kontinuität von Sendung und Gesandtsein, die letzten Endes darin wurzelt, daß Jesus Christus sich vom Vater gesandt weiß.

Für die historische Grundlegung des Weiheamtes ist das oft übersehene Zeugnis des Ersten Klemensbriefes wichtig. Dieses Schreiben richtet sich an die Gemeinde von Korinth, die Schüssler Fiorenza für das ursprüngliche Idealbild eines bloß funktionalen Amtes und einer egalitären Gemeinde hält[37]. Der Erste Klemensbrief trägt den Namen von Klemens I., des dritten Nachfolgers des hl. Petrus, und ist entstanden um das Jahr 96, also ca. 40 Jahre nach der Gründung der korinthischen Gemeinde durch Paulus. Die Korinther hatten einige Presbyter von ihrem Amt abgesetzt. Dagegen wendet sich nun die Intervention aus Rom, insbesondere mit der Begründung, das Amt der Presbyter[38] gehe auf die Stiftung Jesu zurück. Eine willkürliche Absetzung kommt darum nicht in Frage:

„Die Apostel empfingen die Frohe Botschaft für uns vom Herrn Jesus Christus; Jesus, der Christus, wurde von Gott gesandt. Christus kommt also von Gott, und die Apostel kommen von Christus her; beides geschah demnach in schöner Ordnung nach Gottes Willen. Sie empfingen also Aufträge, wurden durch die Auferstehung unseres Herrn Jesus Christus mit Gewißheit erfüllt und durch das Wort Gottes in der Treue gefestigt ... So predigten sie in Stadt und Land und setzten ihre Erstlinge nach vorhergegangener Prüfung im Geiste zu Bischöfen und Diakonen für die künftigen Gläubigen ein“[39].

Die Apostel setzten, „da sie genauen Bescheid im Voraus erhalten hatten, die oben Genannten ein und gaben dabei Anweisung, es sollten, wenn sie stürben, andere erprobte Männer ‚!‘ deren Dienst übernehmen“[40].

Diese Äußerungen passen zu den Angaben auch jener paulinischen Briefe, deren Urheberschaft selbst von den liberalsten Exegeten Paulus nicht abgestritten werden. Schon im ältesten Paulusbrief,

---

37 SCHÜSSLER FIORENZA, Gedächtnis 286.
38 Die in 1 Clem noch mit den Episkopen (Bischöfen) gleichgesetzt werden.
39 1 Clem 42,1–4 (FISCHER, J. A., Die Apostolischen Väter, Darmstadt [7]1976, 77.79).
40 1 Clem 44,2 (FISCHER a. a. O. 81).

dem Ersten Brief an die Thessalonicher, werden Amtsträger erwähnt (1 Thess 5,12). Der Philipperbrief erwähnt im Vorwort Bischöfe und Diakone (Phil 1,1). Die Erwähnung der „Erstlinge" in 1 Clem, die vorzugsweise mit amtlichen Aufgaben betraut wurden, findet eine auffallende Parallele in 1 Kor 16,15(f). Hätten die Korinther ursprünglich eine egalitäre Basisgemeinde gebildet, wäre dem Brief aus Rom der Erfolg versagt geblieben. Doch die Korinther haben dem Ersten Klemensbrief eine solche Ehrenrolle zugedacht, daß sie ihn noch Jahrzehnte später regelmäßig im Gottesdienst vorgelesen haben. Mit anderen Worten: sie haben den Brief und seine Argumentation akzeptiert[41].

Das Zeugnis des Ersten Klemensbriefes sei nur als Beispiel herausgegriffen für die Probleme, die eine feministische Deutung der Urkirche schon auf der rein historischen Ebene bereitet[42]. Für eine ausführlichere Darstellung der Entwicklung des kirchlichen Amtes sei auf weitere Literatur verwiesen[43].

In dem Kampf gegen das sakramentale Amt wissen sich die Feministinnen getragen vom Gedanken einer Basisdemokratie, der unbesehen auf die Kirche übertragen wird. Dieser Demokratismus („Kirche von unten") verkennt letzten Endes, daß die Glaubensgemeinschaft kein Menschenwerk darstellt, sondern von Christus ausgeht. Die „apostolische Nachfolge" bezeugt wirkmächtig, daß Christus als das Haupt der Kirche bis zum Ende der Welt zeichenhaft gegenwärtig sein will. Das Wort „Hierarchie" besagt, daß der „heilige Ursprung", Jesus Christus selbst, durch Menschen weitervermittelt wird (und nicht bloß durch sachhafte „Funktionen"). Das II. Va-

---

41 Vgl. FISCHER a. a. O. 16f.

42 RUETHER (Rituale 306, Anm. 5) behauptet dagegen, die Lehre von der apostolischen Nachfolge gebe es erst seit dem 2. Jh., wie Clemens von Rom (!) u. a. belegen würden ... SCHÜSSLER FIORENZA (Gedächtnis 354) muß, um ihre Aufstellungen halten zu können, die Angaben des 1 Clem als „Neuerung" ausgeben und selbst gegen die Untersuchung eines protestantischen Historikers polemisieren.

43 OTT, Ludwig, Das Weihesakrament (Handbuch der Dogmengeschichte IV,5), Freiburg 1969, 1–18; ZOLLITSCH, Robert, Amt und Funktion des Priesters. Eine Untersuchung zum Ursprung und zur Gestalt des Presbyterats in den ersten zwei Jahrhunderten (FThSt 96), Freiburg 1974; NELLESSEN, Ernst, „Die Einsetzung von Presbytern durch Barnabas und Paulus (Apg 14,23)": Zmijewski, J./Nellessen, E. (Hg.), Begegnung mit dem Wort. FS H. Zimmermann, Bonn 1980, 175–193; AUER, Johann, Die Kirche – Das allgemeine Heilssakrament (KKD VIII), Regensburg 1983, 169–284.

tikanum, auf das sich Feministinnen gelegentlich schlagwortartig berufen (normalerweise ohne jeden konkreten Beleg)[44], vertritt sehr deutlich die christologische Prägung des Weiheamtes[45].

Die göttliche Autorität schließt die von Menschen nicht aus, sondern ein. Wohl ist auch die Vollmacht des Amtes als Dienst zu verstehen. Aus diesem Bewußtsein heraus kann Augustinus das markante Wort sprechen: „Für euch bin ich Bischof, mit euch bin ich Christ“[46]. Die apostolisch begründete Vollmacht, die sich in der Weihehierarchie von Bischof/Priester/Diakon ausprägt, steht im Dienst des Volkes Gottes; die grundlegende Gleichheit aller Glieder der Kirche wird gerade dadurch erst geschaffen. Dem Weiheamt eignet die Vollmacht Christi, die so keine blasse Erinnerung darstellt, sondern konkret erfahrbar ist in Wort, Sakrament und eucharistischem Opfer. Auch der Amtsträger ist dabei hingeordnet auf das vorgängige Handeln Christi, dem er sich zur Verfügung stellt und auf das er selbst angewiesen bleibt wie alle anderen Christen[47].

Das apostolische Dienstamt ermöglicht eine Gemeinschaft, die über den kleinen Kreis Gleichgesinnter weit hinausragt. Die Weltkirche will alle Menschen aller Zeiten und Kulturen erfassen. Eine solche allumfassende („katholische“) Gemeinschaft gründet in einer Sendung, die tiefer reicht als eine bloße Sympathiegruppierung von Menschen. Werden die oft gegensätzlichen feministischen Zirkel mit ihrer Gruppenzentriertheit sich damit messen können?

Entscheidend für die Wirkungsmacht in der Kirche und die innere Beziehung zu Gott ist nicht die Zugehörigkeit zum Weiheamt, sondern das Geprägtsein vom Heiligen Geist. „Die Größten im Himmelreich sind nicht die Amtsträger, sondern die Heiligen“. Mit diesem Satz rückte 1976 die Glaubenskongregation die feministische Auffassung zurecht, die Frau sei minderwertig, wenn sie nicht zum hierarchischen Amt berufen werde[48]. Auch nach Paulus kommen jedem Glied der Kirche je eigene Aufgaben zu, die sich eben-

44 Zum Beispiel CARR 50f.
45 Lumen gentium 18–29; Presbyterorum ordinis, bes. 2 (RAHNER/VORGRIMLER 143–161; 561–598).
46 Sermo 340,1 (PL 38,1483); vgl. Lumen gentium 32 (RAHNER/VORGRIMLER 163).
47 SCHEFFCZYK, Leo, Aspekte der Kirche in der Krise. Um die Entscheidung für das authentische Konzil, Siegburg 1993, 84–102.
48 ERKLÄRUNG Nr. 6, S. 20.

sowenig gegeneinander ausspielen lassen, wie sich die Hand über eine „Diskriminierung“ beschweren kann, weil sie nicht Fuß ist (1 Kor 12). Völlig abwegig sind darum Aussagen wie die von Anne Carr, wonach die Priesterweihe „ein Sakrament für das vollgültige Personsein aller Menschen“ sei[49]. Wären demnach nur Kleriker (oder Klerikerinnen) vollgültige Personen in der Kirche? Die Argumentation von Carr bekundet ein klerikalistisches Kirchenbild, das man eigentlich nach dem II. Vatikanum für unmöglich halten sollte.

Für eine Berufung zum Priesteramt können nicht abstrakte Überlegungen über Gleichberechtigung maßgebend sein, sondern nur der Wille Jesu Christi, der uns in der Heiligen Schrift und in der Tradition der Kirche begegnet. Die Kirche hat sich in fast 2000 Jahren nicht zu einem Frauenpriestertum ermächtigt gesehen, obwohl schon im Altertum manche Sekten (Gnostiker, Montanisten) Frauen ordiniert haben und der Zeitgeist einem solchen Schritt durchaus nicht verschlossen gewesen wäre. Die Begründung für die Ablehnung des Frauenpriestertums[50] besteht nicht in einer Minderwertigkeit der Frau. Einer spanischen Äbtissin im Mittelalter, die sich priesterliche Aufgaben angemaßt hatte, schrieb Papst Innozenz III.:

„Mag auch die allerseligste Jungfrau Maria höherstehen und ‚mag sie‘ auch mehr ausgezeichnet sein als alle Apostel zusammen, so hat der Herr doch nicht ihr, sondern diesen die Schlüssel des Himmelreiches anvertraut“[51].

Das Beispiel Mariens[52] zeigt in hervorragendem Maße, wie das Wirken heiliger Frauen die Kirche von Grund auf prägt. Weitere Beispiele sind so offenkundig, daß eine Aufzählung sich erübrigt. Der gnadengeprägte Einfluß eines Menschen, der die sichtbare Dimension übersteigt, ist keineswegs gebunden an das priesterliche Amt.

---

49 CARR 58; vgl. 33.

50 HAUKE, Frauenpriestertum (mit ausgiebiger Bibliographie). Vgl. auch meine beiden Aufsätze: „Das Weihesakrament für Frauen – eine Forderung der Zeit?“ FKTh 3 (1987) 119–134; „Überlegungen zum Weihediakonat der Frau“: ThGl 77 (1987) 108–127. In volkstümlicher Sprache: „‚Die Kirche ist doch echt frauenfeindlich!‘ Emanzipation und kirchliches Frauenbild“: Müller, Michael (Hg.), Plädoyer für die Kirche, Aachen ^{4}1992, 203–205.209–212.

51 10,X, de poenitentiis, V. 35: ed. Friedberg 2,886.

52 Vgl. o. S. 169–178.

XI. FEMINISTISCHE LITURGIE

1. Rituale der „Women-Church"

Die „Frauenkirche" (Women-Church) ist in den USA von Anfang an verbunden mit dazu passenden Ritualen. Das bekannteste einschlägige Werk stammt von Rosemary Ruether[1]. Schon das Inhaltsverzeichnis dokumentiert, daß hier eine Naturreligiosität in den Vordergrund tritt, die an „Knotenpunkten" des Lebens feministischer Frauen und am Jahreszyklus maßnimmt. So findet man u. a. folgende Überschriften: „Menstruations- und Neumondrituale", „Herbstliche Feste und Gedenkfeiern", „Wintersonnenwende", „Sommersonnenwende", „Zeremonie für das Lebensbündnis eines lesbischen Paares", „Liturgie der Menopause"... Selbst Stimmen, die den liturgischen Feminismus unterstützen, kritisieren den neuheidnischen Einschlag dieser Praxis und beklagen eine synkretistische Vermischung verschiedener Religionen[2].

Christliche Elemente, soweit noch vorhanden, werden umgedeutet. So hat die „Taufe" nichts mehr mit einem Gnadengeschehen zu tun, bei dem der Mensch Anteil bekommt am göttlichen Leben:

„Die Transzendenz der Gnade liegt ... nicht jenseits unserer menschlichen Natur, die uns bei der Geburt mitgegeben wurde. Eher liegt sie außerhalb des kulturellen Bewußtseins und des Systems ungerechter Herrschaft, die uns prägten"[3].

Der „Taufe" geht es um die Befreiung vom „Patriarchat", wobei einschlägige „Exorzismen" eine zentrale Rolle spielen. Die dem „Taufakt" folgende „Abendmahlszeremonie" wird mit Milch, Honig und süßem Gebäck bestritten[4].

Die „Rituale der Versöhnung" bekennen nicht eigene Sünden, sondern enthalten wütende Anklagen gegen das „Patriarchat" und die Kirche, z. B.: „Aschermittwochsliturgie: Buße für die Sünden der Kirche"[5]. Ethische Maßstäbe, soweit sie die Sexualität und

---

1 RUETHER, Rituale.

2 So BERGER, Teresa, Art. „Kult": FLex 600.

3 RUETHER, Rituale 146; vgl. 93f.103.

4 Ebd. 149–151.

5 Ebd. 265–282.

das Kind im Mutterleib betreffen, werden aufgeweicht. Abtreibungen werden als tragisch beklagt, aber grundsätzlich gerechtfertigt[6]

2. Der Einfluß des „Inclusive Language Lectionary"

Die von der „Women-Church" geschaffenen „Liturgien" sind bislang exotische Spielwiesen für Randgruppen, die nur wenige tausend Personen umfassen. Ähnliche Bemühungen gibt es freilich in zahlreichen Sondergruppen (insbesondere manchen Frauenverbänden und Studentengemeinden)[7], wobei sich nicht selten neuheidnische Einflüsse hineinmischen (namentlich in bestimmten Evangelischen Akademien[8]). In Nordamerika haben selbst geisterbeschwörende Hexen (wie „Starhawk") bei einschlägigen Kursen auf einer „katholischen" Hochschule mitgewirkt[9].

Folgenreicher als diese begrenzten Aktivitäten ist freilich die Einführung des bereits erwähnten „Inclusive Language Lectionary"[10]. Dieses Lektionar will den Bibeltext vom „Sexismus" befreien und spielt im angelsächsischen Protestantismus eine große Rolle, zumal in den USA.

Auch die protestantischen Initiativen in Deutschland für eine „frauengerechte Sprache" haben dadurch einen entscheidenden Anstoß erfahren[11]. Im katholischen Raum gibt es inzwischen enge Kontakte zwischen feministisch geprägten Frauenverbänden und Liturgiewissenschaftlern. Die dabei geäußerten Meinungen sind nicht

---

6 Ebd. 183f.

7 Vgl. etwa HOJENSKI, Christine u. a. (Hg.), Meine Seele sieht das Land der Freiheit. Feministische Liturgien – Modelle für die Praxis, Münster 1990.
Frau Hojenski ist inzwischen Diözesanreferentin im Referat Frauenseelsorge im Bischöflichen Generalvikariat Münster: Deutsche Tagespost, 16. 1. 93, S. 4.

8 Vgl. etwa das Wirken der „Göttinfeministin" Heide Göttner-Abendroth, die in der „Evangelischen Akademie Hofgeismar" als „Naturgöttin Astarte" mit 150 „Hexen" eine Walpurgisnacht inszenierte: Deutsches Allgemeines Sonntagsblatt, 22. 5. 83; vgl. PADBERG (1985) 227, Anm. 245.

9 Vgl. FERREIRA (1987) 10; (1989) 8.

10 Vgl. o. S. 109.

11 WEGENER, Hildburg, „‚Siehe, das ist meine Beauftragte'. Frauengerechte Sprache in der Übersetzung der Bibel": WEGENER, Hildburg/KÖHLER, Hanne/KOPSCH, Cordelia (Hg.), Frauen fordern eine gerechte Sprache, Gütersloh 1990, 84.

einheitlich, drängen aber insgesamt auf eine Änderung liturgischer Texte, bis hin zum Ruf nach einer neuen Liturgiereform[12].

Die Richtlinien der US-amerikanischen Bischöfe zur „inklusiven Sprache“ von 1990 wenden sich gegen die Bestrebungen, die christologische, ekklesiologische und trinitarische Symbolik zu verändern. Die Treue zum geoffenbarten Wort Gottes verpflichte. Zugleich wird aber im Blick auf die Gottesdienstgemeinde eine beschränkte sprachliche Anpassung des Schrifttextes empfohlen. Geraten wird insbesondere, Anreden der Gesamtgemeinde als „Brüder“, „Söhne“ u. ä. im Bibeltext selbst zu vermeiden, weil diese an sich durchaus inklusiven generischen Termini oft als nur an Männer gewandt mißverstanden würden[13].

3. Die feministische Linguistik und ihre Probleme

Verstärkt werden die liturgischen Bemühungen im außerkirchlichen Raum durch die feministische Linguistik, die im politischen Raum einen beachtlichen Einfluß gewonnen hat[14]. Auch hier sind entscheidende Anstöße aus den USA gekommen. Die (neben Senta Trömel-Plötz[15]) wohl bekannteste deutsche Autorin, Luise F. Pusch, berichtet z. B.:

„Die wichtigsten Einsichten über die Struktur des Patriarchats verdanke ich der radikalen Denkerin Mary Daly und verehre und achte sie deshalb wie keine andere zeitgenössische Denkerin“[16].

---

12 Vgl. diverse Beiträge in BERGER, Teresa/GERHARDS, Albert (Hg.), Liturgie und Frauenfrage, St. Ottilien 1990; BERGER, Teresa, „Auf dem Weg zu einer ‚frauen-gerechten‘ Liturgie“: Gottesdienst 22 (1988) 132; dies., „‚Wie eine Mutter ihre Kinder zärtlich um sich schart ...‘ Zu Versuchen mit neuen ‚Frauen-gerechten‘ Eucharistiegebeten in den Kirchen“: BThZ 10 (1993) 2–14; GERHARDS, Albert, „‚... der uns zu seinen Söhnen zählt?‘ Zum Stand der Bemühungen um eine frauengerechte Liturgie“: StZ 117 (1992) 115–124; „‚Einschließende Sprache‘ im Gottesdienst – eine übertriebene Forderung oder Gebot der Stunde?“ LJ 42 (1992) 239–248.

S. a. die Äußerung des Vorstandes der Arbeitsgemeinschaft Frauenseelsorge: Gottesdienst 26 (1992) 117.

13 U. S. BISHOP'S MEETING, „Inclusive Language in Liturgy: Scriptural Texts“: Origins 20 (1990) 405–408.

14 Vgl. WEGENER/KÖHLER/KOPSCH 153–157.

15 Deren Anliegen in Kurzfassung: TRÖMEL-PLÖTZ, Senta, Art. „Sprachkritik, feministische“: FLex (1988) 1067–74.

16 PUSCH, L. F., Alle Menschen werden Schwestern. Feministische Sprachkritik, Frankfurt 1990, 104.

Das Grundanliegen des „linguistischen Feminismus“ wird von den Anhängerinnen (und Anhängern) gekennzeichnet mit dem schon erwähnten Stichwort der „inklusiven Sprache“: Frauen sollen „eingeschlossen“, integriert werden in dem Sinne, daß sie sprachlich (mindestens) ebenso sichtbar sind wie Männer. Das dahinterstehende Problem zeigt sich insbesondere bei Personenbezeichnungen: in vielen Fällen dient ein männliches Substantiv als Oberbegriff, mit dem sowohl Männer wie Frauen gemeint sein können, z. B. „Bürger“, „Steuerzahler“, „Kunde“. In diesem Sprachgebrauch, so die Feministinnen, zeige sich ein typischer Androzentrismus: Maßstab der Bezeichnung sei der Mann, und Frauen seien nur „mitgemeint“. Um den gesellschaftlichen Androzentrismus zu ändern, müsse man auch die Sprache umformen[17].

Die feministischen Argumente haben vielfach beeindruckt. Kein Politiker wagt mehr die Anrede „liebe Bürger“; es muß stets heißen: „Liebe Bürgerinnen und Bürger“. Allerdings ist der Sprachgebrauch dabei nicht konsequent. Vom „Bürgerinnen- und Bürgersteig“ wird bislang ebenso wenig gesprochen wie vom „Führerinnen- und Führerschein“. Luise Pusch möchte dem Androzentrismus dadurch wehren, daß sie den Oberbegriff „verweiblicht“[18]. Eine Diplom-Prüfungsordnung in Bielefeld, die nach diesen Kriterien erstellt ist, spricht konsequent von „Professorinnen“ und „Studentinnen“, um beide Geschlechter zu kennzeichnen[19]. Verbreiteter ist im Schriftdeutsch die Schrägstrich-Methode („der/die Student/in“) oder das große „I“ („StudentInnen“). Für die gesprochene Sprache ist beides freilich nicht praktikabel. Da neutrische Formen („das Mitglied“ o. ä.) nicht immer möglich sind, wird meist für ein konsequentes „Splitting“ plädiert, also die Nennung der weiblichen und männlichen Form nebeneinander. Als Beispiel für diskriminieren-

17 Eine Zusammenfassung der Anliegen aus feministischer Sicht bieten u. a. WEGENER, Hildburg, „Von Kindergärtnern, Amtsfrauen und Ratsdamen. Sprachkritik und Sprachpolitik in feministischem Interesse“: WEGENER/KÖHLER/KOPSCH (1990) 9–24; SCHOENTHAL, Gisela, „Geschlecht und Sprache“: Deutsche Akademie für Sprache und Dichtung. Jahrbuch 1991, Darmstadt 1992, 90–105 (Lit.).

18 PUSCH, Schwestern 85–101.

19 ROGALLA VON BIEBERSTEIN, Johannes, „Frauen-Quotierung als feministisch-soziale Politik“: Criticón 118, März/April 1990, 84.

den Sprachgebrauch wurde etwa eine Passage aus einem Verfassungsentwurf für Niedersachsen genannt:

„Der Ministerpräsident beruft die Minister. Er ernennt seinen Stellvertreter."

Die „frauenfreundliche" Umwandlung dieses Textes müßte dann ungefähr so lauten:

„Der Ministerpräsident oder die Ministerpräsidentin beruft die Minister bzw. Ministerinnen. Er ernennt seinen Stellvertreter bzw. seine Stellvertreterin bzw. sie ihren Stellvertreter bzw. ihre Stellvertreterin"[20].

Um den Sprachungetümen zu wehren, die durch das „Splitting" in viele Amtsstuben Einzug gehalten haben, empfehlen manche (neben dem generischen Femininum) die Neuschaffung einer neutralen Form: z. B. „das Lehrer", „das Bürger", „das Professor"[21].

Der linguistische Feminismus hat heftigen Widerspruch erfahren[22]. Verwiesen wird vor allem auf den Unterschied zwischen Genus (dem „grammatischen Geschlecht", das im Deutschen Maskulinum, Femininum und Neutrum umfaßt) und Sexus (dem „natürlichen Geschlecht": männlich oder weiblich). Dies zeige sich etwa darin, daß auch weibliche Substantive als generischer Oberbegriff dienen können (z. B. „die Schwalbe", „die Menschheit", „die Kirche") und daß der Gebrauch des grammatischen Geschlechtes dem natürlichen sogar zuwiderlaufen kann (z. B. „der Backfisch", „die Drohne", „die Wache"). Wenn man den „Sprachfeminismus"[23] übernähme – müßte man dann nicht auch für weibliche Oberbegriffe männliche Ergänzungen fordern, etwa: „der Person" (statt „die" Person), „der Fachkraft", „der Leiche"? Und wenn die An-

---

20 Vgl. STICKEL, Gerhard, „Beantragte staatliche Regelungen zur ‚sprachlichen Gleichbehandlung'. Darstellung und Kritik": Zeitschrift für germanistische Linguistik 16 (1988) 349.

21 So etwa PUSCH, L. F., Das Deutsche als Männersprache, Frankfurt 1984, 63; WEGENER, Sprachkritik 21.

22 Vgl. etwa DOERFER, Gerhard, „Das Korana und die Linguistinik": Sprachwissenschaft 10 (1985) 132–152; DYCK, Joachim, „Männerherrschaft als Sprachherrschaft? Eine Kritik der feministischen Linguistik": Jahrbuch Rhetorik 8 (1989) 95–104; STICKEL; ULRICH, Miorita, „‚Neutrale' Männer – ‚markierte' Frauen. Feminismus und Sprachwissenschaft": Sprachwissenschaft 13 (1988) 383–399; ZAUNER, Wilhelm, „Brüderlichkeit und Geschwisterlichkeit": ThPQ 137 (1989) 228–237; ZIMMER, D. E., Redens Arten. Über Trends und Tollheiten im neudeutschen Sprachgebrauch, Zürich 1988, 65–79.

23 STICKEL 331.

rede „Bürger“ anstößig ist, warum nicht auch „der Mensch“? Ist jetzt zu sagen: „die Mensch“? Oder gilt es, fortan „inklusiver“ von „männlichen und weiblichen Menschen“ zu sprechen?

In Frage gestellt wird auch die Deckungsgleichheit von Gesellschaft und Sprache. Im Türkischen gebe es z. B. gar kein Genus – was noch kein Beweis für frauliche Gleichberechtigung sei –[24], und die Sprache der Hottentotten entspreche auf geradezu vorbildliche Weise feministischen Wünschen nach „inklusiver Redeweise“; dennoch überträfen die patriarchalischen Verhältnisse bei den Hottentotten jedes europäische Vorstellungsvermögen[25]. Daß bei Personenbezeichnungen im Deutschen das maskuline Genus als Oberbegriff diene, hänge nicht nur mit „männlicher Dominanz“ zusammen. Wichtiger sei, daß die maskulinen Formen „meist einfacher sind als die femininen und sich deshalb für einen geschlechtsneutralen Gebrauch besser eignen“[26].

Ein weiteres Argument ist die Einfachheit der Sprache. Die oft kolossalen Umständlichkeiten der „fem-speak“ bilden Anlaß für Witze und verwundertes Kopfschütteln. Die Sprachökonomie dürfe nicht mit Füßen getreten werden. Schließlich würde nach den feministischen Wünschen das Geschlecht auch dann betont, wenn gerade nicht das Mann- oder Frausein wichtig sei, sondern die zu übernehmende Funktion[27].

Andererseits scheinen die Feministinnen richtig zu beobachten, daß der Sprachgebrauch auch gesellschaftliche Ordnungsstrukturen widerspiegelt, die einer rigoros am Gleichheitspostulat gemessenen Entwicklung „hinterherhinkt“:

„Symmetrie, also die sprachliche Gleichbehandlung von Frauen und Männern, ist in einer Genussprache kaum zu erreichen. Wir können Frau und Mann gleichzeitig und gleichberechtigt sehen oder malen – im Raum. Aber Sprache vollzieht sich in der Zeit, fordert ein Nacheinander, ein Vor- und Nachordnen, und das erscheint als Über- und Unterordnung“[28]. Manche prominente Feministinnen

---

24 ULRICH 386.
25 DOERFER 148f.
26 STICKEL 341.
27 STICKEL 350; DOERFER 143.
28 WEGENER, Sprachkritik 11.

fordern eben darum für alle attraktiven Personenbezeichnungen das weibliche Genus als Oberbegriff. Die Asymmetrie als solche wird beibehalten, nur umgekehrt: „Alle Menschen werden Schwestern ...“[29]

Nun gibt es gewiß einen berechtigten Wandel in der Gesellschaft ebenso wie im Sprachgebrauch. Wenn der Eintritt der Frau in das öffentliche Leben ein „Zeichen der Zeit“ darstellt, dann grundsätzlich auch eine stärkere „Sichtbarkeit“ von Frauen im Bereich der Sprache. Von daher ist das Anliegen der „inklusiven Sprache“ nicht ohne Berechtigung. Die Frage ist nur, ob eine völlige Symmetrie erreicht werden kann bzw. wünschenswert ist. Gesellschaftlich gesehen, gibt es insofern eine gewisse „Asymmetrie“, als Männer bei Leitungsaufgaben stärker beteiligt sind. Diese Ordnungsstruktur spiegelt sich auch im sprachlichen Bereich wider, z. B. in der Aufzählung: „Vater, Mutter, Kind“. Wäre es anders, müßte der weibliche Begriff übergeordnet werden, was konsequenten Befürwortern einer Gleichberechtigung nicht recht sein kann. Doch wie weit muß „Gleichberechtigung“ gehen?

Eine biblisch fundierte Anthropologie kann hier auf die Schriftstellen verweisen, die den Mann als das „Haupt“ der Frau kennzeichnen. Das „Haupt“ repräsentiert das Ganze (so der Vater die Familie). Durch diese „Asymmetrie“ wird die Einheit und Stabilität sozialer Gruppen (speziell der Familie) in höherem Maße gewährleistet als durch ein unterschiedsloses Nebeneinander. Auch die Sprache wird von daher „ökonomischer“ als ein chaotisches „Splitting“. Daß mit der „kephale“-Struktur in der Geschlechterbeziehung aus christlicher Sicht keine Minderbewertung der Frau gegenüber dem Mann zum Ausdruck kommt, wurde oben dargelegt[30]. Wie sich eine stärkere „Sichtbarkeit“ der Frau im sprachlichen Bereich – die durchaus wünschenswert scheint – zu einer gewissen bleibenden Asymmetrie des näheren verhält, ist damit noch nicht im einzelnen geklärt. Eine organische Veränderung der Sprache ist hier vermutlich gesünder und wirksamer als linguistische Gewalttaten.

---

29 PUSCH (1990).

30 Vgl. o. S. 95–99.

4. Die liturgische Sprache

4. 1 Der zwischenmenschliche Bereich

Das linguistische Thema soll hier nur in Bezug auf die Liturgie behandelt werden. Dabei stellt sich das Problem freilich in einer neuen Weise: es geht nicht mehr nur um die zwischenmenschlichen Beziehungen, sondern auch um das Verhältnis Gott-Mensch. Beide Momente sind methodisch getrennt zu behandeln[31].

„Nennt uns nicht Brüder!“ Mit diesem Titel[32] läßt sich das Anliegen kennzeichnen, das die zwischenmenschliche Ebene betrifft. Im Neuen Testament schließt die Anrede „Brüder“ Frauen nicht aus, sondern (im Normalfall) ein. Im Unterschied zur deutschen Sprache, wo „Brüder“ und „Schwestern“ verschiedenen Wortstämmen entsprechen, unterscheiden sich die Begriffe im Griechischen nur minimal (*adelphoí/adelphaí*). Für Männer und Frauen die gleiche Bezeichnung anzuwenden, ist außerdem im Neuen Testament ein Zeichen für die Gleichwertigkeit der Geschlechter: vor Gott gibt es keinen Unterschied zwischen Mann und Frau (Gal 3,28). Die biblische Anrede „Brüder“ beinhaltet also keine Degradierung der Frau[33].

Im deutschen Sprachraum ist katholischerseits eine Anrede der Gesamtgemeinde als „Brüder“ unüblich, und das Stichwort der „Brüderlichkeit“ hat es vor der Französischen Revolution in der deutschen Sprache nicht gegeben, während es namentlich durch die freimaurerischen Bewegungen (die bis heute in aller Regel nur Männer umfassen) ein gewisses Pathos erlangte[34]. Ein Grund für die Zurückhaltung gegenüber der „Brüder“-Anrede liegt vermutlich darin, daß die deutsche Sprache (im Unterschied zum Griechischen) „Brüder“ und „Schwestern“ von einem je verschiedenen Stamm ab-

31 Dies betont auch ROY, Louis, „Inclusive Language Regarding God“: Worship 65 (1991) 207–215.

32 SOMMER, Norbert (Hg.), Nennt uns nicht Brüder! Frauen in der Kirche durchbrechen das Schweigen, Stuttgart 1985.

33 Zum biblischen Befund vgl. KNOCH, O. B., „‚Nennt uns nicht Brüder!‘ Überlegungen zu einer ‚Entmännlichung‘ liturgischer Texte“: Klerusblatt 67 (1987) 134f; ZAUNER 231–234.

34 Dazu ZAUNER 228.231f.235.

leitet. Als nach dem II. Vatikanum die liturgischen Texte in der Volkssprache erschienen, hat das deutsche Meßbuch von 1975 jedenfalls das lateinische „fratres“ etwa beim Schuldbekenntnis übersetzt mit „Brüder und Schwestern“. Umso verwunderlicher war dann die aufgrund der römischen Richtlinien keineswegs erforderliche Einführung der vielen neutestamentlichen Lesungen vorangestellte Anrede „Brüder“ in den neuen Lektionaren im Jahre 1982[35]. Dieses Vorgehen war höchst problematisch und mußte Gegenreaktionen geradezu provozieren. Es scheint, daß die „Brüder“-Anrede und manche besonders kritisierte Texte im Gotteslob[36] weniger den üblichen katholischen Sprachgebrauch widerspiegeln als das sprachliche Sondermilieu der liturgisch geformten Jugendbewegung vor dem Zweiten Weltkrieg, das ein kritischer Beobachter als „Brüderlichkeitseuphorie“ klassifiziert[37].

Um den Anstoß der „Brüder“-Anrede bei den Lesungen zu beseitigen, wurden folgende Vorschläge gemacht:

1) Den liturgischen Text belassen und den Titel „Brüder“ vom neutestamentlichen Kontext erklären.

2) Die Änderung der Anrede vor der Lesung in „Brüder und Schwestern“[38].

3) Die Anrede „Schwestern und Brüder“ vor der Lesung[39].

4) Die Anrede „Brüder und Schwestern“ vor der Lesung durch eine Frau, „Schwestern und Brüder“ durch einen Mann[40].

5) Die Umformung der biblischen Lesung selbst nach Modell 2), 3) oder 4).

---

35 Dazu FISCHER, Balthasar, „Zur Anrede bei den Lesungen in der Meßfeier“: Klerusblatt 68 (1988) 141.

36 Besonders Nr. 637: „Laßt uns loben, Brüder, loben ...“

37 GERHARDS, Frauengerechte Liturgie 116; vgl. MAAS-EWERD, Theodor, „Frauen sprachlich nicht ausgrenzen. Zu einer Empfehlung der Liturgiekommission der Diözese Aachen“: Klerusblatt 72 (1992) 234.

38 KNOCH; FISCHER, Balthasar, „‚Inklusive Sprache‘ im Gottesdienst. Eine berechtigte Forderung?“ BERGER/GERHARDS (1990) 361f.

39 GREULE, Albrecht, „Frauengottesdienste, feministische Liturgien und integrative Sprache“: BERGER/GERHARDS (1990) 633; DIÖZESANSYNODE AUGSBURG 1990. Die Seelsorge in der Pfarrgemeinde, Donauwörth 1991, 86f.

Dagegen FISCHER (1990): „Da in dieser Anrede ... nicht der Lektor, sondern der Apostel redet, scheint es unangemessen, ihm modernen Höflichkeitsbrauch unterzuschieben ... Wenn man die historischen Hintergründe des ‚Vortritts der Damen‘ ausleuchten würde (sexus fragilis), käme doch wohl eine erhebliche Diskrepanz zum heutigen Frauenbild heraus“.

40 MAAS-EWERD im Anschluß an den Vorschlag einer diözesanen Liturgiekommission.

6) Das Weglassen der Anrede, die ohnehin nicht zum biblischen Text gehört[41].

Ziemlich einhellig kritisiert wird von den deutschen Fachtheologen zu Recht die 5. Lösung. Sie würde einen Eingriff in den Bibeltext erfordern und weitere Willkür nach sich ziehen. Ein evangelischer Theologe meint:

„So harmlos sich dies im Einzelfall ausnimmt, so weitreichend sind die Folgen. Wenn die Liturgie einen anderen Bibeltext benutzt als die Exegese und die darauf aufgebaute Predigt, verliert der christliche Gottesdienst seine auch von der Gemeinde kontrollierbare Basis“[42].

Die übrigen Vorschläge auszudiskutieren, sei den Liturgikern überlassen. Dem Verfasser am vertretbarsten erscheinen die Lösungen 1) und 6).

Bei der ganzen Diskussion sollte nicht vergessen werden, daß die umstrittene Anrede vor den Lesungen nicht auf den Unterschied zwischen Mann und Frau zielt, sondern auf das gemeinsame Christsein (vgl. Gal 3,28). Eine „Sexualisierung“ (sprich: „Splitting“) der Sprache wäre gerade hier problematisch. Es ist vermutlich auch kein allgemeiner Wunschtraum der Feministinnen, z. B. das „Ave Maria“ „inklusiv“ zu formulieren: „... bitte für uns Sünderinnen und Sünder ...“

Anders stellt sich die Situation bei Aussagen dar, die aufgrund eines bestimmten symbolhaften Zusammenhangs „geschlechtlich“ gefärbt sind. Diese Prägung sollte nicht eingeebnet werden. So in den Schrifttexten, welche die Getauften als „Söhne“ beschreiben, die teilhaben am Leben des „Sohnes“ Gottes. Die „Sohnschaft“ hebt hier die Gleichgestaltung mit Christus heraus[43], und Frauen sind dabei selbstverständlich mitgemeint. Das „Mitgemeintsein“ gilt in anderen Fällen auch für die Männer. So bei den Bildern der „Braut“,

41 Lektionare vor 1982.

42 MÜLLER, H.-M., „Feministische Theologie und kirchliche Praxis“: Theol. Beiträge 22 (1991) 149; STUHLMACHER, Peter, „Feministische Theologie und Auslegung des Neuen Testaments“: Theol. Beiträge 22 (1991) 138; FISCHER (1988); GREULE 633; KNOCH 135; MAAS-EWERD 233; DIÖZESANSYNODE AUGSBURG 86f, Anm. 108: „... dürfen die Schrift- und Gebetstexte im Gottesdienst der Kirche nicht verändert werden“.

43 DIÖZESANSYNODE AUGSBURG 86f, Anm. 108.

der „Jungfrau“ und der „Mutter“ für die Bezeichnung der Kirche[44]. Letzteres wird oft vergessen, wenn der Ruf nach „inklusiver Sprache“ erklingt.

4. 2 Das Verhältnis Gott-Mensch

Viel heikler als Änderungen von Bezeichnungen auf der zwischenmenschlichen Ebene sind Umformungen der Symbolik, die das Verhältnis Gott-Mensch betreffen. Da in den vorausgegangenen Kapiteln dieses Thema ausführlich behandelt wurde, genügen hier einige Hinweise. Eine „geschlechtsneutrale“ Neufassung des Vaterunser, die von sog. „Experten“ den amerikanischen Bischöfen vorgeschlagen wurde, stieß zu Recht auf energischen Widerspruch[45]. Selbst eine Hauptprotagonistin der „inclusive language“, die Lutheranerin Gail Ramshaw-Smith, gab zu bedenken: „‚Gott nennen‘ ist ein Privileg Gottes. Nur Gott offenbart den Gottesnamen. Versuchen Menschen, Gott von sich aus zu nennen, so ist die Versuchung des Götzendienstes nie weit entfernt“[46]. Der sowohl in der göttlichen Offenbarung wie im menschlichen Bereich zentrale Vater-Titel steht nicht zur Disposition der Menschen.

Die Anrede der ersten göttlichen Person als „Mutter und Vater“ legt zudem das Mißverständnis nahe, das Gebet richte sich an ein göttliches Ehepaar[47] oder an eine Götterfamilie[48]. Zu bedenken bleibt auch, daß der Titel „Mutter“ schon durch Maria belegt ist[49]. Neutrale Gottesbezeichnungen verschleiern dagegen, daß Gott Person ist, was grammatisch „geschlechtlich“ eingebunden wird[50]. Keine Lösung bildet die Empfehlung, den Vatertitel sparsamer

---

44 Vgl. o. S. 132.

45 Deutsche Tagespost, 5. 11. 1991, S. 5 (KNA).

46 RAMSHAW-SMITH, Gail, „Lutheran Liturgical Prayer and God as Mother“: Worship 52 (1978) 517–542, referiert nach BERGER, Teresa, „Auf der Suche nach einer ‚integrativen Liturgie‘“: LJ 37 (1987) 53. Dies hat Ramshaw-Smith freilich nicht gehindert, die Gottesanrede „Mutter“, die als Gottesname nicht verwendbar sei, in liturgische Gebetsvorlagen einzufügen: BERGER a. a. O. 54.

47 FISCHER (1990) 364.

48 MÜLLER, H.-M. 148.

49 WAINWRIGHT, Geoffrey, „An Inclusive Language Lectionary. Systematic Liturgical Observations“: BTB 14 (1984) 29.

50 MÜLLER, H.-M. 148.

zu gebrauchen[51]. Damit würde die gegebene Situation nur verschleiert.

Die Akzentuierung der biblischen Geschlechtersymbolik ist schließlich so tief im christlichen Glauben verankert und zugleich anthropologisch so zentral, daß eine „Egalisierung" der liturgischen Sprache auch die Inhalte verändern würde und zu einem apersonalen Pantheismus hin treibt[52]. Auch in der Liturgie sind Mann und Frau nicht austauschbar.

5. Berechtigte Anliegen

Berechtigte Anliegen von Feministinnen bestehen (über das Gesagte hinaus) in dem Hinweis auf die Bedeutung der Symbole, die den Menschen im Gottesdienst ganzheitlich ansprechen. Eine verkopfte bloße Wortliturgie, die vor allem dem Protestantismus vorgeworfen wird, wird zudem der inkarnatorischen Struktur des Christentums nicht gerecht: Gott ist nicht „Wort", sondern „Fleisch" geworden. Und das, was an Christus anschaubar und berührbar war, setzt sich fort in den Sakramenten der Kirche. Die Vorwürfe, die Liturgie sei zu verkopft, treffen denn auch nicht die umfassende katholische Liturgie, sondern (neben protestantischen Verengungen) die Früchte einer (mißverstandenen) Liturgiereform, die den Menschen fast ausschließlich als „Hörer des Wortes" betrachtet. Die Phobie vor kirchlichem „Triumphalismus" hat vielerorts das volkstümliche Brauchtum ebenso verkümmern lassen wie die Vollgestalt der Liturgie, die mit Weihrauch, Kerzen, Orgelklang, Stille, Farben etc. den ganzen Menschen in das Gotteslob hineinnimmt. Der „Kreativität" des Menschen sind dabei insofern Grenzen gesetzt, als die liturgischen Kernzeichen (die Sakramente) im Stiftungswillen Jesu verankert sind und sich menschlicher Willkür entziehen. Bei der Eucharistie z. B. können Brot und Wein nicht durch Milch, Honig und Kuchen ersetzt werden. Nicht zu vergessen ist freilich, daß

---

51 So FISCHER (1990) 365f.

52 ROY 209–213; KIMEL, A. F., „The Holy Trinity Meets Ashtoreth: A Critique of The Episcopal ‚Inclusive' Liturgies": Anglican Theological Review 71 (1989) 41f; vgl. o. S. 99–100.

im Bereich der Sakramentalien die eigene Gestaltung einen großen Spielraum einnimmt, der auch spezifisch frauliche Anliegen integrieren kann[53].

Wichtiger als die Frage nach Einzelheiten der liturgischen Sprache und der Gottesdienstgestaltung ist freilich die Lebensbedeutung der Liturgie überhaupt. Trägt die Liturgie in der Kirche dazu bei, daß die Menschen mit ihren Sorgen, Ängsten und Hoffnungen sich von ganzem Herzen einfügen in das Lob des dreifaltigen Gottes? Daß sie durch die heiligen Geheimnisse hineingenommen werden in das göttliche Leben? Daß sie Kraft bekommen für den Alltag? Allein von diesen Kernfragen aus bekommt das Mühen um den weiblichen Beitrag zur Liturgie den passenden Rahmen. Nicht ein verkrampftes Gerangel um liturgische „Quotenregelungen" wird die Menschen ihres Glaubens froh machen, sondern das eigene Sich-Einbringen in den gottesdienstlichen Vollzug, dessen Maßstab die Liebe des Herzens ist (und nicht die Position vor oder hinter dem Altar).

53 Zum Beispiel den Muttersegen vor und nach der Geburt: BENEDIKTIONALE. Studienausgabe für die katholischen Bistümer des deutschen Sprachgebietes, Einsiedeln u. a. 1981, 89–95.

XII. DER THEOLOGISCHE „ÖKOFEMINISMUS"

1. Das Anliegen

Die Umweltzerstörung gehört zu den großen Herausforderungen der Gegenwart. Die Bewahrung der Schöpfung ist deshalb ein wichtiges Anliegen, das (zumindest theoretisch) allgemeine Anerkennung findet. Um das zerstörerische Verhalten gegenüber der Natur zu erklären, schieben manche Kritiker die Schuld auf das Christentum: die Weisung Gottes an die Menschen, sich die Erde untertan zu machen (Gen 1,26) – der sog. „Kulturauftrag" -, sei die tiefste Ursache für die Verwüstung der Umwelt in der Neuzeit. Denn hier werde der Mensch über die ihn umgebende Natur erhoben und so von der kosmischen Harmonie gelöst. Die Anthropozentrik sei zu ersetzen durch eine Kosmozentrik[1].

Die Kritik am Kulturauftrag der Genesis wird aufgenommen von der Feministischen Theologie: dem theologischen „Ökofeminismus"[2]. Schon Mary Daly brandmarkt als Ursache für die Ausbeutung der Natur den Patriarchalismus, dessen tiefste Wurzeln im männlichen Gottesbild liege: die Herrschaft des Mannes über die Frau setze sich fort in der vergewaltigenden Ausbeutung der Naturkräfte[3]. Die Erde sei „mit uns, nicht für uns" da[4].

Besonders konsequent werden Feminismus und Ökologie verbunden bei Rosemary Ruether[5]. Der Schöpfungsbericht in Gen 1 ordnet dem Menschen die Erde unter. Durch eine solche Unterordnung erscheine die Natur als „schlecht"[6]. Verwerflich sei aber auch, daß die Natur Gott untergeordnet werde, was einer männlichen Weltsicht entspreche. Indem Gott sein Wort aussende, das etwas

---

1 In diese Richtung argumentieren u. a. MEYER-ABICH, K. M., Wege zum Frieden mit der Natur. Praktische Naturphilosophie für die Umweltpolitik, München 1984; DREWERMANN, Eugen, Der tödliche Fortschritt. Von der Zerstörung der Erde und des Menschen im Erbe des Christentums (Herder/Spektrum 4032), Freiburg 1991.

2 Vgl. den Überblick von PRAETORIUS, Ina/SCHOTTROFF, Luise/SCHÜNGEL-STRAUMANN, Helen, Art. „Schöpfung/Ökologie": Wb 354–360.

3 DALY, Vater 196–200; Gyn/Ökologie.

4 DALY, Vater 200.

5 RUETHER, Frauen; Sexismus 95–115.

6 RUETHER, Frauen 201; vgl. Sexismus 96.

Neues außerhalb seiner selbst schafft, werde er nach einem männlichen Modell beschrieben. Denn danach komme beim Zeugungsakt der Same nicht aus dem Leib der Frau, sondern von außerhalb. Natur sei dann „nicht mehr Mutterleib, in dem Götter und Menschen entstehen“[7]. Ruether begeistert sich dagegen für eine „wirkliche Solidarität mit ... unserer Mutter, der Erde, unserem eigentlichen Seinsgrund“. In diesem Ganzheitsgefühl sieht sie einen Ersatz selbst für die persönliche Unsterblichkeit: Das „Ganze und nicht das Individuelle ‚ist‘ jenes ‚Unendliche‘ ..., aus deren Leib wir geboren werden und in das wir an unserem Ende bereitwillig zurückkehren“[8].

Das Göttliche wird in dieser Konzeption mit den naturhaften Wirklichkeiten gleichsetzt: der Pantheismus[9]. Die Unterordnung des Menschen unter einen personalen, vor der Welt existierenden Gott müsse verschwinden. Erst dann sei auch die Herrschaft des Geistes über den Körper gebrochen und damit die zerstörerische Ausbeutung der Natur durch den Menschen sowie die der Frau durch den Mann[10].

In die gleiche Richtung wie Ruether bewegen sich auch Moltmann-Wendel[11] und Halkes[12]. Halkes betont, die „Erde“ sei symbolhaft immer als weiblich betrachtet worden[13]. Hiermit ist die Schicksalsgemeinschaft von Frau und Erde angesprochen, die noch viel stärker im gynozentrischen Göttinnenfeminismus herausgestrichen wird[14]. Im Unterschied zu Ruether hält sich die niederländische Theologin mit Kritik an den biblischen Schöpfungsberichten zurück und richtet ihre Angriffe eher auf die Neuzeit (Bacon, Descartes): Erst durch das Aufkommen der modernen Naturwissenschaften sei ein mechanistisches Weltbild zum Siege geführt worden, wonach die

---

7 RUETHER, Sexismus 100.

8 RUETHER, Frauen 229.

9 Vgl. o. S. 126–134.

10 RUETHER, Sexismus 38.109.

11 Jegliche Hierarchie (auch zwischen Gott und Mensch) ist abzubauen; das „Element von herabneigender Liebe“ ist dann „umgewandelt in gegenseitige Liebe ...“: MOLTMANN-WENDEL, Frauentexte 69; vgl. Milch 164.

12 HALKES, Söhne 82f; Antlitz; zu Ruether: Antlitz 133f.

13 HALKES, Antlitz 29.

14 Zum Beispiel CHRIST, Carol, „Vom Vatergott zur Muttergöttin“: SOMMER (1985) 285–287.

organischen Zusammenhänge auf das quantitativ Meßbare und technisch Beherrschbare verkürzt worden seien[15].

Halkes will den Pantheismus, der Gott und Welt gleichsetzt, ebenso vermeiden wie den Deismus, der Gott von der Welt trennt. Ihr „Mittelweg“, der Panentheismus, ist jedoch von der pantheistischen Vermischung zwischen Gott und Welt nur graduell verschieden: die Schöpfung erscheint als „Körper Gottes“, in dem Gott selbst verletzlich ist; im Gegensatz zur christlichen Lehre von der Schöpfung aus dem Nichts[16] kraft der göttlichen Allmacht kennzeichnet Halkes „Schöpfung“ als Umgehen „mit dem ..., was vorhanden war ...“[17]. Ähnlich wie Ruether wendet sich auch Halkes gegen ein hierarchisches und ein lineares Denken „in Prinzipien von Ursache und Wirkung“[18].

2. Kritische Wertung

Die Feministische Theologie betont zu Recht die innige Verbundenheit des Menschen mit allen anderen Wirklichkeiten der Schöpfung. Dieser Gedanke ist schon von den Kirchenvätern des öfteren mit einem Gedanken verbunden worden, der aus der griechischen Philosophie (Aristoteles) stammt: der Mensch ist eine Welt im Kleinen, ein „Mikrokosmos“, in dem sich die verschiedenen Schichten der sinnlich erfahrbaren Wirklichkeit ebenso wiederfinden wie die Realität des Geistes[19]. Nach dem zweiten biblischen Schöpfungsbericht ist der Mensch aus „Erde“ geformt worden (Gen 2,7); die Verwandtschaft mit der ganzen materiellen Schöpfung ist damit deutlich betont.

Problematisch wird es jedoch, wenn die Feministische Theologie die Eigenprägung des Menschen als „Ebenbild Gottes“ und den daraus folgenden Kulturauftrag (Gen 1,26–28) leugnet oder ver-

---

15 HALKES, Antlitz 29; 37–54.
16 Vgl. schon 2 Makk 7,28.
17 HALKES, Antlitz 183; vgl. o. S. 103f.
18 Ebd. 137.
19 Vgl. GATZEMEIER, M./HOLZHEY, H., Art. „Makrokosmos/Mikrokosmos“: HWP 5 (1980) 640f; s. a. LANCZKOWSKI, Günter u. a., Art. „Makrokosmos/Mikrokosmos“: TRE 21 (1991) 745–754.

kürzt. In der Geistseele des Menschen gründet die Fähigkeit, auf den schöpferischen Ruf Gottes bewußt und frei zu antworten, aber auch für die untermenschliche Schöpfung Verantwortung zu übernehmen. Die Aufforderung, sich die Erde untertan zu machen, meint keineswegs die Ausplünderung und Zerstörung der Schöpfung. Gerade der verheerende Mißbrauch des Kulturauftrages weist auf die Bedeutung, die dem *verantwortlichen* Einwirken des Menschen zukommt. Das Paradies wird in der Bibel als „Garten" beschrieben, den der Mensch zu bebauen hat (Gen 2,15). Den Menschen auf die gleiche Stufe mit Quellen, Pflanzen und Tieren zu stellen, würde ihn seiner personalen Verantwortung berauben.

Alle Schöpfungswirklichkeiten haben ihren Eigenstand, der in je besonderer Weise auf das Lob Gottes ausgerichtet ist; zugleich aber gibt es in der biblischen Weltsicht eine „hierarchische" Ordnung, wonach die untermenschlichen Wirklichkeiten auf den Menschen hin entworfen sind und damit auch auf Jesus Christus, in dem der ewige Sohn Gottes Mensch geworden ist (vgl. Kol 1,16). Ein großer Teil der Feministischen Theologie kann sich Ordnung dagegen offenbar nur als bandartige Nebeneinanderreihung und „Vernetzung" von Gleichem vorstellen. Der christozentrischen Struktur der Schöpfung wird eine solche demokratistische Weltsicht nicht gerecht. Fraglich ist auch, ob die Feministische Theologie ihre eigenen Intentionen mit einem solchen Konzept verwirklichen kann. Appelliert sie denn nicht an die Verantwortung des Menschen gerade dann, wenn sie Fehlgriffe brandmarkt?

Das „vernetzte" Ökodenken ersetzt – pointiert formuliert – das „Ego" (Ich) durch „Öko"(-logie). Halkes z. B. träumt „von einer Oiko-Theologie anstelle einer Ego-Theologie"[20]. Andererseits betont die Feministische Theologie aufs stärkste die „Autonomie" des Individuums, bis hin zur „Körperautonomie" der Abtreibung[21]. Beide Perspektiven, die „Vernetzung" und der Individualismus, fügen sich nur sehr schwer zueinander. Einerseits wird die Autonomie der Frau gegen die Komplementarität der Geschlechter ausgespielt,

---

20 HALKES, Antlitz 184.

21 Vgl. PRAETORIUS, Ina, Art. „Autonomie/Emanzipation": Wb 36–38; HALKES, Söhne 20–23 („Befreiung zur Autonomie"); o. S. 67.

andererseits wird das individuelle Eigensein des Menschen der apersonalen Welt gleichgeordnet.

Ein wahres Moment trifft die Kritik, die ein hypermännlich geprägtes aggressives Beherrschenwollen brandmarkt, das sich in der Umweltzerstörung niedergeschlagen hat. Hier gibt es in der Tat Verbindungen auch zur Unterdrückung der Frau. Aber selbst Feministinnen, wie Halkes, müssen zugestehen, daß diese Mentalität ein Produkt der Neuzeit darstellt, die sich hiermit von der antiken und mittelalterlichen Sicht der Schöpfung gelöst hat.

Von der feministischen Ökologie kritisiert wird nicht nur der Kulturauftrag, sondern auch der seinsmäßige, in der Schöpfung aus dem Nichts begründete Unterschied zwischen Gott und Mensch. Hier ist zu bemerken, daß Unterscheidung keine Trennung bedeutet: Gott ist in seiner Schöpfung gegenwärtig und nach dem bekannten Augustinuswort dem Menschen innerlicher als dieser sich selbst[22]. Der seinsmäßige Unterschied setzt den Menschen jedoch frei, auf die zuvorkommende Liebe Gottes in Liebe zu antworten (oder sich Gott zu verweigern). Die Beziehung der Liebe ist ohne den personalen Unterschied der Liebenden nicht denkbar. Und auch die untermenschliche Schöpfung hat ihre relative Eigenständigkeit, so daß sie (was bei einer formell göttlichen Prägung problematisch wäre) der Verantwortung des Menschen anheimgestellt ist.

Beziehung ist mehr als Selbstidentität (etwa des Menschen mit seinem Körper), sondern bedeutet eine Verbundenheit, die mit der personalen Hingabe wächst. Der Mensch ist nicht zu einer kosmischen Allverschmelzung gerufen, sondern zur personalen, ewig währenden Gemeinschaft mit dem dreifaltigen Gott in der neuen Schöpfung der Endzeit. Die christliche Hoffnung sprengt hiermit jedes Fixiertsein auf das vergängliche Leben, öffnet die Perspektive für die Ewigkeit und befreit von da aus auch zum konkreten Handeln für die Bewahrung und Entfaltung der Schöpfung.

Eine pantheistische (oder panentheistische) Weltsicht kann eine solche Hoffnung nicht vermitteln. Halkes beklagt die Zerrissenheit der Welt[23]. Sie hält die Welt für den „Körper Gottes" – ist demnach auch Gott in sich zerrissen? Daß Gott „verletzlich" sei und seiner

22 Confessiones III,6,11.
23 HALKES, Antlitz 182.

Allmacht entkleidet, behauptet Halkes ohnehin schon[24]. Eine Zerrissenheit Gottes wäre freilich nicht viel anderes als eine Neuauflage des Manichäismus der Antike: das Göttliche als tragisch zerspaltenes Prinzip, in dem Gut und Böse gegeneinander kämpfen[25]. Das Böse und die Zerrissenheit der Welt werden hier als ursprünglich gegeben, ja als göttlich akzeptiert. Diese fatalistische Auffassung ist die logische Folge, zu der eine pan(en)theistische Konzeption letzten Endes hinführt. Daß dergleichen dem aktiven Einsatz für die Bewahrung der Schöpfung dient, darf wohl bezweifelt werden.

Neben der manichäischen Gefährdung gibt es in der Feministischen Theologie einen Rückfall in heidnischen Götzendienst, der die „Mutter Erde" zu göttlichen Ehren erhebt. Dies geschieht im „Göttinnenfeminismus", aber auch in „gemäßigten" Kreisen. Catharina Halkes, immerhin selbst feministische Theologin, warnt vor einer Erde- und Mondreligion, die gerade in Deutschland schon einmal böse Folgen gezeitigt habe[26]. Und Ingeborg Hauschildt, engagierte evangelische Christin, berichtet: „Als es im Jahre 1981 in der damals angebotenen Frauen-Weltgebetstags-Liturgie um die Anrufung der Mutter Erde ging, brach es bei einer unserer Frauen in Neumünster heraus: ‚Aber das ist ja wie ‚Blut und Boden' bei Hitler!' Das wollen manche Gemeindemitglieder dann doch nicht mehr mitmachen. Hier ist ganz schlicht das erste Gebot zu verkündigen"[27].

Was die Feministische Theologie im Blick auf die Ökologie anbietet, gründet zu einem großen Teil in der Restauration naturvergötzenden Heidentums, das in der Weltimmanenz befangen bleibt. Es fehlt der Glaube an einen personalen Gott, der die Welt geschaffen hat und der die Verantwortung des Menschen für die Schöpfung in seinen Plan einbaut. Und nicht zuletzt fehlt die christliche Vision, daß Gott die Welt vollendet im „neuen Himmel und der neuen Erde". Es fehlt der große Atem der Hoffnung, der die Schöpfung befreit[28].

---

24 Ebd. 182.185.

25 Vgl. RUDOLPH 352–379.

26 Vgl. GERBER (1984) 582.

27 HAUSCHILDT, Feministische Theologie 21; vgl. BEYERHAUS, Aufstand 41.

28 Die ökologische Thematik konnte in diesem Kapitel nur kurz angerissen werden. Einen hilfreichen Durchblick bietet: ZIEGENAUS, Anton, „Die Umweltproblematik in schöpfungstheologischer Sicht": FKTh 8 (1992) 81–98.

XIII. DIE FEMINISTISCHE ESCHATOLOGIE ODER DIE VERLORENE HOFFNUNG AUF DAS EWIGE LEBEN

1. Darstellung

Im Zentrum der Feministischen Theologie steht der Kampf um Macht in dieser Welt. Eine Zukunft, die ein Leben des Einzelmenschen nach dem Tode erhofft, wird in aller Regel geleugnet und als patriarchalische Ideologie zurückgewiesen[1]. Die Verdrängung der individuellen Unsterblichkeit hängt bei Mary Daly offenbar mit ihrer Anwendung der Prozeßphilosophie A. N. Whiteheads zusammen, wonach es im Sein nur fließende Prozesse gibt, aber keine Wirklichkeiten mit einem bleibenden Eigenstand (wie etwa ein persönlicher Gott oder die menschliche Geistseele)[2]. Die Anhängerinnen des Göttinnenfeminismus bejahen den ewigen Kreislauf von Leben und Tod, den sie in den matriarchalen Kulten wiederfinden wollen. Dazu Elga Sorge: „Ein ‚ewiges Leben', das den Tod nicht kennt, erscheint aus Göttin-Sicht als tödliches Mißverständnis"[3]. Christa Mulack schließt eine Auferstehung des Leibes definitiv aus, nicht aber eine Reinkarnation[4]. „Unsterblichkeit" bestehe darin, daß die Mutter in ihrer Tochter wiedergeboren werde, im Kreislauf der Natur[5]. Ob es daneben ein persönliches Überleben des Todes gibt, bleibt nebulös[6]. Ein Weiterleben des menschlichen Bewußtseins scheint nur eine Minderheit von Autorinnen anzunehmen, so Hildegunde Wöller[7].

---

1 Zum folgenden vgl. auch die Übersichten bei SUTTER REHMANN, Luzia, Art. „Eschatologie": Wb 86–89; GERBER, Eroberung 162–178.

2 DALY, Vater 210; vgl. o. S. 56.

3 SORGE 69.

4 MULACK, Jesus 270–277.

5 MULACK, Weiblichkeit 315f; Jesus 268f.

6 Vgl. MULACK, Jesus 272: „... Möglichkeit, daß der physische Tod geistig überlebt werden kann" (nach den Gnostikern, mit denen die Theologin sympathisiert) mit 282: „... lebt Jesus weiter in der Verkündigung ... wie auch in den Herzen von Frauen und Männern".

7 WÖLLER, Hildegunde, „Glaube an den dreieinigen Gott. Versuch einer Neuinterpretation": Frauen. Anstöße 28 (3/1981) 106: zit. b. GERBER, Eroberung 174.

Unter den „gemäßigten“ Autorinnen wird die Eschatologie am ausführlichsten behandelt von Rosemary Ruether[8], deren Gedanken von zahlreichen Autorinnen übernommen werden[9]. Eine neue Schöpfung und eine leibliche Auferstehung, die über innerweltliche Kräfte hinausgehen, und eine persönliche Fortexistenz nach dem leiblichen Tode werden von Ruether abgelehnt, freilich mit der Einschränkung des „Agnostizismus“, daß man „nicht vorgeben ‚sollte‘, etwas zu wissen, was wir nicht wissen“[10]. Die „moderne revolutionäre Hoffnung kann die Auferstehung der Toten nicht zusagen; sie kann nur zusagen, daß unsere Enkel irgendwann bessere Tage sehen werden“[11]. Die Hoffnung auf persönliche Unsterblichkeit bezeuge einen männlich geprägten „Egoismus“, der nur von den Problemen der Leiblichkeit und der Gemeinschaft ablenke[12]. Visionäres Ziel ist „eine ‚neue Menschheit‘ auf einer ‚neuen Erde‘“, „eine Welt, wo es weder Herrscher noch Beherrschte gibt“[13].

Bei Ruether dürfte auch hier die marxistische Position durchschlagen, die eine Hoffnung auf Unsterblichkeit als trügerische Vertröstung betrachtet, die nur vom politischen Kampf ablenkt[14]. Der gleiche Hintergrund scheint auf bei Dorothee Sölle, die mit Luise Schottroff betont: „Aus feministischer Sicht gilt die Vorstellung einer unsterblichen Seele wegen des Dualismus von Leib und Seele und wegen der Abwertung des Leibes als fundamental leib- und frauenfeindlich“[15]. „Auferstehung“ ist für Sölle nur ein symbolhafter Ausdruck für „‚Aufstehen‘ und ‚Aufstand‘ gegen Ungerechtigkeit“[16]; es geht (ähnlich wie bei Bultmann) um eine „entmythologisierte, nicht wunderhafte Formulierung der Auferstehung“[17].

Neben dieser politisierenden Umdeutung von „Auferstehung“

---

8 Vgl. bes. RUETHER, Sexismus 279–305.

9 Zur Bedeutung Ruethers vgl. GERBER, Eroberung 162; GÖSSMANN, Zukunft: Wb 440.

10 RUETHER, Sexismus 303.

11 Ebd. 288.

12 Ebd. 281.304.

13 RUETHER, Frauen 229; Sexismus 21; vgl. 25.150.

14 Zum marxistischen Einfluß bei Ruether vgl. o. S. 36f.

15 SCHOTTROFF/SÖLLE, Auferstehung: Wb 35f. Vgl. SUTTER REHMANN, Eschatologie: Wb 87f.

16 A. a. O. 35.

17 SÖLLE, Kreuz: Wb 236; vgl. auch die Sölle-Zitate bei GERBER, Eroberung 172f.

finden wir bei „gemäßigten“ Feministinnen auch die mit dem Göttinnenfeminismus verwandte Vorstellung, eine leibliche Auferstehung am Ende der Tage entspreche einem zeitlich „linearen“, männlichen Denken. Dagegen wird der naturhafte „weibliche“ Zyklus von Leben und Tod gesetzt[18]. „Auferstehung“ bedeutet dann für Maria Kassel „Einfühlen in den Rhythmus von Tod und Leben als die Gezeiten des Lebens“[19]. Sie sympathisiert darum (wie zahlreiche andere Theologinnen) mit dem Kult der Astarte im alten Kanaan, einer typischen Religion des Naturkreislaufs[20].

Stärker im politisierenden Bereich verbleiben dagegen Halkes und Moltmann-Wendel. Als „eschatologische Hoffnung“ nennt Halkes das biblische Bild: „der Löwe neben dem Lamm“. Zwar sei dies nur eine Utopie, „aber ... eine, die Wirkungen zeitigt“. Ziel ist die psychische Ganzheit jedes Menschen, aber auch die Versöhnung von Mensch und Kosmos. Diese Hoffnung werde „nicht ohne uns, aber auch nicht nur durch uns verwirklicht“[21]. Als „hoffnungsvolle Vision“ erscheint insbesondere Gal 3,28, wonach es nicht mehr Mann und Frau gebe[22]. Ein Erfolg in diesem Bemühen gilt als „Auferstehung“ oder als „Befreiung aus der Sklaverei“[23]. In diesem Sinne geschieht „Auferstehung“ „in jedem Augenblick aufs neue“[24]. Eine Hoffnung auf leibliche Auferstehung wird hier nicht deutlich.

Der „Traum von der kosmischen Friedenswelt“ verkörpert sich für Moltmann-Wendel in dem biblischen Wort: „Das Land, wo Milch und Honig fließt“[25]. Milch sei im alten Orient ein Symbol gewesen für „biologisches Leben und auch Unsterblichkeit“[26]. Das Element der Unsterblichkeit und der Hoffnung über diese Welt hinaus kommt freilich bei der Aktualisierung des Symbols nicht zum Zuge.

---

18 Zum Beispiel bei SUTTNER REHMANN, Eschatologie: Wb 88f; RIEDEL, Ingrid, Art. „Leben/Tod“: Wb 240.

19 KASSEL, Maria, „Tod und Auferstehung“: dies., Feministische Theologie (1988) 221. Maria Kassel war über mehrere Jahre hinweg Leiterin der „Arbeits- und Forschungsstelle Feministische Theologie“ an der Katholisch-Theologischen Fakultät der Universität Münster.

20 Ebd. 218.

21 HALKES, Suchen 20.

22 Ebd. 111; vgl. 121; Söhne 34.

23 HALKES, Suchen 48.

24 HALKES, Antlitz 180.

25 MOLTMANN-WENDEL, Milch 120.10.

26 Ebd. 10.

„Milch und Honig“ meinen ganz einfach „Lebensraum für alle“ und den Übergang in „eine Gesellschaft, in der Herrschaft abgebaut“ ist. Die biblische „alte Wanderparole mit ihrer Erdnähe“ könne uns auf diese Utopie hin „begleiten“[27].

Kritik an der Ausblendung und Leugnung der persönlichen Unsterblichkeit findet sich innerhalb der Feministischen Theologie fast nie. Eine Ausnahme bildet hier Elisabeth Gössmann: „Nach meiner Meinung hat sich die Feministische Theologie bisher noch viel zu wenig mit der Eschatologie befaßt bzw. sie auf einen Weg geführt, der zu einseitig ist“[28]. Ihre eigene Vorstellung über die Unsterblichkeit der Seele wird nicht recht deutlich[29]. Wohl aber begrüßt sie, daß die „Großkirche“ gegen gnostische und manichäische Strömungen daran festgehalten habe, daß Mann und Frau ihre geschlechtliche Prägung auch nach der Auferstehung behalten. Damit sei die Kirche vom Vorwurf der Leibfeindlichkeit entlastet. „Es ist kein Fortschritt, ‚die eschatologische Lehre von der Aufhebung der Geschlechterdifferenz‘ als ein besonderes Interesse von Frauen herauszustellen ...“[30]

2. Kritische Wertung

Die Kritik Elisabeth Gössmanns an der Eschatologie ihrer meisten Mitstreiterinnen legt eine schwärende Wunde offen: die verlorene Hoffnung auf das ewige Leben. Nach Gössmann ist die katholische Kirche hier frauenfreundlicher als die Feministinnen. Betroffenheit über die Leugnung der Auferstehung äußern auch die evangelischen Theologinnen Schneider-Böklen und Vorländer, die selbst feministische Ansätze vertreten[31]. Die Eschatologie ist vielleicht der Bereich, der noch am ehesten Feministinnen zu einer Überprüfung ihrer Position veranlassen könnte. Denn der Wunsch nach persön-

27 Ebd. 15.66.205.

28 GÖSSMANN, Zukunft: Wb 440.

29 Unsterblichkeit durch göttliche Gnade? Eingang des individuellen Geistes in den universalen Geist wie im lateinischen Averroismus? Ebd. 440f.

30 Ebd. 441. Gössmann wendet sich hier gegen RIEDEL-SPANGENBERGER, Ilona, Art. „Christentum“: FLex 150.

31 Vgl. o. S. 146.

licher Unsterblichkeit, der jedem Menschen ins Herz gelegt ist, kann nur durch die Gemeinschaft mit dem Gott Erfüllung erfinden, der in seiner Allmacht und Güte die Welt aus dem Nichts ins Dasein gerufen hat und durch die Auferstehung Jesu einen geschichtlichen Anfang gemacht hat für die Verklärung des ganzen Kosmos. Die symbolhaft eher „männlichen" Züge des Gottesbildes (machtvolles Einwirken in die Geschichte, Schöpfung „von außen" ...) könnten in ihrer Lebensbedeutung für Frauen und Männer hier neu aufleuchten. Erinnert sei aber auch daran, daß sich nach katholischem Glauben allein in einer Frau, in Maria, die Erlösung vollkommen ausgewirkt hat, bis hin zur bereits erfolgten Verklärung des fraulichen Leibes. Maria leuchtet so als Zeichen der Hoffnung dem pilgernden Gottesvolk voran[32].

Die Feministische Theologie verlegt die endzeitliche Hoffnung in das Diesseits. Die „Auferstehung" wird zum „Aufstand", und die neue Schöpfung reduziert sich auf das irdische Ideal einer „herrschaftsfreien Gesellschaft". Diese Umdeutung entbehrt freilich nicht einer gewissen Tragik – handelt es sich doch nach eigenem Eingeständnis um eine „Utopie", die sich niemals erfüllt.

Die christliche Hoffnung dagegen freut sich auf die persönliche Unsterblichkeit und die Auferstehung mit der von Gott bewirkten Umwandlung der ganzen Schöpfung in den „neuen Himmel und die neue Erde" (Offb 21). Diese Hoffnung überragt die welthafte Diesseitigkeit, führt aber gerade dadurch zu den stärksten Impulsen auch im zeitlich-irdischen Bereich. Der Blick auf die neue Schöpfung, die allein Gott herbeiführt, verleiht große innere Gelassenheit und Kraft für selbstlosen Dienst auch dann, wenn innerweltliche Sicherheiten versagen. Das „Diesseits" ist Bewährungsfeld für das „Jenseits", für die ewige Gemeinschaft mit Gott. Die Entpersonalisierung Gottes in der Feministischen Theologie dagegen entpersonalisiert schließlich auch den Menschen: die Ewigkeitsbedeutung der Liebe wird aufgegeben zugunsten von Vernichtung und Zerstörung. Der Traum von der „Ganzheit" – zerplatzt er dabei nicht wie eine Seifenblase?

---

32 II. Vatikanum, Lumen gentium 68 (RAHNER/VORGRIMLER 196).

XIV. FEMINISTISCHE THEOLOGIE – CHANCE ODER GEFAHR? ZUSAMMENFASSENDE WERTUNG UND AUSBLICK

Mit der Betrachtung der Eschatologie sei die exemplarische Vorstellung der inhaltlichen Einzelaspekte der Feministische Theologie abgeschlossen. Am Schluß der Arbeit verbleibt nun noch die Aufgabe, die Bedeutung der Feministischen Theologie zusammenfassend zu würdigen und einige Zukunftsperspektiven aufzuzeigen.

Der innere Zusammenhang der Einzeltraktate des theologischen Feminismus ergibt sich inhaltlich aus der Anthropologie, deren Struktur auf alle anderen Bereiche abfärbt. Es geht darum, entweder das „androgyne" oder das „gynozentrische" Ideal auf alle Lebensbereiche auszudehnen, vor allem auf das Gottesbild. Gemeinsam ist allen Formen des Feminismus der Kampf gegen die stärkere Führungsverantwortung des Mannes in Familie, Gesellschaft und Kirche. Abgelehnt wird die Vorstellung, daß Mann und Frau einander ergänzen sollen.

Formal gesehen, zeigt sich ein gemeinsames Band der feministischen Theologien in dem Bewertungsmaßstab der weiblichen „Erfahrung", der sich in seiner subjektiven Prägung mit dem Wissenschaftscharakter der Theologie zumindest sehr schwer tut. Das feministische Selbstverständnis weiß sich in jedem Fall davon enthoben, an der göttlichen Offenbarung maßzunehmen. Von Schrift und Tradition wird nur das beibehalten, was der eigenen Perspektive entspricht.

Geistesgeschichtlich gesehen, ist der marxistische Einfluß vom Ursprung her am wirksamsten gewesen: das beim innerkirchlichen Feminismus dominierende „Rollendenken", aber auch die Ablehnung von Über- und Unterordnung im sozialen Bereich („Herrschaft") hängt damit zusammen. Hinzu kommt ein Freiheitsverständnis, das vom Existentialismus gefärbt ist (Simone de Beauvoir) und (beim „Gleichheitsfeminismus") die frauliche Leiblichkeit nicht als Chance, sondern als Hindernis betrachtet. Stärker politisierende Formen der Feministischen Theologie stehen neben Ansätzen, die von der Tiefenpsychologie C. G. Jungs herkommen und vor allem die gynozentrische Richtung bestimmt haben. Das „androgyne

Ideal“ beim Gleichheitsfeminismus geht (z. T. über vermittelnde Formen) auf die antike Gnosis zurück, auf die z. T. auch direkt zurückgegriffen wird. Zu beachten ist ferner der Einfluß heidnischer Naturreligionen und des Okkultismus, zumal beim „Göttinnenfeminismus“.

Im Gottesbild ergibt sich sowohl beim androgynen wie beim gynozentrischen Feminismus ein übermächtiger Trend zum Pantheismus: Gott und Welt werden miteinander vermischt, wobei die personale Prägung sowohl Gottes wie des Menschen zurücktritt. Letzteres wird besonders deutlich in der Eschatologie, wo die persönliche Unsterblichkeit als patriarchalistische Ideologie zurückgewiesen wird.

Die Feministische Theologie ist kein einheitlicher Block. Auf den „Schwesternstreit“ wurde des öfteren hingewiesen. Viele Positionen heben sich gegenseitig auf, insbesondere in der Anthropologie. Ein eigenes Problem stellt die Feststellung des spezifisch „Fraulichen“ in der Feministischen Theologie dar. Die Grundmomente der Ideologien gehen auf Männer zurück (Marx, Engels, Jung, Sartre, Tillich u. a.). Cornelia Ferreira meint darum – in einer sehr engagierten und zugespitzten Weise – eine Paradoxie feststellen zu müssen: gerade die Frauen, die sich aus der Sklaverei des Mannes lösen wollten, seien in eine Sklaverei des Heidentums geraten, manipuliert von bösen Männern[1].

Die Feministische Theologie bildet für die Kirche in gewisser Weise Chancen, vor allem aber eine Gefahr, die an die Substanz des Menschseins und des christlichen Glaubens geht. Eine Chance ist die Feministische Theologie insofern, als sie mit großer Vehemenz darauf aufmerksam macht, daß es den Menschen nur als „Doppelausgabe“ gibt, als Mann oder Frau. Die geschlechtliche Prägung des Menschseins ist tiefer zu bedenken. Gerade die Übertreibungen des Feminismus können die Augen schärfen für Grundwahrheiten, die bisher mehr intuitiv und unthematisch präsent gewesen sind, nun aber bewußt reflektiert und vertieft werden müssen. Die Feministische Theologie schärft auch das Gespür für Benachteiligung und

---

1 FERREIRA (1991) 433: „The irony ist that women who have striven hard for ‚liberation‘ from men have descended into slavery – the slavery of paganism from which Christ freed us – by being manipulated by wicked men“.

Unterdrückung der Frau, die als Folge der Sünde von jedem Christen zu bekämpfen sind[2]. Mann und Frau besitzen den gleichen Wert und die gleiche Würde.

Dieses positive Anliegen wird jedoch durch extreme Auffassungen in Mißkredit gebracht. Die Gleichberechtigung wird häufig verwechselt mit Gleichheit, die der Komplementarität der Geschlechter nicht gerecht wird. Insbesondere der Gleichheitsfeminismus vergißt, daß in manchen Lebensbereichen der Frau und in anderen dem Mann mehr „Rechte" zukommen. Die Feministische Theologie insgesamt begeht den schwerwiegenden Fehler, die keineswegs exklusive, aber stärker ausgeprägte Führungsaufgabe des Mannes als Inbegriff des Bösen zu verteufeln. Eine stärkere Verantwortung von Frauen in Führungspositionen ist gewiß sinnvoll, auch innerhalb der Kirche. Aber die lautstarke Forderung nach einer 50/50 (oder, bei Mulack: 70/30) „Quotenregelung"[3] kann – langfristig gesehen – männliche Gegenreaktionen provozieren, die dem fraulichen Wirken nicht hilfreich sein dürften.

So unausgegoren und extremistisch die feministischen Thesen auch oft sein mögen – sie bilden eine dringliche Herausforderung, das christliche Gottes- und Menschenbild tiefer zu bedenken. Gegen den im kirchlichen Raum dominierenden Gleichheitsfeminismus und sein soziologistisches „Rollendenken" ist dabei zu betonen: Das in der Schöpfung begründete Mann- und Frausein ist keine bloße „Funktion", sondern weist über rein innerweltliche Zusammenhänge hinaus auf die Liebe zwischen Gott und Mensch. Dieser zugleich symbolhafte wie heilswirksame Zusammenhang prägt sich im Sakrament der Ehe aus, wo die gegenseitige Hingabe von Bräutigam und Braut auf Christus und die Kirche deutet (Eph 5). Er zeigt sich aber auch im Verhältnis zwischen besonderem und allgemeinem Priestertum. Hier ist zu unterscheiden zwischen der „apostolisch-petrinischen Dimension", der Vertretung Christi als des Hauptes der Kirche, und der „marianischen" Dimension. Papst Johannes Paul II. weist in „Mulieris dignitatem" eindringlich darauf hin[4]. Allein aus dieser symbolhaftsakramentalen Weltsicht heraus, die einem ratio-

---

2 MULIERIS DIGNITATEM, Nr. 8–10.

3 Vgl. o. S. 21.37.

4 MULIERIS DIGNITATEM, Nr. 22–29; vgl. o. S. 144–148.

nalistischen Machbarkeitskalkül weithin verloren gegangen ist[5], können die entscheidenden Antworten kommen, welche die Feministische Theologie als Irrweg erweisen.

Bei einer solchen Reflexion wird im Grunde nur ins Wort gefaßt, was die Kirche schon längst gelebt hat: die Hinordnung auf Gott, der in Jesus Christus Mensch geworden ist, und die Ausrichtung auf Maria, das bräutliche Urbild der Kirche. Zumal der marianische Aspekt ist hier sehr wichtig, vereinigt Maria doch die größten Glaubensgeheimnisse in sich und strahlt sie wider[6], so daß die Kirche sie im Anschluß an die Erfahrung der Kirchenväter seit dem 8. Jh. als „Besiegerin aller Häresien" kennzeichnet[7]. Die lebensbezogene Verehrung Mariens schenkt ein Gespür für die spezifische Berufung und die Würde der Frau. Ist es Zufall, daß in den marianisch vitaleren katholischen Ländern und in der orthodoxen Kirche Feministische Theologie kaum ein Standbein findet?

Inwieweit kann die Feministische Theologie in die theologische Wissenschaft integriert werden? Manche Kreise sind von der Feministische Theologie so begeistert, daß eigene Institute und Lehrstühle gegründet werden[8]. Ein solches Vorgehen setzt freilich voraus, daß nicht nur einzelne Momente, sondern der jeweilige Grundansatz der Feministischen Theologien akzeptiert werden kann. Der gynozentrische „Göttinnenfeminismus" findet in der akademischen Theologie ziemlich allgemeine Ablehnung, während die „androgynen" Spielarten eine vergleichsweise hohe Akzeptanz finden. Die vorliegende Untersuchung macht jedoch deutlich, wie sehr sich gerade bei den „gemäßigten" Theologinnen das Ideal der polaritätsverwischenden Androgynie in allen Einzeläußerungen widerspiegelt. Die Auflösung der spezifischen Identität von Mann und Frau, die von der „kirchlichen" Feministischen Theologie betrieben wird, widerspricht diametral dem christlichen Menschenbild. Unter den wohlklingenden Vokabeln von „Ganzheit" und „Herrschafts-

---

5 Dazu ZIEGENAUS, Anton, „‚Als Mann und Frau erschuf er sie' (Gen 1,27). Zum sakramentalen Verständnis der geschlechtlichen Differenzierung des Menschen": MThZ 31 (1980) 210–222.

6 Lumen gentium 65 (RAHNER/VORGRIMLER 194).

7 ZIEGENAUS, Anton, Art. „Häresie": ML III (1991) 67–69; vgl. auch RATZINGER, Glaube 105–110.

8 Vgl. o. S. 52f.

freiheit" verbirgt sich eine Ideologie, die menschliche Personalität und mitmenschliche Gemeinschaft zerbricht.

Die Bejahung der „Androgynie" und die Ablehnung der Komplementarität der Geschlechter spricht nicht nur gegen eine Errichtung feministischer Lehrstühle und Institute. Abzulehnen ist auch die Forderung, die Feministische Theologie müsse – ähnlich wie berechtigterweise die Ökumenische Theologie – alle einzelnen theologischen Disziplinen durchdringen[9]. Berechtigt ist freilich das Anliegen einer Frauenforschung, die sich einfügt in die Erarbeitung einer umfassenden theologischen Geschlechteranthropologie[10]. Einem solchen Bemühen darf es nicht nur um die Frau gehen, sondern es muß beide Geschlechter gleichermaßen einbeziehen. Als Basis für diese notwendige Arbeit ist die Geschlechterkomplementarität zu nehmen, nicht ein spätmarxistisches Gleichheitsideal.

Schon die androgyne (aber auch die gynozentrische) Grundidee ist dagegen dem christlichen Glauben fremd. Es kann daher nicht überraschen, daß bei Frauen, die sich auf Feministische Theologie einlassen, der Sog vom Christentum fort unverkennbar ist. Eine Niederländerin, selbst Anhängerin der Feministischen Theologie, beobachtet: die feministische Religionskritik ist „für viele Frauen" „nicht selten das definitive Ende ... der Verbindung zwischen Feminismus und Theologie"[11]. Nach der evangelischen Theologin Martie Dieperink wird vom „christlichen" Feminismus der antichristliche Wein nur verdünnt, aber es bleibt derselbe Wein[12]. Oder um es mit Elisabeth Motschmann zu formulieren: Die Feministische Theologie hinterläßt einen theologischen und menschlichen „Trümmerhaufen"[13].

Bezeichnend ist hier auch der Drift vieler Theologinnen zur bewußt neuheidnischen Göttinnenbewegung[14]. Der Göttinnenfeminis-

---

9 GÖSSMANN, Schwestern 19f; MEYER-WILMES 13f. Ähnlich SCHNEIDER-BÖKLEN/VORLÄNDER 140.

10 So auch SIMONIS (1986) 83f; GERL (1988) 76.

11 SCHAUMBERGER/MAASSEN 101; vgl. GÖSSMANN, Schwestern 32.

12 DIEPERINK, Feministische Theologie 26. Dieperink weist hier beispielhaft auf das Verhältnis von Mary Daly und Catharina Halkes hin.

13 Vgl. MOTSCHMANN (1985) 291.

14 Ein erschütterndes Beispiel bieten die Lebensläufe von Ursa Krattiger (ursprünglich evangelisch) und Lucie Stapenhorst (zunächst katholisch): KRATTIGER, z. B. 106f; STAPENHORST, Lucie, Als Tochter der Göttin von Zwängen befreit, Olten 1992.

mus ist ein wichtiger Strom in der sog. „Neuen Religiosität" („New Age"), einer aktualisierten Neuauflage des Heidentums, die auf alles andere hinzielt denn auf eine Belebung des Christentums[15]. Was sich hier ankündigt, weist manche Parallelen auf zur antiken Gnosis, mit der die Kirche schon vor allem im 2. Jh. einen Kampf auf Leben und Tod geführt hat. Die Androgynie war und ist eine gnostische Grundidee, die gleichsam aus dem Untergrund immer wieder ans Tageslicht drängte, von der jüdischen Gnosis, der Kabbala, bis zu Jakob Böhme, Franz von Baader und C. G. Jung[16]. Der Gnosisforscher Gilles Quispel kennzeichnet den antiken Gnostizismus als „mythische Projektion der (menschlichen) Selbsterfahrung"[17]. Nach Hans Jonas überhöht die Gnosis den Menschen „zu einem innerweltlichen Gott", der den Schöpfer „auf seinen Platz verweist"[18].

Es wäre schade, wenn auf den Umgang von Christen mit der Feministischen Theologie das Wort zuträfe: Wer die Geschichte nicht kennt, muß sie wiederholen. Der Herausforderung der Feministischen Theologie wird die Kirche nicht dadurch gerecht, daß sie naive „Offenheit" demonstriert und alle Entgleisungen mit wohlwollender Nachsichtigkeit in die kirchliche Bildungsarbeit und die Universitäten einsickern läßt.

Eine sinnvolle Aufgabe ist es freilich, die „weibliche" Perspektive auch für die Theologie stärker fruchtbar zu machen[19]. Dies gilt für weibliche Erfahrungszusammenhänge ebenso wie für den konkreten Lebensbezug und die ganzheitliche Beteiligung von Verstand und Gemüt. Daß damit der Frau nicht die Abstraktionsfähigkeit bestritten werden soll, sei gegen maliziöse Mißverständnisse ausdrücklich betont. Eine überaus starke Position haben Frauen in der Geschichte der Mystik (die in der deutschen Universitätstheologie keine besondere Rolle spielt); an die Bedeutung einer hl. Theresia von Avila etwa dürfte so leicht kein Mann heranreichen. Von einer hl. Hildegard und einer hl. Katharina von Siena stammen Schriften, die von einer faszinierenden einfühlsamen Schau der Glaubens-

---

15 Vgl. o. S. 40–43.

16 Vgl. SILL; HAUKE, Frauenpriestertum 155–162 (Gnostizismus); 164–172 (Kabbala); 262–264.289 (Einfluß Böhmes); 128 (C. G. Jung und Gnosis).

17 QUISPEL 17.

18 JONAS, Hans, Gnosis und spätantiker Geist I (FRLANT 51), Göttingen ²1957, 383.

19 Dazu ALBRECHT (1983) 49–52.

wahrheiten zeugen. Die „weibliche“ Theologie heiliger Frauen könnte ein wichtiges Korrektiv sein für einen modernen Wissenschaftsbetrieb, der sich nicht selten in „männlichen“ rationalistischen Abstraktionen verliert. Kirchlich verankerte, das Gemüt mit einbeziehende Intuition und präzise Reflexion sollten nicht nur in jedem einzelnen Christen, sondern auch in der Theologie stärker verbunden sein. Eine Verdoppelung des Männlichen in der Frau oder ein verbissener Feminismus dienen diesem Anliegen nicht, wohl aber Theologinnen, die ihres Frauseins froh sind und ohne Minderwertigkeitskomplexe den Glauben der Kirche fruchtbar machen[20].

Ein Anfang am Nullpunkt ist dabei nicht nötig. Schon in der Antike und im Mittelalter lassen sich hier interessante weibliche Vorbilder finden. Nicht zuletzt im 20. Jh. gibt es hochgebildete Frauen, die aus katholischer Sicht hervorragende Beiträge gerade auch zur Frauenfrage geleistet haben, so die Schriftstellerinnen Gertrud von le Fort, Sigrid Undset und Ida Friederike Görres, die Philosophin Edith Stein, die Katechetin Oda Schneider, die Theologin Barbara Albrecht und manche andere. Feministische Theologie ist für diese Zeuginnen blind.

Neben der Theologie ließen sich noch andere Beispiele ausmachen, in denen die von Verstand und Herz geprägte „Ganzheitlichkeit“ zu kurz kommt, einer harmonischen Einheit, die nicht mit einer androgynen Einförmigkeit zu verwechseln ist. Gerade der Frau fällt hier eine entscheidende und unersetzbare Bedeutung zu. Papst Johannes Paul II. beklagt die Schattenseiten des materiellen Fortschritts, der mit einem „Verlust der Sensibilität für den Menschen, für das eigentlich Menschliche“ einhergegangen ist. „In diesem Sinne erwartet vor allem unsere Zeit, daß jener ‚Genius‘ der Frau zutage trete, der die Sensibilität für den Menschen, eben weil er Mensch ist, unter allen Umständen sicherstellt und so bezeugt: ‚Die Liebe ist am größten‘ (vgl. 1 Kor 13,13)“[21].

---

20 Ein erfrischendes Beispiel für gläubiges Engagement (nicht nur von Theologinnen) bildet ein vielseitiges Sammelwerk, von 47 Frauen erstellt: ZÖLLER, Ursula u. a., Deine Dich liebende ... Briefe an Mutter Kirche, Aschaffenburg 1993.

21 MULIERIS DIGNITATEM, Nr. 30.

Mit den vorausgegangenen Bemerkungen sind schon einige positive Perspektiven angeklungen, die für die Situation der Frau in der Kirche wichtig scheinen. Einige weitere Gedanken (ohne den Anspruch auf Vollständigkeit) seien hinzugefügt:

In den Aufgaben der Frau zeigt sich das allgemeine Priestertum besonders deutlich. Die Stellung der Frau in der Kirche ist so etwas wie eine Nagelprobe dafür, wie man die Würde des Laien einschätzt. Gemeinsames und besonderes Priestertum sind aufeinander zu beziehen, nicht aber gegeneinander auszuspielen.

Aufgrund der neueren Entwicklung in der Kirche ist des öfteren von einer doppelten Gefahr die Rede: von der Laisierung des Klerus einerseits und von der Klerikalisierung der Laien andererseits. Die Bedeutung des Laien ergibt sich nicht durch die Übernahme klerikaler Aufgaben oder durch Annäherung daran, sondern aufgrund von Taufe und Firmung. Auf dieser Basis gilt es, wie das Konzil sagt, alle Lebensbereiche mit dem Sauerteig des Evangeliums zu durchformen[22]. Aufgabe der Seelsorger ist es, für diese große Aufgabe Mut zu machen sowie das Wort Gottes und die Kraft der Sakramente zu vermitteln.

Zu den gewichtigen Pflichten des Pfarrseelsorgers zählt sicherlich auch die Begleitung der verbandlich organisierten Frauengemeinschaft. Hier gibt es eine gewisse Spannung zwischen der Ebene der oft eher kirchenkritischen Funktionärinnen (sichtbar in den Verbandszeitschriften; bei der kfd: „Frau und mutter") und der sog. Basis, die aufgrund der eigenen Erfahrung von Familie und Kirche realistischer denkt und sich in der konkreten Gemeinde zu Hause fühlt. Bemerkenswert scheint hier die gewichtige Meinungsumfrage des Allensbach-Instituts über „Frauen und Kirche", zusammengefaßt von Bischof Lehmann: ein beständigeres Engagement in einer konkreten Gemeinde vermittelt eine positivere Kirchenerfahrung als „das offiziöse Kirchenbild der öffentlichen Meinung". „Der Prozentsatz derer, die sich besonders einsetzen für die Übertragung des Diakonen- und vor allem des Priesteramtes an Frauen, ist relativ sehr klein, deckt sich aber weitgehend mit der wichtigen Gruppe der Multiplikatoren"[23].

22 Lumen gentium 31 (RAHNER/VORGRIMLER 162).

23 Lehmann, Karl, Einführung: FRAUEN UND KIRCHE. Eine Repräsentativbefragung

Nicht wenige katholische Frauen verfolgen die Arbeit der großen, auf die Pfarreien bezogenen Frauenverbände eher kritisch. Da die feministische Strömung zumal in der kfd ein immer stärkeres Ausmaß annimmt[24], könnte sich die Gründung einer Gegenorganisation anbahnen, die Frauen nicht gegen die Kirche aufbringt, sondern sie zum konkreten Engagement aus dem unversehrten Glauben heraus ermutigt. In der Schweiz ist in diesem Sinne inzwischen die „Marianische Frauen- und Müttergemeinschaft" (MFM) gegründet worden. Die Mitglieder dieses Vereins machen sich den Statuten gemäß „das Frauenbild der Kirche gemäß dem katholischen Lehramt zu eigen. Als Frauen und Erzieherinnen verstehen wir uns als Beauftragte zur Weitergabe des Glaubensgutes. In diesen Bereichen sehen wir uns in Familie und Beruf als Ausübende des realen allgemeinen Priestertums der Gläubigen, womit wir uns klar abgrenzen zu jener Theologie über die Frau, die nicht im Einklang mit dem katholischen Glauben und Lehramt steht"[25]. Begrüßenswerter als eine Neugründung wäre es zweifellos, wenn es zu einer inneren Erneuerung zumal der kfd kommen könnte, die sich vom Feminismus abgrenzt.

Frauen tun sich heute oft schwer, ihr Frausein positiv anzunehmen, vor allem wenn sie feministisch beeinflußt werden. Ein bedrückendes Beispiel bietet die katholische Schriftstellerin Anita Röper, die in einem Interview mit Karl Rahner meinte: „Solange menschliche Wesen nicht in der Retorte entstehen, sondern von Frauen zur Welt gebracht werden müssen, so lange bleibt die Frau dem Manne gegenüber von vornherein im Nachteil"[26]. Verantwortlich für eine solche Meinung ist eine technologische Machbarkeitsideologie und ein Menschenbild, das einseitig Maß nimmt am Mann. Dagegen ist eine wichtige Aufgabe die der Ermutigung: das Mannsein und das Frausein ist gute Schöpfung Gottes. Jeder Mensch bekommt von Gott Talente anvertraut, die in der gleichen Weise nie-

---

von Katholikinnen im Auftrage des Sekretariats der Deutschen Bischofskonferenz durchgeführt vom Institut für Demoskopie Allensbach (Arbeitshilfen 108), Bonn 1993, 8.

24 Hiermit sei kein Pauschalurteil gefällt, erst recht nicht über die übrigen Verbände, die mit der kfd in der „Arbeitsgemeinschaft katholischer Frauenverbände und -gruppen" zusammengeschlossen sind. Hier wird unverzichtbare und fruchtbare Arbeit geleistet.

25 Herder-Korrespondenz 47 (1993) 358.

26 RÖPER 51.

mand anders zuteil werden. Gerade der Frau sind machtvolle Gaben geschenkt, die dem Mann so nicht gegeben sind.

Bei allem Engagement für die Aufgabe der Frau in der Kirche sollten wir freilich nicht vergessen, daß auch die spezifische Männerseelsorge unsere Aufmerksamkeit verdient. Erinnert sei hier nur an das geflügelte Wort von der „vaterlosen Gesellschaft" (A. Mitscherlich). Als 1987 bei der Weltbischofssynode über die Laien das Frauenthema ausgiebig beleuchtet wurde, meldete sich Thomas Forrest, eine der führenden Persönlichkeiten der Charismatischen Gemeindeerneuerung. Er warnte vor einer exklusiven Fixierung auf die Frauenproblematik. Frauen spielten in den Gemeinden oft eine so große Rolle, daß Priester schon gar nicht mehr wüßten, wie eine Pastoral mit Männern zu betreiben sei[27]. „Die großen Kirchen – zumindest im Bereich der Bundesrepublik Deutschland – sind mit 80 % Frauenanteil an der Zahl ihrer Mitarbeiter regelrecht ‚Frauenbetriebe'"[28]. Neben der Kritik der katholischen Kirche als „Männerkirche" gibt es bei den kirchlich engagierten Frauen die fast gleich stark vertretene Meinung, die katholische Kirche sei „eher eine Frauenkirche"[29]. Es gilt also, sich nicht auf die Frauenthematik zu fixieren. Gefragt ist auch die spezifische Verantwortung des Mannes, zumal des Familienvaters, der selbstbewußte Autorität und dienende Sorge miteinander verbindet[30]. Weder eine „Feminisierung" noch eine „Maskulinisierung" ist das Gebot der Stunde, sondern ein je eigenes Profil von Mann und Frau in gegenseitiger Ergänzung.

Die moderne Industriegesellschaft hat zu einem großen Wandel in den Aufgaben der Frau geführt, aber auch zu einer gefährlichen Krise. Eine zentrale Rolle in den Bemühungen der Kirche sollte die Stärkung der Familie einnehmen. Gewiß ist die Aufgabe der Frau

---

27 Herder-Korrespondenz 41 (1987) 525; vgl. auch PODLES, L. J., „The Alienation of Men from Christianity": HPR 89 (1988) 56–63.

28 SCHNEIDER-BÖKLEN/VORLÄNDER 15.

29 FRAUEN UND KIRCHE 103 (38 zu 36 %).

30 Vgl. hier u. a. WESSELN, Hermann, „Der Vater in der Erziehung": Balkenohl, Manfred/Wesseln, Hermann (Hg.), Erziehung in Verantwortung, Hamm 1982, 142–152; MÜLLER, St. E., Personal-soziale Entfaltung des Gewissens im Jugendalter. Eine moralanthropologische Studie, Mainz 1984, 88–93.156–165.245–263; die Meditation von MEVES, Christa, Ein neues Vaterbild. Zwei Frauen unserer Zeit entdecken Josef von Nazaret, Stein am Rhein 1989.

nicht auf die Familie zu beschränken, aber vor allem bei mehreren Kindern ist die Mutter immer noch mehr gefordert als der Vater. Ein Kind will nicht zwei androgyne Rollenträger als Bezugspersonen, sondern Vater und Mutter; den Vater als Vater, die Mutter als Mutter und beide als Eltern. Daß die deutsche Durchschnittsfamilie nur 1,5 Kinder umfaßt, ist aus manchen Gründen verständlich, aber in multivalenter Weise ungesund. Die zahlreichen Einzelkinder haben es in ihrer sozialen Entwicklung viel schwerer als Kinder, die Bruder und Schwester erlebt und „bestanden" haben[31]. Pointiert gesagt: weniger Kinder bedeutet in unseren Landen mehr Probleme. Eine Hausfrau und Mutter von mehreren Kindern gilt heute in manchen Kreisen als minderwertig. Diese Einstellung gilt es radikal zu ändern, auch innerhalb der Kirche. Wir sollten Mut machen zu Familien mit mehr als 1,5 Kindern, Mut machen auch zu einer verantwortungsvollen Vater- und Mutterschaft[32]. Auch der Gesetzgeber ist gefordert, dazu günstige Rahmenbedingungen zu schaffen.

Neben der Stärkung der Familie gibt es gewiß eine Fülle weiterer Aufgaben, die hier nur angedeutet werden können. Dazu zählen die frauengerechte Gestaltung des Berufslebens und dic Bedeutung ehrenamtlicher Dienste ebenso wie die Erneuerung des Ordenslebens und der Einsatz geistlicher Gemeinschaften. Besondere Aufmerksamkeit verdient auch der hauptamtliche Dienst von Frauen in der Kirche, sowohl im caritativen wie im pastoralen Bereich. Barbara Albrecht betont zur Recht, Seelsorge sei „nicht nur Sache der Priester. Seelsorge muß Herzenssache werden von im Glauben gebildeten Müttern, aber auch von Theologinnen, Pastoral- und Gemeindereferentinnen, die den Ernst der Situation begriffen haben und sich in ... ‚den' aktuellen pastoralen Notstandsgebieten engagieren – in fachlicher Kompetenz, aufgrund von Taufe und Firmung und mit dem Ja zur konkreten Kirche. Solche Frauen müßten von seiten der Träger des Amtes angenommen und angesehen werden als Subjekt der Seelsorge, verantwortliches Subjekt! ... Wo Zusammenarbeit in der Wissenschaft, in der Seelsorge und anderswo zwischen den Trä-

31 Vgl. hierzu NIKOLAJCZYK, Paul, „Das Geschwistererleben im Lebensraum der Familie": Balkenohl, Manfred/Wesseln, Hermann (Hg.), Erziehung und Seelsorge im Dienste des Menschen, Paderborn 1991, 181–197.

32 Hierzu vgl. DÜREN, P. C., Elternschaft verantwortet leben. Moraltheologische und methodische Aspekte, Leutesdorf [2]1993.

gern des Amtes und Theologinnen gelingt, ist es eine wahre Bereicherung“[33].

Innerhalb der Kirche gibt es vielfältige Dienste der Frau, Aufgaben, die eine große, bunte Fülle von Talenten und Charismen beanspruchen. Vor ein paar Jahren wurde ich zu einem Vortrag eingeladen vor einer geistlichen Gemeinschaft, die ganz unterschiedliche Gruppen und Lebensstände in sich vereint. Und als ich dann fragte, was denn für die Gemeinschaft typisch sei, bekam von einer Leiterin die bezeichnende Antwort: „Das ist schwer zu sagen. Denn wir sind kein Eintopf, sondern eher ein Menü“.

Kein Eintopf, sondern ein Menü. Das gilt sicherlich auch für die ganze Kirche, in der unterschiedliche Gaben durch die Kraft des Heiligen Geistes zu verbinden sind. Entscheidend dabei ist nicht die Zugehörigkeit zum hierarchischen Amt, sondern die Position vor Gott. Die Größten in der Kirche sind nicht die Amtsträger, sondern die Heiligen[34]. Das beste Beispiel dafür ist Maria, die in der Lauretanischen Litanei als „Königin der Apostel“ gepriesen wird, obwohl sie selbst kein Apostel war. Tatjana Goritschewa, die bekannte russische Bürgerrechtlerin und orthodoxe Christin, rief in Sowjetrußland eine Frauenbewegung ins Leben, die sich „Maria“ nannte. Frau Goritschewa schreibt dazu: „In der Kirche habe ich durch die Mutter Gottes den Wert der Frau, ihre Identität und ihre Würde entdeckt“[35].

Auch das Apostolische Schreiben „Mulieris dignitatem“[36] ist ganz marianisch orientiert. Empfänglichkeit und Mütterlichkeit sind über die bloße Biologie hinaus Kennzeichnungen für geistige Haltungen, die sich in Maria verdichten. Der Papst zeigt darin eine Perspektive, die ein kurzatmiges „Rollendenken“ weit überragt, und bietet zugleich Grundlinien für das praktische Leben.

Im gleichen Sinne äußerte sich 1987 die Weltbischofssynode über die Laien:

„Ihr Frauen, ihr kämpft zu Recht für die volle Anerkennung eu-

---

33 ALBRECHT, Barbara, „Vom Dienst der Frau in der Kirche“: Breid, Franz (Hg.), Der Dienst von Priester und Laie. Wegweisung für das gemeinsame und hierarchische Priestertum an der Wende zum dritten Jahrtausend, Steyr 1991, 47f.

34 Vgl. ERKLÄRUNG, Nr. 6.

35 Deutsche Tagespost, 15. 10. 87, S. 5.

36 Vgl. o. S. 173.

rer Würde und eurer Rechte. Dieser Einsatz soll zu einer Welt des Dialogs und der gegenseitigen Ergänzung führen, wie es ursprünglich vom Schöpfer gewollt war und wie sie dem Mann und der Frau anvertraut wurde. In der Kirche hat er uns in der Jungfrau Maria die in ihrer Würde und Gnade erneuerte Frau zurückgegeben". „Maria ... ist Archetyp der weiblichen Würde und unvergleichliches Beispiel für die Teilhabe am göttlichen Heilswerk"[37].

Aufgabe der Zeit ist es nicht, mit hängender Zunge dem androgynen oder dem gynozentrischen Feminismus hinterherzulaufen. Wirklich geboten ist ein neues Selbstbewußtsein der Frau, das sich an Maria orientiert. Nach dem II. Vatikanum vereinigt Maria „die größten Glaubensgeheimnisse in sich und strahlt sie wider"[38]. Auch das Thema „Die Frau in der Kirche" kann von hier aus Impulse empfangen, die nicht zerstörerisch wirken, sondern die Glaubensgemeinschaft aufbauen.

---

37 Deutsche Tagespost, 3. 11. 1987, S. 5 (Schlußbotschaft der Weltbischofssynode).
38 Lumen gentium 65 (RAHNER/VORGRIMLER 194).

ABKÜRZUNGEN

BTB	Biblical Theology Bulletin
BThZ	Berliner Theologische Zeitschrift
CChr.SL	Corpus Christianorum, Series latina
DH	Denzinger, Heinrich, Kompendium der Glaubensbekenntnisse und kirchlichen Lehrentscheidungen. Lateinisch-deutsch. Hg. v. Hünermann, Peter, Freiburg 1991.
EK	Evangelische Kommentare
EKD	Evangelische Kirche in Deutschland
ELTG	Evangelisches Lexikon für Theologie und Gemeinde, Wuppertal-Zürich 1992ff.
EvTh	Evangelische Theologie
EZW	Evangelische Zentrale für Weltanschauungsfragen
FAZ	Frankfurter Allgemeine Zeitung
FKTh	Forum Katholische Theologie
FLex	FRAUENLEXIKON (s. u.)
FRLANT	Forschungen zur Religion und Literatur des Alten und Neuen Testaments
FS	Festschrift
FThSt	Freiburger Theologische Studien
HPR	Homiletic and Pastoral Review
HWP	Historisches Wörterbuch der Philosophie
kfd	Katholische Frauengemeinschaft Deutschlands
KKD	Kleine Katholische Dogmatik
LJ	Liturgisches Jahrbuch
LThK	Lexikon für Theologie und Kirche
ML	Marienlexikon, hg. v. Bäumer, Remigius/Scheffczyk, Leo, St. Ottilien 1988ff.
MThZ	Münchener Theologische Zeitschrift
PL	Patrologia latina
QD	Quaestiones disputatae
StZ	Stimmen der Zeit
ThGl	Theologie und Glaube
ThLZ	Theologische Literaturzeitung
ThPQ	Theologisch-praktische Quartalschrift
TRE	Theologische Realenzyklopädie
Wb	WÖRTERBUCH der Feministischen Theologie (s. u.)
WdF	Wege der Forschung
ZKTh	Zeitschrift für Katholische Theologie

LITERATUR

ADNES, Pierre, Art. „Mariage spirituel“: Dictionnaire de spiritualité 10 (1980) 388–408.

AHL, Ruth, Eure Töchter werden Prophetinnen sein. Kleine Einführung in die Feministische Theologie, Freiburg 1990.

ALBRECHT, Barbara, Vom Dienst der Frau in der Kirche, Vallendar-Schönstatt 1980.

–, Jesus – Frau – Kirche, Vallendar-Schönstatt 1983.

–, „Vom Dienst der Frau in der Kirche“: Breid, Franz (Hg.), Der Dienst von Priester und Laie. Wegweisung für das gemeinsame und hierarchische Priestertum an der Wende zum dritten Jahrtausend, Steyr 1991, 33–64.

ALLIATA, Vittoria, Harem. Die Freiheit hinter dem Schleier, München-Gütersloh 1981.

AMMICHT-QUINN, Regina, Art. „Ehe“: Wb 67–73.

ARNOLD, Joan, „Maria – Gottesmutterschaft und Frau“: Concilium 12 (1976) 24–29.-

AUER, Johann, Die Kirche – Das allgemeine Heilssakrament (KKD VIII), Regensburg 1983.

–, Jesus Christus – Gottes und Mariä „Sohn“ (KKD IV/1), Regensburg 1986.

AUER FALK, N. E., „Feminine Sacrality“: Eliade, Mircea (Hg.), The Encyclopedia of Religion 5, New York-London 1987, 302–312.

AXMACHER, Elke, „Feministisch von Gott reden? Eine Auseinandersetzung mit Rosemary Radford Ruethers Buch ‚Sexismus und die Rede von Gott‘“: Zeitschrift für Evangelische Ethik 35 (1991) 5–20.

BADINTER, Elisabeth, Ich bin Du. Die neue Beziehung zwischen Mann und Frau oder Die androgyne Revolution, München 1987.

BÄUMER, U., Wir wollen nur deine Seele, Wuppertal [2]1985.

BALTHASAR, Hans Urs von, „Epilog: Die marianische Prägung der Kirche“: Beinert, Wolfgang (Hg.), Maria heute ehren, Freiburg u. a. [2]1977, 263–279.

–, „Frauenpriestertum“: ders., Neue Klarstellungen, Einsiedeln 1977, 109–115.

–/RATZINGER, Joseph, Maria – Kirche im Ursprung, Freiburg 1980.

BALZ-COCHOIS, Helgard, „Gomer oder die Macht der Astarte. Versuch einer feministischen Interpretation von Hos 1–4“: EvTh 42 (1982) 37–65.

BARZ, Helmut, Männersache: kritischer Beifall für den Feminismus, Zürich 1984.

BARZ, Monika/LEISTNER, Herta/WILD, Ute (Hg.), Hättest du gedacht, daß wir so viele sind? Lesbische Frauen in der Kirche, Zürich 1987.

BAUER, Angela, Art. „Sexismus“: Wb 367–370.

BAUMERT, Norbert, Frau und Mann bei Paulus, Würzburg 1992.

BAUMGARDT, Ursula, Art. „Anima/Animus“: FLex 52–54.
BAUS, Magdalena, Art. „Emanzipation“: FLex 212–221.
BEAUVOIR, Simone de, Das andere Geschlecht. Sitte und Sexus der Frau. Taschenbuchausgabe, Reinbek 1968 (= 1991).
BEINERT, Wolfgang (Hg.), Frauenbefreiung und Kirche, Regensburg 1987.
–, Maria in der Feministischen Theologie. Wege und Abwege feministischer Theologie, Kevelaer 1988 (vgl. ders., „Maria in der Feministischen Theologie“: Catholica 42 ‚1988‘ 1–27).
–, Unsere Liebe Frau und die Frauen, Freiburg 1989.
BELLENZIER, M. T., Art. „Donna“: De Fiores, Stefano/Meo, Salvatore (Hg.), Nuovo Dizionario di Mariologia, Milano ^{2}1986, 499–510.
Der Midrasch BERESCHIT RABBA (Bibliotheca rabbinica I). Zum ersten Male ins Deutsche übertragen v. August Wünsche, Leipzig 1881; Neudr. Hildesheim 1967.
BERG, Werner, „Die Mütterlichkeit Gottes im Alten Testament“: Scharbert, Josef, Ausgewählte Themen der Theologie des ATs I. Gott im AT (Skripten des Lehrstuhls für Theologie des ATs, Heft 5)(als Manuskript gedruckt), München 1982, 185–197.
BERGER, Teresa, „Auf der Suche nach einer ‚integrativen Liturgie‘“: LJ 37 (1987) 42–58.
–, Art. „Kult“: FLex (1988) 597–601.
–, „Auf dem Weg zu einer ‚frauen-gerechten‘ Liturgie“: Gottesdienst 22 (1988) 129–132.
–, „Women and Worship: a Bibliography“: Studia liturgica 19 (1989) 96–110.
–, Liturgie und Frauenseele. Die Liturgische Bewegung aus der Sicht der Frauenforschung, Stuttgart u. a. 1993.
–, „‚Wie eine Mutter ihre Kinder zärtlich um sich schart ...‘ Zu Versuchen mit neuen ‚Frauen-gerechten‘ Eucharistiegebeten in den Kirchen“: BThZ 10 (1993) 2–14.
BERGER, Teresa/GERHARDS, Albert (Hg.), Liturgie und Frauenfrage, St. Ottilien 1990.
BENEDIKTIONALE. Studienausgabe für die katholischen Bistümer des deutschen Sprachgebietes, Einsiedeln u. a. 1981.
BEYERHAUS, Peter (Hg.), Frauen im theologischen Aufstand. Eine Orientierungshilfe zur „Feministischen Theologie“ (Wort und Wissen 14), Neuhausen-Stuttgart 1983. (Aufstand)
–, „Die Feministische Theologie in religionswissenschaftlicher und missionstheologischer Sicht“: Theologische Beiträge 22 (1991) 149–153.
U. S. BISHOP'S MEETING, „Inclusive Language in Liturgy: Scriptural Texts“: Origins 20 (1990) 405–408.
BLAASVAER, E. M. (Hg.), Bibliography on Feminist Theology, Genf 1986.

BLECHSCHMIDT, Erich, Wie beginnt das menschliche Leben? Stein am Rhein ²1984.
BLEIBTREU-EHRENBERG, Gisela, Art. „Matriarchat/Patriarchat“: FLex 710–718.
–, Art. „Eheformen“: FLex 177–181.
BLOESCH, D. G., Battle for the Trinity: The Debate Over Inclusive Language, Ann Arbor 1985.
BÖHME, Karen, Zum Selbstverständnis der Frau. Philosophische Aspekte der Frauenemanzipation, Meisenheim am Glan 1973.
BOGERTS, Hildegard, Bildung und berufliches Selbstverständnis lehrender Frauen in der Zeit von 1885 bis 1920, Frankfurt u. a. 1977.
BORNEMANN, Ernest, Das Patriarchat. Ursprung und Zukunft unseres Gesellschaftssystems, Frankfurt 1975.
BORRESEN, K. E., „Männlich-Weiblich: eine Theologiekritik“: Una Sancta 35 (1980) 325–334.
–, „Maria in der katholischen Theologie“: MOLTMANN-WENDEL/KÜNG/MOLTMANN (1988) 72–87. (Maria)
BROCKHUSEN, Gerda von, Art. „Brautsymbolik“: Schütz, Christian (Hg.), Praktisches Lexikon der Spiritualität, Freiburg 1988, 172–174.
BROCKMANN, Doris, Ganze Menschen – Ganze Götter. C. G. Jung in der feministischen Theologie. Mit einem Vorwort von Peter Eicher, Paderborn 1990.
BROOTEN, Bernadette, „Junia ... hervorragend unter den Aposteln“ (Röm 16,7): MOLTMANN-WENDEL (1978) 148–151.
–, „Liebe unter Frauen“: SOMMER (1985) 351–357.
BROX, Norbert, Offenbarung, Gnosis und gnostischer Mythos bei Irenäus von Lyon, Salzburg 1966.
BRUGGER, Walter, Summe einer philosophischen Gotteslehre, München 1979.
(Gotteslehre)
BUCKLEY, G. A., „Mary, the Alternative to Feminism“: HPR 91 (1991) 11–16.
BÜHRIG, Marga, Die unsichtbare Frau und der Gott der Väter. Eine Einführung in die feministische Theologie, Stuttgart 1987.
–, Spät habe ich gelernt, gerne Frau zu sein. Eine feministische Autobiographie, Stuttgart ³1988.
BURGGRAF, Jutta, „Die Mutter der Kirche und die Frau in der Kirche. Korrektur der Irwege feministischer Theologie“: Offerten-Zeitung („Theologisches“) 38 (1985) 6445–6453.6507–6513.
–, Die Mutter der Kirche und die Frau in der Kirche. Ein kritischer Beitrag zum Thema „feministische Theologie“ (Kleine Schriften des Internationalen Mariologischen Arbeitskreises), Kevelaer 1986.

–, Art. „„Frauenlexikon"": FKTh 5 (1989) 285–290.
–, „Maria als Vorbild für die Frau. Das Marienbild bei Gertrud von le Fort": Pontificia Academia Mariana Internationalis, De cultu mariano saeculis XIX-XX ..., VII, Rom 1991, 125–145.
–, „Bemerkungen zum Feminismus": Die neue Ordnung 47 (1993) 14–20.

CAPRA, Fritjof, Wendezeit. Bausteine für ein neues Weltbild, Bern u. a. [10]1985.
CARR, Anne, Frauen verändern die Kirche. Christliche Tradition und feministische Erfahrung, Gütersloh 1990.
CARROLL, E. A., „La figura de María y los movimientos feministas" (erscheint demnächst auf englisch in den Akten des Mariologischen Weltkongreßes von Huelva 1992: Pontificia Academia, Via Merulana, 124, I-00185 Roma).
CHRIST, Carol, „Vom Vatergott zur Muttergöttin": SOMMER (1985) 282–287.
CLARK, S. B., Man and Woman in Christ. An Examination of the Roles of Men and Women in Light of Scripture and the Social Sciences, Ann Arbor 1980.
CONGAR, Yves, Der Heilige Geist, Freiburg 1982.
COURTH, Franz, „Zum Gottes- und Menschenbild der Feministischen Theologie": Kath. Bildung 87 (1986) 669–675.
–, „Mariologie im Umfeld von Ökumene und Feminismus. Akzente neuerer mariologischer Literatur": ThPQ 136 (1988) 140–149.
–, Art. „Feministische Theologie": ML II (1989) 459–461. (Feministische Theologie)
–, „La Mère de Dieu, une déesse chrétienne? Marie dans la théologie féministe de langue allemande": Études Mariales 45 (1989) 61–79.
–, Mariologie (Texte zur Theologie), Graz u. a. 1991.
–, Der Gott der dreifaltigen Liebe, Paderborn 1993.
CRAMON-DAIBER, Birgit u. a., Schwesternstreit. Von den heimlichen und unheimlichen Auseinandersetzungen zwischen Frauen, Reinbek 1990.
CRAWFORD, Janet, „The Community of Women and Men in the Church: Where are we now?" Ecumenical Review 40 (1988) 37–47.
CUMBEY, Constance, Die sanfte Verschwörung. Hintergrund und Gefahren der New-Age-Bewegung, Asslar [5]1987.

DALY, Mary, Kirche, Frau und Sexus, Olten 1970. (Kirche)
–, Jenseits von Gottvater Sohn & Co. Aufbruch zu einer Philosophie der Frauenbefreiung, München 1980. (Vater)
–, Gyn/Ökologie – eine Meta-Ethik des radikalen Feminismus, München 1980.

(Gyn/Ökologie)
–, „Der qualitative Sprung über die patriarchale Religion“: MOLTMANN-WENDEL, Frau und Religion (1983) 110–123. (Sprung)
–, Reine Lust. Elemental-feministische Philosophie, München 1986. (Lust)
DALY, Mary/CAPUTI, Jane, Websters' First New Intergalactic Wickedary of the English Language, Boston 1987.
DEGENHARDT, Johannes J., Marienfrömmigkeit, Paderborn 1987, 50–60.
DIEKAMP, Franz/JÜSSEN, Klaudius, Katholische Dogmatik nach den Grundsätzen des hl. Thomas I, Münster [12/13]1958.
DIEPERINK, Martie, New Age en christelijk geloof. Over de invloed van New Age op de Kerk, Kampen [3]1990. (New Age)
–, Vrouwen op zoek naar God. Wat is er gaande in de feministische theologie? Den Haag [2]1988. (Feministische Theologie)
–, God roept de vrouw. Over de plaats en taak van de christenvrouw, Kampen 1990.
DIJK, Denise, „The Goddess-Movement in the U.S.A. A Religion for Women Only“: Archiv für Religionspsychologie 18 (1988) 258–266.
DIÖZESANSYNODE AUGSBURG 1990. Die Seelsorge in der Pfarrgemeinde, Donauwörth 1991.
DION, Michel, „Mary Daly, théologienne et philosophe féministe“: Études théologiques et religieuses 61 (1987) 515–534.
DIRKS, Marianne, Art. „Maria“: FLex 704–710.
DOERFER, Gerhard, „Das Korana und die Linguistinik“: Sprachwissenschaft 10 (1985) 132–152.
DOKUMENTATION „Jenseits der Grenzen legitimer Theologie. Stellungnahme der nordelbischen Bischöfe zum Thema Feministische Theologie“ (1. 7. 85): Materialdienst der EZW 50 (1987) 104f.
DREWERMANN, Eugen, „Die Frage nach Maria im religionswissenschaftlichen Horizont“: Zeitschrift für Religions- und Missionswissenschaft 66 (1982) 96–117.
–, Tiefenpsychologie und Exegese I/II, Olten 1984/85. (Tiefenpsychologie)
–, Der tödliche Fortschritt. Von der Zerstörung der Erde und des Menschen im Erbe des Christentums (Herder/Spektrum 4032), Freiburg 1991.
DUDEN 1, Mannheim u. a. [20]1991.
DÜREN, Peter C., Elternschaft verantwortet leben. Moraltheologische und methodische Aspekte, Leutesdorf [2]1993.
DURWELL, F. X., Der Geist des Herrn. Tiefe Gottes – schöpferische Weite, Salzburg 1986.
DUX, Günter, Die Spur der Macht im Verhältnis der Geschlechter. Über den Ursprung der Ungleichheit zwischen Mann und Frau, Frankfurt 1992.
DYCK, Joachim, „Männerherrschaft als Sprachherrschaft? Eine Kritik der feministischen Linguistik“: Jahrbuch Rhetorik 8 (1989) 95–104.

Das EKD-FRAUENZENTRUM (idea-Dokumentation 10/93), Wetzlar 1993.
ELIZONDO, Virgil, „Maria und die Armen. Ein Modell eines evangelisierenden Ökumenismus“: MOLTMANN-WENDEL/KÜNG/MOLTMANN (1988) 131–141.
EMMERICH, Marilone, „Schwestern, seid nüchtern und wachsam!“ Kath. Bildung 89 (1988) 1–8.
ENGELS, Friedrich, Der Ursprung der Familie, des Privateigentums und des Staates, Stuttgart [17]1919.
ERKLÄRUNG der Kongregation für die Glaubenslehre zur Frage der Zulassung der Frauen zum Priesteramt (Verlautbarungen des Apostolischen Stuhls 3), Bonn 1976.
ERLER, Ursula, Zerstörung und Selbstzerstörung der Frau. Emanzipationskampf der Geschlechter auf Kosten des Kindes, Stuttgart 1977.

FAGERBERG, Holsten, Art. „Amt/Ämter/Amtsverständnis VI. Reformationszeit“: TRE 2 (1978) 552–577.
FANDER, Monika, Art. „Reinheit/Unreinheit“: Wb 349–351.
FERNET-BETANCOURT, Raúl, Art. „Marxismus“: Goldstein, Horst (Hg.), Kleines Lexikon zur Theologie der Befreiung, Düsseldorf 1991, 146–150.
FERREIRA, Cornelia, The Feminist Agenda within the Catholic Church, Toronto (Kanada) 1987.
–, „The Emerging Feminist Religion“: HPR 89 (1989) 10–21.
–, „The Destructive Forces behind Religious Feminism“: Christian Order 1991, 426–433.
FIORES, Stefano de, Maria nella teologia contemporanea (Serie pastorale di studio 6), Rom [2]1987.
FIRESTONE, Shulamith, Frauenbefreiung und sexuelle Revolution, Frankfurt 1975.
FISCHER, Balthasar, „Zur Anrede bei den Lesungen in der Meßfeier“: Klerusblatt 68 (1988) 141.
–, „‚Inklusive Sprache‘ im Gottesdienst. Eine berechtigte Forderung?“ BERGER/GERHARDS (1990) 359–367.
FISCHER, J. A., Die Apostolischen Väter, Darmstadt [7]1976.
FRAUEN UND KIRCHE. Eine Repräsentativbefragung von Katholikinnen im Auftrage des Sekretariats der Deutschen Bischofskonferenz durchgeführt vom Institut für Demoskopie Allensbach (Arbeitshilfen 108), Bonn 1993.
FRAUENLEXIKON, hg. v. Lissner, Anneliese/Süssmuth, Rita/Walter, Karin, Freiburg 1988 (= FLex).
Instruktion der Kongregation für die Glaubenslehre über die christliche

FREIHEIT und die Befreiung (Verlautbarungen des Apost. Stuhls 70), Bonn 1986.
FRIEDAN, Betty, Der Weiblichkeitswahn oder die Mystifizierung der Frau, Hamburg 1966. (Weiblichkeitswahn)
–, Das hat mein Leben verändert. Beiträge und Reflexionen zur Frauenbewegung, Reinbek 1977.
–, Der Zweite Schritt, Reinbek 1982.

GADAMER, Hans-Georg, Wahrheit und Methode, Tübingen [2]1965.
GALOT, Jean, „Marie, modèle de la femme dans la théologie catholique": Studia missionalia 40 (1991) 95–114.
GASPARI, Christof, Eins und Eins ist Eins – Leitbilder für Mann und Frau, Wien 1985.
GATZEMEIER, M./HOLZHEY, H., Art. „Makrokosmos/Mikrokosmos": HWP 5 (1980) 640–649.
GERBER, Uwe, „Feministische Theologie. Selbstverständnis – Tendenzen – Fragen": ThLZ 109 (1984) 561–592. (Feministische Theologie, 1984)
–, „Feministische Theologie": SCHÖPSDAU (1985) 103–141.
(Feministische Theologie, 1985)
–, Die feministische Eroberung der Theologie, München 1987. (Eroberung)
GERHARD, Ute, Art. „Feminismus": FLex 301–307.
GERHARDS, Albert, „‚... der uns zu seinen Söhnen zählt?'? Zum Stand der Bemühungen um eine frauengerechte Liturgie": StZ 117 (1992) 115–124. (Frauengerechte Liturgie)
–, „‚Einschließende Sprache' im Gottesdienst – eine übertriebene Forderung oder Gebot der Stunde?" LJ 42 (1992) 239–248.
GERL, Hanna-Barbara, Die bekannte Unbekannte: Frauen-Bilder in der Kultur- und Geistesgeschichte, Mainz 1988.
–, Art. „Ganzheitlichkeit": FLex 399–404.
–, Wider das Geistlose im Zeitgeist. 20 Essays zu Religion und Kultur, München 1992.
GIESE, Cornelia, Gleichheit und Differenz. Vom dualistischen Denken zur polaren Weltsicht, München 1990.
GÖRRES, Albert, „Erneuerung durch Tiefenpsychologie?" In: Ders./Kasper, Walter (Hg.), Tiefenpsychologiesche Deutung des Glaubens? Anfragen an Eugen Drewermann (QD 113), Freiburg 1988, 133–174.
GÖSSMANN, Elisabeth, Die streitbaren Schwestern. Was will die Feministische Theologie? Freiburg 1981. (Schwestern)
–, „Maria und die Frauen": Lebendiges Zeugnis 43 (1988) 54–63. (Maria und die Frauen)
–, Die Zeit der Frau. Apostolisches Schreiben „Mulieris dignitatem" Johan-

nes Pauls II. Hinführung von Joseph Kardinal Ratzinger. Kommentar von Elisabeth GÖSSMANN, Freiburg 1988, 123–150.
–, „Mariologische Thesen in der Feministischen Theologie. Darstellung und Kritik“: GÖSSMANN/BAUER (1989) 168–179. (Mariologische Thesen)
–, Art. „Anthropologie“: Wb 16–22.
–, Art. „Mariologie“: Wb 279–283.
–, Art. „Zukunft“: Wb 440f.
GÖSSMANN, Elisabeth/BAUER, D. R. (Hg.), Maria – für alle Frauen oder über allen Frauen? Freiburg 1989.
GOLDENBERG, Naomi, Changing of the Gods: Feminism and the End of Traditional Religions, Boston 1979.
GOLDSTEIN, Horst, Kleines Lexikon zur Theologie der Befreiung, Düsseldorf 1991.
GORDAN, Paulus (Hg.), Gott schuf den Menschen als Mann und Frau. Salzburger Hochschulwochen 1988, Graz-Wien-Köln 1989.
GREELEY, Andrew, Maria – Über die weibliche Dimension Gottes, Graz u. a. 1979.
GRESHAKE, Gisbert, Priestersein, Freiburg [5]1991.
GREULE, Albrecht, „Frauengottesdienste, feministische Liturgien und integrative Sprache“: BERGER/GERHARDS (1990) 621–634.
GROCHTMANN, Harald, Unerklärliche Ereignisse, überprüfte Wunder und juristische Tatsachenfeststellung, Langen 1989.
GUTTING, Ernst, Offensive gegen den Patriarchalismus. Für eine menschlichere Welt, Freiburg [4]1988. (Offensive)
–, „Kinder, Küche, Kirche? – Und was dann?“ Neue Stadt 30 (10/1987) 4–7.

HABER, Barbara, Women in America. A Guide to Books, 1963–1975, Boston 1978.
HABERMANN, Ruth/SÖLLE, Dorothee, Art. „Phantasie“: Wb 326f.
HABERMAS, Jürgen, Erkenntnis und Interesse, Frankfurt [3]1975.
HALKES, Catharina, „Eine ‚andere‘ Maria“: Una Sancta 32 (1977) 323–337.
–, „Feministische Theologie. Eine Zwischenbilanz“: Concilium 16 (1980) 293–300.
(Zwischenbilanz)
–, „Motive für den Protest in der feministischen Theologie gegen Gott den Vater“: Concilium 17 (1981) 256–262. (Protest)
–, Gott hat nicht nur starke Söhne. Grundzüge einer feministischen Theologie, Gütersloh [4]1985. (Söhne)
–, Suchen, was verlorenging. Beiträge zur feministischen Theologie, Gütersloh 1985. (Suchen)
–, „Frau und Mann als Ebenbild Gottes. Aus der Sicht der feministischen Theologie“: Erharter, H./Schwarzenberger, R. (Hg.), Frau – Partnerin in

der Kirche. Perspektiven einer zeitgemäßen Frauen-Seelsorge, Wien 1985, 89–105. (Ebenbild Gottes)
–, „Maria, die Frau. Mariologie und Feminismus“: SCHÖPSDAU (1985) 42–70.
(Mariologie und Feminismus)
–, Art. „Theologie, feministische“: FLex (1988) 1100–1110. (Theologie, feministische)
–, „Maria – inspirierendes oder abschreckendes Vorbild für Frauen?“ MOLTMANN-WENDEL/KÜNG/MOLTMANN (1988) 113–130.
–, Das Antlitz der Erde erneuern: Mensch – Kultur – Schöpfung, Gütersloh 1990. (Antlitz)
–, Art. „Frau/Mann. B. Aus feministisch-theologischer Sicht“: Eicher, Peter (Hg.), Neues Handbuch theologischer Grundbegriffe 2, München [2]1991, 59–65. (Frau/Mann)
–, Art. „Maria/Mariologie – B. Aus der Sicht feministischer Theologie“: Neues Handbuch Theologischer Grundbegriffe 3, hg. von Eicher, Peter, München [2]1991, 315–323.
(Maria/Mariologie)
–, Art. „Maria“: Wb 268–275.
–/MEYER-WILMES, Hedwig, Art. „Feministische Theologie/Feminismus/Frauenbewegung. I. Im westlichen Kontext“: Wb 102–105.
HAMERTON KELLY, R. G., „Gott als Vater in der Bibel und in der Erfahrung Jesu. Eine Bestandsaufnahme“: Concilium 17 (1981) 247–256.
HANEKE, B./HUTTNER, K. (Hg.), Spirituelle Aufbrüche: New Age und „Neue Religiosität“ als Herausforderung an Kirche und Gesellschaft, Regensburg 1991.
HAUCH, Regine, „Neue Nonnen. Es gärt in Amerikas Frauenorden“: Die neue Ordnung 41 (1987) 374–381.
HAUKE, Manfred, Die Problematik um das Frauenpriestertum vor dem Hintergrund der Schöpfungs- und Erlösungsordnung, Paderborn [3]1991; amerikanische Ausgabe: Women in the Priesthood? San Francisco 1988. (Frauenpriestertum)
–, „Das Weihesakrament für Frauen – eine Forderung der Zeit?“ FKTh 3 (1987) 119–134. (Weihesakrament)
–, „Überlegungen zum Weihediakonat der Frau“: ThGl 77 (1987) 108–127.
–, „Gott als Androgyn – Zum Gottesbild der Feministischen Theologie“: Kath. Bildung 89 (1988) 65–75.
–, „Zielbild: Androgyn. Anliegen und Hintergründe feministischer Theologie“: FKTh 5 (1989) 1–24.
–, „Die Auflösung der Ganzheit. Zum Menschenbild der Feministischen Theologie“: Kath. Bildung 90 (1989) 392–403.
–, Art. „Frau“: ML II (1989) 520–524.

–, „‚Mutter unsere‘, ‚Heilige Geistin‘ und ‚Jesa Christa‘. Bemerkungen zum feministischen Gottes- und Christusbild“: FKTh 6 (1990) 22–37.

–, Rezension zu AHL: Kath. Bildung 91 (1990) 382f.

–, Rezension zu MEYER-WILMES: Kath. Bildung 91 (1990) 381f.

–, Art. „Maria als Vorbild der Jungfrauen“: ML III (1991) 484–487.

–, „Feministische Theologie – Hilfe zum Glauben?“ Der Dom Nr. 32, 9. 8. 1992, S. 18.

–, „‚Die Kirche ist doch echt frauenfeindlich!‘ Emanzipation und kirchliches Frauenbild: Müller, Michael (Hg.), Plädoyer für die Kirche, Aachen [4]1992, 199–215. (Frauenbild)

–, „Für ein neues Selbstbewußtsein der katholischen Frau“: Deutsche Tagespost, 15. 6. 1993, S. 5f.

–, „Die Diskussion um die weibliche Symbolik in der Pneumatologie“: Stöhr, Johannes (Hg.), Der dreifaltige Gott und das Leben der Christen, St. Ottilien 1993, 130–150.
(Pneumatologie)

–, Heilsverlust in Adam. Stationen griechischer Erbsündenlehre: Irenäus – Origenes – Kappadozier, Paderborn 1993. (Heilsverlust)

HAUSCHILDT, Ingeborg, „Feministische Theologie. Eine fragwürdige neue Welle“: idea-Dokumentation Nr. 40, Wetzlar 1981.

–, „‚Feministische Theologie‘ – eine neue Irrlehre“: Informationsbrief Nr. 94 der Bekenntnisbewegung „Kein anderes Evangelium“ (Gal 1,6), Lüdenscheid 1982, 5–13.

–, „Die Verunsicherung der Gemeinden durch die Feministische Theologie“: BEYERHAUS (1983) 11–22. (Feministische Theologie)

–, Gott eine Frau? Weg und Irrweg der feministischen Theologie, Wuppertal 1983.
(Gott eine Frau)

–, Die feministische Versuchung und die Antwort der christlichen Frau, Wuppertal-Zürich 1989. (Versuchung)

–, Art. „Feministische Theologie“: ELTG I (1992) 604f.

HEINE, Susanne, Frauen der frühen Christenheit. Zur historischen Kritik einer feministischen Theologie, Göttingen 1986. (Frauen)

–, Wiederbelebung der Göttinnen? Zur systematischen Kritik einer feministischen Theologie, Göttingen 1987. (Göttinnen)

–, „Feministische Theologie – Zur Unterscheidung der Geister“: GORDAN (1988) 155–184.

–, „Maria, die Mutter Jesu, in der feministischen Theologie“: Kießig, Manfred (Hg.), Maria, die Mutter unseres Herrn. Eine evangelische Handreichung, Lahr 1991, 121–135.

–, „Feministische Theologie – Theologischer Feminismus. Über die Bedeutung des Austauschs der Adjektiva“: Böhm, Winfried/Lindauer, Martin

(Hg.), Mann und Frau – Frau und Mann. Hintergründe, Ursachen und Problematik der Geschlechterrollen, Stuttgart 1992, 171–186.

HEINZELMANN, Gertrud, Die geheiligte Diskriminierung. Beiträge zum kirchlichen Feminismus, Bonstetten 1986.

HERMISSON, H.-J., „Der Rückschritt oder: Wie Jahwe mit Astarte versöhnt werden soll“: EvTh 42 (1982) 290–294. (Rückschritt)

–, „Zur ‚feministischen‘ Exegese des Alten Testaments“: Theol. Beiträge 22 (1991) 120–126.

HERZIG, Anneliese, „Maria – hoffnungslos entferntes Ideal oder Schwester im Glauben?“ Ordenskorrespondenz 33 (1992) 65–76.

HEYWARD, Carter, Und sie rührte sein Kleid an. Eine feministische Theologie der Beziehung. Mit einer Einleitung von Dorothee Sölle, Stuttgart 1986.

HÖRMANN, Karl, Art. „Sünde“: ders. (Hg.), Lexikon der christlichen Moral, Innsbruck 1976, 1529–47.

HOFFMANN, Gottfried, Der Ökumenismus heute. Geschichte- Kritik – Wegweisung, Stein am Rhein 1978.

HOJENSKI, Christine u. a. (Hg.), Meine Seele sieht das Land der Freiheit. Feministische Liturgien – Modelle für die Praxis, Münster 1990.

HOPKINS, Julie, „Sind Christologie und Feminismus unvereinbar?“ STRAHM/STROBEL (1991) 194–207.

HUNTEMANN, Georg, Die Zerstörung der Person – Umsturz der Werte – Gotteshaß der Vaterlosen – Feminismus, Bad Liebenzell 1981.

JACOBI, Jolande, Die Psychologie von C. G. Jung. Eine Einführung in das Gesamtwerk, Zürich ^{4}1959.

JANSSEN-JURREIT, Marielouise, Sexismus. Über die Abtreibung der Frauenfrage, München-Wien ^{2}1977.

„... das Weib rede in der Gemeinde“. Maria JEPSEN: Erste lutherische Bischöfin. Dokumente und Stellungnahmen, Gütersloh 1992.

JEREMIAS, Joachim, Abba. Studien zur neutestamentlichen Theologie und Zeitgeschichte, Göttingen 1966.

JOHNSON, E. A., „Mary and the Female Face of God“: Theological Studies 50 (1989) 500–526.

–, „Jesus der Mann“: Concilium 27 (1991) 521–526.

JOHNSTON, Francis, So hat Er keinem Volk getan. Das Wunder von Guadalupe, Stein am Rhein 1986.

JONAS, Hans, Gnosis und spätantiker Geist I (FRLANT 51), Göttingen ^{2}1957.

KALL, Alfred, Katholische Frauenbewegung in Deutschland. Eine Untersuchung zur Gründung katholischer Frauenvereine im 19. Jahrhundert, Paderborn 1983.

KASSEL, Maria (Hg.), Feministische Theologie, Stuttgart 1988.

–, „Tod und Auferstehung“: dies., Feministische Theologie 191–226.

–, „Maria – Urbild des Weiblichen im Christentum?“ MOLTMANN-WENDEL/KÜNG/MOLTMANN (1988) 142–160.

KATAPPO, Marianne, mitleiden – mithandeln. Theologie einer asiatischen Frau, Erlangen 1981.

KATECHISMUS der Katholischen Kirche, München u. a. 1993.

KEINTZEL, Raimar, C. G. Jung: Retter der Religion? Auseinandersetzung mit Werk und Wirkung, Mainz-Stuttgart 1991.

KIMEL, A. F., „The Holy Trinity Meets Ashtoreth: A Critique of The Episcopal ‚Inclusive‘ Liturgies“: Anglican Theological Review 71 (1989) 25–47.

KING, Ursula, Art. „Feminismus“: Evangelisches Kirchenlexikon I, Göttingen ^{3}1986, 1280–1289.

–, Art. „Frauen in Weltreligionen I. Hinduismus“: Wb 111–114.

KLEINAU, Elke, Die freie Frau. Soziale Utopien des frühen 19. Jahrhunderts, Düsseldorf 1987.

KLEINDIENST, Eugen, Partnerschaft als Prinzip der Ehepastoral, Würzburg 1982.

KNIE, Ute, „Der Einfluß der Pfarrerin auf das Verständnis vom Pfarramt“: Janetzky, Birgit u. a. (Hg.), Aufbruch der Frauen. Herausforderungen und Perspektiven feministischer Theologie, Münster 1989, 177–183.

KNOCH, Otto B., „‚Nennt uns nicht Brüder!‘ Überlegungen zu einer ‚Entmännlichung‘ liturgischer Texte“: Klerusblatt 67 (1987) 134f.

KNUSSMANN, Rainer, Der Mann – ein Fehlgriff der Natur, Hamburg 1984.

KOCHER, Richard, Herausgeforderter Vorsehungsglaube. Die Lehre von der Vorsehung im Horizont der gegenwärtigen Theologie, St. Ottilien 1993.

KÖNIG, René, Die Familie der Gegenwart. Ein interkultureller Vergleich, München ^{3}1978.

KOEPCKE, Cordula, Geschichte der deutschen Frauenbewegung. Von den Anfängen bis 1945, Freiburg 1981.

–, Art. „Frauenbewegung“: FLex 322–330.

KÖPF, Ulrich, „Bemerkungen zur feministischen Auffassung der Kirchengeschichte“: Theol. Beiträge 22 (1991) 139–141.

KÖSTER, Heinrich, Urstand, Fall und Erbsünde. Von der Reformation bis zur Gegenwart (HDG II,3c), Freiburg 1982.

KOSLOWSKI, Peter, „Hegel – ‚der Philosoph der Trinität? Zur Kontroverse um seine Trinitätslehre“: Theol. Quartalschrift 162 (1982) 105–131.

KRATTIGER, Ursa, Die perlmutterne Mönchin. Reise in eine weibliche Spiritualität, Hamburg 1987 (zuerst: Zürich 1983).
KREBSBACH-GNATH, Camilla, Art. „Diskriminierung“: FLex 160–163.
KREUZER, Siegfried, „Gott als Mutter in Hosea 11?“ Theol. Quartalschrift 169 (1989) 123–132.
KROBATH, Evi, Art. „Sünde/Schuld III. Feministisch-theologische Diskussion“: Wb 387–390.
KRÜGER, Hanfried, „Werden und Wachsen des Ökumenischen Rates der Kirchen“: Urban, H.J./Wagner, H. (Hg.), Handbuch der Ökumenik II, Paderborn 1986, 53–63.
KUHN, Annette, Art. „Frauengeschichte“: FLex 338–346.

LANCZKOWSKI, Günter u. a., Art. „Makrokosmos/Mikrokosmos“: TRE 21 (1991) 745–754.
LAURENTIN, René, „Marie dans la perspective du féminisme américain“: Études mariales 44/45 (1989) 81–111.
LE FORT, Gertrud von, Die ewige Frau, München 1963 (zuerst 1934).
LEHMANN, Karl, „Das Bild der Frau. Versuch einer anthropologisch-theologischen Standortbestimmung“: Herder-Korrespondenz 41 (1987) 479–487.
–, „Mann und Frau als Problem der theologischen Anthropologie“: SCHNEIDER (1989) 53–72.
LERSCH, Philipp, Vom Wesen der Geschlechter, München-Basel ^{4}1968.
LEWIS, Clive S., Undeceptions. Essays on Theology and Ethics, London 1971.
–, Dienstanweisung an einen Unterteufel, Freiburg ^{23}1983.
LISSNER, Anneliese, Erneuert euch in eurem Denken. Eine Auswahl von Referaten, Ansprachen, geistlichen Worten, Düsseldorf 1989, 143–195.
–, Seid nicht so geduldig! Warum der Kirche widersprochen werden muß. Mit einem Vorwort von Rita Süssmuth, Zürich 1993.
LITTLE, J. A., „Sexual Equality in the Church: a Theological Resolution to the Anthropological Dilemma“: The Heythrop Journal 28 (1987) 165–178.
–, „Mary and Feminist Theology“: Thought 62 (1987) 343–357.
LORENZER, Alfred, Das Konzil der Buchhalter. Die Zerstörung der Sinnlichkeit, eine Religionskritik, Frankfurt 1981.
LUCCHETTI BINGEMER, Maria Clara, „Frau: Zeitlichkeit und Ewigkeit. Das ewige Weib und das weibliche Antlitz Gottes“: Concilium 27 (1991) 514–520.
LUEG, Claudia, „‚Vater unser‘ – ein Gott für Frauen?“ Katechetische Blätter 112 (1987) 588–596.
LUYTEN, N. A. (Hg.), Wesen und Sinn der Geschlechtlichkeit (Grenzfragen 13), Freiburg-München 1985.

MAAS-EWERD, Theodor, „Frauen sprachlich nicht ausgrenzen. Zu einer Empfehlung der Liturgiekommission der Diözese Aachen“: Klerusblatt 72 (1992) 233f.

MAASSEN, Monika, Art. „Macht/Bemächtigung“: Wb 262–265.

MACCA, Valentino, Art. „Sorella“: Fiores, Stefano de/Meo, Salvatore (Hg.), Nuovo dizionario di Mariologia, Milano [2]1986, 1323–27.

MAECKELBERGHE, Els, Desperately Seeking Mary. A Feminist Appropriation of a Traditional Religious Symbol, Kampen (NL) 1991.

MARCUS, Wolfgang, Der Subordinatianismus als historiologisches Problem, München 1963.

–, Art. „Subordinationismus“: LThK[2] 9 (1964) 1138f.

MARCUSE, Herbert, „Marxismus und Feminismus“: Jahrbuch Politik 6, Berlin 1974, 86–95.

MARRS, Wanda, New Age Lies to Women, Austin/Texas 1989.

MARTI, Kurt, Zärtlichkeit und Schmerz, Neuwied [4]1980.

MARX, Karl, „Thesen über Feuerbach“: ders., Frühe Schriften II, Stuttgart 1971.

MAY, W. E., „Marriage and the Complementarity of Male and Female“: Anthropotes 8 (1992) 41–60.

MENSCHIK, Jutta, Feminismus. Geschichte, Theorie, Praxis, Köln 1977.

MERTIN, Andreas, „Der Griff zur Freiheit. Die ‚andere Eva‘ im Blick der Kunst“: forum religion 3/1987, 13–26.

METZ-GÖCKEL, Sigrid, Art. „Sexismus“: FLex 989–993.

MEVES, Christa, „Verführerisch erklingt das alte Lied der Schlange“: Deutsche Tagespost, 14. 8. 1987, S. 3.

–, Ein neues Vaterbild. Zwei Frauen unserer Zeit entdecken Josef von Nazaret, Stein am Rhein 1989.

–, „Gemeinsam am Reich Gottes wirken. Warum es in der Kirche unterschiedliche Dienste von Frauen und Männern gibt“: Deutsche Tagespost, 9. 4. 1991, S. 5.

–, „Die Krise der Katholischen Kirche in Deutschland“: Theologisches 22 (3/1992) 106–114.

–, „Feministische Theologie ante portas“: Theologisches 22 (9/1992) 370f.

MEYER-ABICH, K. M., Wege zum Frieden mit der Natur. Praktische Naturphilosophie für die Umweltpolitik, München 1984.

MEYER-WILMES, Hedwig, Rebellion auf der Grenze. Ortsbestimmung feministischer Theologie, Freiburg 1990.

MILLETT, Kate, Sexus und Herrschaft. Die Tyrannei des Mannes in unserer Gesellschaft, München u. a. 1971.

MÖRSDORF, Josef, Gestaltwandel des Frauenbildes und Frauenberufs in der Neuzeit, München 1958.

MOIR, Anne/JESSEL, David, Brainsex, Düsseldorf u. a. 1990.

MOLL, Helmut, „‚Feministische Theologie‘ – eine Herausforderung“: MThZ 34 (1983) 118–128.
MOLLENKOTT, Virginia, Gott eine Frau? Vergessene Gottesbilder der Bibel, München 1985.
MOLTMANN, Jürgen, Trinität und Reich Gottes, München 1980.
–, „Der mütterliche Vater. Überwindet trinitarischer Patripassianismus den theologischen Patriarchalismus?“ Concilium 17 (1981) 209–213. (Vater)
–, „Die Gemeinschaft des heiligen Geistes. Zur trinitarischen Pneumatologie“: ThLZ 107 (1982) 705–715. (Gemeinschaft)
–, Gott in der Schöpfung, München 1985. (Gott)
–, Der Geist des Lebens, München 1991.
–, „Theologie in den Erfahrungen des gelebten Lebens“: PISSAREK-HUDELIST/SCHOTTROFF (1991) 151–161.
MOLTMANN-WENDEL, Elisabeth, „Sexismus in den siebziger Jahren. Ökumenischer Frauenkongreß in Berlin“: EK 7 (1974) 484f.
–, (Hg.), Frauenbefreiung. Biblische und theologische Argumente, München-Mainz [2]1978.
–, „Ein ganzer Mensch werden. Reflexionen zu einer feministischen Theologie“: EK 12 (1979) 340–342.347.
– u. a. (Hg.), Feministische Theologie – Praxis. Ein Werkstattbuch (Arbeitshilfen 3), Bad Boll 1981. (Werkstattbuch)
–, (Hg.), Frau und Religion: Gotteserfahrungen im Patriarchat, Frankfurt 1983.
(Frau und Religion)
–, Ein eigener Mensch werden. Frauen um Jesus, Gütersloh [4]1984. (Eigener Mensch)
–, u. a. (Hg.), Seid fruchtbar und wehrt Euch. Frauentexte zum Kirchentag, München 1986. (Frauentexte)
–, Das Land, wo Milch und Honig fließt. Perspektiven einer feministischen Theologie, Gütersloh [2]1987. (Milch)
–, „Werkstatt ohne Angst. Zur ‚Feministischen Theologie‘“: forum religion 3/1987, 34. (Werkstatt)
–, „Maria oder Magdalena – Mutterschaft oder Freundschaft?“ MOLTMANN-WENDEL/KÜNG/MOLTMANN (1988) 51–59.
–, Wenn Gott und Körper sich begegnen. Feministische Perspektiven zur Leiblichkeit, Gütersloh [2]1991.
–, Art. „Ganzheit“: Wb 136–142.
–, Art. „Gegenseitigkeit II. Feministische Diskussion“: Wb 144f. (Gegenseitigkeit)
–/KEGEL, Günter (Hg.), Feministische Theologie im Kreuzfeuer. Der Streit um das „Tübinger Gutachten“. Dokumente – Analysen – Kritiken, Gütersloh 1992.

–/KÜNG, Hans/MOLTMANN, Jürgen (Hg.), Was geht uns Maria an? Gütersloh 1988.
MOLTMANN-WENDEL, Elisabeth/PRAETORIUS, Ina, Art. „Körper der Frau/Leiblichkeit": Wb 219–224.
MONTAGU, Ashley, The Natural Superiority of Women, New York-London ^{2}1968.
MOTSCHMANN, Elisabeth, „Religiöse Selbstversorgerinnen. Die Feministische Theologie": Die neue Ordnung 39 (1985) 289–296.
MOTSCHMANN, Jens, So nicht, Herr Pfarrer! Was wird aus der evangelischen Kirche, Berlin-Frankfurt 1991.
MÜLLER, G. L., Art. „Gottesmutter": ML II (1989) 684–692.
MÜLLER, H.-M., „Feministische Theologie und kirchliche Praxis": Theol. Beiträge 22 (1991) 146–149.
MÜLLER, Iris, Art. „Frauen in Weltreligionen. IV. Islam": Wb 121–126.
MÜLLER, St. E., Personal-soziale Entfaltung des Gewissens im Jugendalter. Eine moralanthropologische Studie, Mainz 1984.
MULACK, Christa, Die Weiblichkeit Gottes. Matriarchale Voraussetzungen des Gottesbildes, Stuttgart 1983. (Weiblichkeit)
–, „Maria und die Weiblichkeit Gottes – Ein Beitrag feministischer Theologie": Beinert, Wolfgang u. a., Maria – eine ökumenische Herausforderung, Regensburg 1984, 143–170.
–, Maria – die geheime Göttin im Christentum, Stuttgart 1985. (Göttin)
–, Jesus – der Gesalbte der Frauen. Weiblichkeit als Grundlage christlicher Ethik, Stuttgart 1987. (Jesus)
–, „Gnosis (Verdrängte christliche Erkenntnis)": KASSEL (1988) 227–256. (Gnosis)
–, Natürlich weiblich. Die Heimatlosigkeit der Frau im Patriarchat, Stuttgart 1990.
(Natürlich weiblich)
–, Art. „Ritual/Magie": Wb 351–354.
Apostolisches Schreiben MULIERIS DIGNITATEM von Papst Johannes Paul II. über die Würde und Berufung der Frau anläßlich des Marianischen Jahres (Verlautbarungen des Apostolischen Stuhls 86), Bonn 1988.

NAGL-DOCEKAL, Herta, Art. „Dualismus": Wb 64–67.
NEBEL, Richard/RZEPKOWSKI, Horst, Art. „Guadalupe": ML III (1991) 38–42.
NELLESSEN, Ernst, „Die Einsetzung von Presbytern durch Barnabas und Paulus (Apg 14,23)": Zmijewski, J./Nellessen, E. (Hg.), Begegnung mit dem Wort. FS H. Zimmermann, Bonn 1980, 175–193.
NEUER, Werner, Mann und Frau in christlicher Sicht, Gießen ^{5}1993.
–, Art. „Frau c) systematisch-theologisch": ELTG 1 (1992) 632–634.

NEUMANN, Erich, Zur Psychologie des Weiblichen, München [2]1975.
NIGGEMEYER, Margarete, „Feministische Theologie – Hilfe zum Glauben und Leben“: Der Dom Nr. 24, 14. 6. 1992, S. 5.18.
NIKOLAJCZYK, Paul, „Das Geschwistererleben im Lebensraum der Familie“: Balkenohl, Manfred/Wesseln, Hermann (Hg.), Erziehung und Seelsorge im Dienste des Menschen, Paderborn 1991, 181–197.
NOELLE-NEUMANN, Elisabeth, Die Schweigespirale, Frankfurt u. a. 1982.

ODDIE, William, What Will Happen to God? Feminism and the Reconstruction of Christian Belief, London 1984/San Francisco 1988.
ODUYOYE, Mercy, „Frauendekade 1988–1998“: Ökumenische Rundschau 37 (1988) 257–270.
OEING-HANHOFF, Ludger, „Hegels Trinitätslehre. Zur Aufgabe ihrer Kritik und Rezeption“: Theologie und Philosophie 52 (1977) 378–407.
OTT, Ludwig, Das Weihesakrament (Handbuch der Dogmengeschichte IV,5), Freiburg 1969.

PADBERG, Lutz von, Feminismus – eine ideologische und theologische Herausforderung (Evangelium und Gesellschaft 5), Wuppertal 1985.
–, New Age und Feminismus, Asslar 1987.
–, Art. „Feminismus“: ELTG I (1992) 602–604.
PAGELS, Elaine, Versuchung durch Erkenntnis. Die gnostischen Evangelien, Frankfurt 1987.
PAHNKE, Donate, Ethik und Geschlecht. Menschenbild und Religion in Patriarchat und Feminismus, Marburg 1991.
PANNENBERG, Wolfhart, Systematische Theologie I, Göttingen 1988.
PARVEY, C.F. (Hg.), Die Gemeinschaft von Frauen und Männern in der Kirche, Neukirchen-Vluyn 1985.
PETERSDORFF, Egon von, Dämonologie II, Aschaffenburg [2]1982.
PIEPKE, J. G., Art. „Befreiungstheologie“: ML I (1988) 400f.
PIPER, John/GRUDEM, Wayne (Hg.), Recovering Biblical Manhood and Womanhood. A Response to Evangelical Feminism, Wheaton/Ill. 1991.
PISSAREK-HUDELIST, Herlinde, „Feministische Theologie – eine Herausforderung?“ ZKTh 103 (1981) 289–308.400–425.
–, „Feministische Theologie – eine Herausforderung an Kirche und Theologie?“: Beinert, Wolfgang (Hg.), Frauenbefreiung und Kirche. Darstellung – Analyse – Dokumentation, Regensburg 1987, 15–50.
–, „Maria – Schwester oder Mutter im Glauben?“ GÖSSMANN/BAUER (1989) 146–167.
–, Art. „Gott/Göttin I. Praktische Theologie“: Wb 158–163.
–, Art. „Offenbarung“: Wb 307–310.
–, Art. „Trinität“: Wb 421–428. (Trinität)

–/SCHOTTROFF, Luise (Hg.), Mit allen Sinnen glauben: feministische Theologie unterwegs. FS E. Moltmann-Wendel, Gütersloh 1991.
PLOEG, J. P. M. van der, „Die theologische Fakultät der katholischen Universität Nijmegen". Theologisches 22 (1992) 502–506.
PODLES, L. J., „The Alienation of Men from Christianity": HPR 89 (1988) 56–63.
POHLENZ, Max, Die Stoa I/II, Göttingen ^{5}1978/80.
PRAETORIUS, Ina, Art. „Androzentrismus": Wb 14f.
–, Art. „Autonomie/Emanzipation": Wb 36–38.
–, Art. „Gen- und Reproduktionstechnologien": Wb 151–153.
–/SCHOTTROFF, Luise/SCHÜNGEL-STRAUMANN, Helen, Art. „Schöpfung/Ökologie": Wb 354–360.
PRÜLLER, Veronika, Wir Frauen sind Kirche – worauf warten wir noch? Feministische Kirchenträume. Anregungen für das Leben in christlichen Gemeinden, Freiburg 1992.
PUSCH, L. F., Das Deutsche als Männersprache, Frankfurt 1984.
–, Alle Menschen werden Schwestern. Feministische Sprachkritik, Frankfurt 1990.
(Schwestern)

QUISPEL, Gilles, Gnosis als Weltreligion, Zürich 1951.

RAD, Gerhard von, Theologie des Alten Testaments I, München ^{7}1978.
RAHNER, Karl, „Maria und das christliche Bild der Frau": ders., Schriften zur Theologie XIII (1978) 353–367.
–/VORGRIMLER, Herbert (Hg.), Kleines Konzilskompendium, Freiburg 1966.
RAMING, Ida, Frauenbewegung und Kirche. Bilanz eines 25jährigen Kampfes für Gleichberechtigung und Befreiung der Frau seit dem 2. Vatikanischen Konzil, Weinheim 1989.
RAMSHAW-SMITH, Gail, „Lutheran Liturgical Prayer and God as Mother": Worship 52 (1978) 517–542.
RATZINGER, Joseph, Zur Lage des Glaubens, München 1985. (Glaube)
–, „Die Frau, Hüterin des Menschen. Versuch einer Hinführung zum Apostolischen Schreiben ‚Mulieris Dignitatem'": Die Zeit der Frau. Apostolisches Schreiben „Mulieris dignitatem" Papst Johannes Pauls II., Freiburg 1988, 109–120.
RAUSCHER, Anton, Kirche in der Welt. Beiträge zur christlichen Gesellschaftsverantwortung I/II, Würzburg 1988.
REICHLE, Erika, Die Theologin in Württemberg. Geschichte – Bild – Wirklichkeit eines neuen Frauenberufes, Bern-Frankfurt 1975.
–, Art. „Reformation": FLex 927–934.
RIEDEL, Ingrid, Art. „Leben/Tod": Wb 237–241.

RIEDEL-SPANGENBERGER, Ilona, Art. „Christentum“: FLex 141–151.
RIEGER, Renate, Art. „Befreiungstheologie“: Wb 39–44.
RIEPLHUBER, Rita, Art. „Islam“: FLex 515–524.
RINSER, Luise, „Ich möchte den weiblichen Geist einbringen“: SOMMER (1985) 32–39.
RÖPER, Anita, Ist Gott ein Mann? Ein Gespräch mit Karl Rahner, Düsseldorf 1979.
RÖSLER, Augustin, Die Frauenfrage vom Standpunkte der Natur, der Geschichte und der Offenbarung, Freiburg ^{2}1907.
ROGALLA VON BIEBERSTEIN, Johannes, „Frauen-Quotierung als feministisch-soziale Politik“: Criticón 118, März/April 1990, 81–84.
ROY, Louis, „Inclusive Language Regarding God“: Worship 65 (1991) 207–215.
RUDOLPH, Kurt, Die Gnosis, Göttingen ^{3}1990.
RUETHER, R.R., Frauen für eine neue Gesellschaft. Frauenbewegung und menschliche Befreiung, München 1979. (Frauen)
–, Maria – Kirche in weiblicher Gestalt, München 1980. (Maria)
–, Disputed Questions. On Being a Christian, Abingdon 1982.
–, Sexismus und die Rede von Gott. Schritte zu einer anderen Theologie, Gütersloh 1985. (Sexismus)
–, „Frauenkirche. Neuentstehende feministische liturgische Gemeinschaften“: Concilium 22 (1986) 275–280. (Frauenkirche)
–, „Weibliche Symbole und ihr gesellschaftlicher Kontext“: Reformatio 36 (1987) 178–186. (Symbole)
–, Unsere Wunden heilen, unsere Befreiung feiern: Rituale in der Frauenkirche, Stuttgart 1988. (Rituale)
RUPPERT, H.-J., New Age. Endzeit oder Wendezeit? Wiesbaden 1985. (New Age)
–, Die Hexen kommen: Magie und Hexenglaube heute, Wiesbaden 1987. (Hexen)
RUPPRECHT, Friederike, „Frauen im Pfarramt“: Theologia practica 22 (1987) 113–121.

SALOMON-DELATOUR, Gottfried (Hg.), Die Lehre Saint-Simons, Neuwied 1962.
SARTRE, Jean-Paul, Ist der Existentialismus ein Humanismus? Zürich 1947.
–, Das Sein und das Nichts, Hamburg 1962.
SCHAUMBERGER, Christine, Art. „Erfahrung“: Wb 73–78.
–/MAASSEN, Monika (Hg.), Handbuch Feministische Theologie, Münster 1986.
SCHAUP, Susanne, Wandel des Weiblichen. Der Aufbruch der Frau ins New Age, Freiburg 1988.

SCHEFFCZYK, Leo, Gott-loser Gottesglaube? Regensburg 1974.
–, Neue Impulse zur Marienverehrung, St. Ottilien 1974.
–, Einführung in die Schöpfungslehre, Darmstadt ^{3}1987.
–, Aspekte der Kirche in der Krise. Um die Entscheidung für das authentische Konzil, Siegburg 1993.
SCHENK, Herrad, Die feministische Herausforderung. 150 Jahre Frauenbewegung in Deutschland, München ^{3}1983.
SCHERZBERG, Lucia, Sünde und Gnade in der Feministischen Theologie, Mainz 1991.
SCHILLEBEECKX, Edward, Christus und die Christen. Die Geschichte einer neuen Lebenspraxis, Freiburg 1977.
SCHILLING, Hans, „Frauen im Kirchen- und Gemeindedienst: Hilfskräfte oder Partnerinnen der Männer?“ MThZ 39 (1988) 93–107.
SCHIRMER, Eva, Eva – Maria. Rollenbilder von Männern für Frauen, Offenbach 1988.
SCHLICHTING, Wolfhart, Maria. Die Mutter Jesu in Bibel, Tradition und Feminismus, Wuppertal-Zürich 1989.
SCHMETTERER, Eva, „Was ist die Frau, daß du ihrer gedenkst“. Eine systematisch-dogmatische Untersuchung zum hermeneutischen Ansatz Feministischer Theologie, Frankfurt 1989. (Frau)
–, „Trägt Feministische Theologie zur Befreiung von Frauen bei? Einige kritische Gedanken zu fragwürdigen Tendenzen in der feministischen Theologie“: Wissenschaft und Glaube 2 (1989) 137–149.
SCHMIDHÄUSER, Ulrich, Soll „Gott“ nicht mehr „Herr“ genannt werden? Zum gegenwärtigen Feminismus in Gesellschaft und Kirche, Stuttgart 1991.
SCHMOLL, Heike, „Ist Gott-Vater für Frauen unerträglich? Feministische Theologie und christlicher Glaube“: FAZ, 12. 3. 1992, S. 14.
SCHNEIDER, Oda, Vom Priestertum der Frau. Hrsg. v. D. J. Hilla, Abensberg 1992 (zuerst 1934).
–, Die Macht der Frau, Salzburg 1938.
SCHNEIDER, Theodor (Hg.), Mann und Frau – Grundproblem theologischer Anthropologie (QD 121), Freiburg 1989.
SCHNEIDER-BÖCKLEN, Elisabeth, Feminismus (EZW-Arbeitstexte 28), Stuttgart 1990.
–/VORLÄNDER, Dorothea, Feminismus und Glaube, Mainz-Stuttgart 1991.
SCHOENTHAL, Gisela, „Geschlecht und Sprache“: Deutsche Akademie für Sprache und Dichtung. Jahrbuch 1991, Darmstadt 1992, 90–105.
SCHÖPP-SCHILLING, H. B., „Women’s Studies in den USA“: Opitz, Claudia (Hg.), Weiblichkeit oder Feminismus? Weingarten 1984, 23–42.
–, Art. „Frauenforschung“: FLex 334–338.

SCHÖPSDAU, Walter (Hg.), Mariologie und Feminismus, Göttingen 1985.
SCHORMANN, Gerhard, Art. „Hexen“: TRE 15 (1986) 297–304.
SCHOTTROFF, Luise, „Die Crux mit dem Kreuz. Feministische Kritik und Re-Vision der Kreuzestheologie“: EK 25 (1992) 216–218.
–, Art. „Gnosis“: Wb 156–158.
–, Art. „Kreuz I./II.“: Wb 226–231.
–/SÖLLE, Dorothee, Art. „Auferstehung“: Wb 34–36.
SCHRÖDER, Hannelore (Hg.), Die Frau ist frei geboren. Texte zur Frauenemanzipation I: 1789–1870, München 1979.
SCHROER, Silvia, „Der Geist, die Weisheit und die Taube ...“: Freiburger Zeitschrift für Philosophie und Theologie 33 (1986) 197–225.
–, Art. „Gott/Göttin III. Neues Testament“: Wb 165–167.
SCHÜNGEL-STRAUMANN, Helen, Art. „Gottebenbildlichkeit I. In der biblischen Überlieferung“: Wb 173–177.
SCHÜRMANN, Heinrich, Jesu ureigener Tod, Freiburg 1974.
–, Gottes Reich – Jesu Geschick, Freiburg 1983.
SCHÜSSLER FIORENZA, Elisabeth, „Die Rolle der Frau in der urchristlichen Bewegung“: Concilium 12 (1976) 3–9. (Rolle)
–, „Für eine befreite und befreiende Theologie: Frauen in der Theologie und feministische Theologie in den USA“: Concilium 14 (1978) 287–294.
–, „Der Beitrag der Frau zur urchristlichen Bewegung. Kritische Überlegungen zur Rekonstruktion urchristlicher Geschichte“: Schottroff, W./Stegemann, W. (Hg.), Traditionen der Befreiung, Bd. 2. Frauen in der Bibel, München u. a. 1980, 60–90. (Beitrag)
–, „Für Frauen in Männerwelten. Eine kritische feministische Befreiungstheologie“: Concilium 20 (1984) 31–38.
–, Zu ihrem Gedächtnis ... Eine feministisch-theologische Rekonstruktion der christlichen Ursprünge, München-Mainz 1988. (Gedächtnis)
–, „Biblische Grundlegung“: KASSEL (1988) 13–44. (Grundlegung)
–, Brot statt Steine. Die Herausforderung einer feministischen Interpretation der Bibel, Freiburg/Schweiz ^{2}1991.
SCHUHMACHER, Joseph, „Mariologische Verkündigung vor dem Hintergrund gegenwärtiger Zeitströmungen“: Ziegenaus, Anton (Hg.), Maria in der Evangelisierung (Mariol. Studien 9), Regensburg 1993, 9–31.
SCHULZE, W., Das androgyne Ideal und der christliche Glaube, Lahr-Dinglingen 1940 (Auszug aus einer Diss., Heidelberg 1939).
SCHWEIZER, Eduard, Art. „soma ...“: Theol. Wörterbuch zum NT VII (1964) 1024–1091.
SEIFERT, Josef, „Zur Verteidigung der Würde der Frau. Feminismus und die Stellung der Frau in Kirche und Gesellschaft: Philosophische und christliche Aspekte“: Wissenschaft und Glaube 2 (1989) 65–98.

SEXISM in the 1970s. Discrimination against women. A Report of a World Council of Churches Consultation West Berlin 1974, Genf 1975.
SICHTERMANN, Barbara, Wer ist wie? Über den Unterschied der Geschlechter, Berlin 1987.
SIEBEL, Wigand (Hg.), Herrschaft und Liebe. Zur Soziologie der Familie (Soziologische Schriften 40), Berlin 1984.
SIEGELE-WENSCHKEWITZ, Leonore (Hg.), Verdrängte Vergangenheit, die uns bedrängt, München 1988.
–, Art. „Antijudaismus“: Wb 22–24.
SILL, Bernhard, Androgynie und Geschlechtsdifferenz nach Franz von Baader. Eine anthropologisch-ethische Studie, Regensburg 1986.
SIMONIS, Adrian J., „Einige beschouwingen rond de feministische theologie“: Communio (flämisch) 11 (6/1986) 464–484.
–, „Maria und der Feminismus. Zur Wirkung der Gottesmutter in der Freiheitsgeschichte der Menschheit“: L'Osservatore Romano (deutsch) 17 (1987), Nr. 27, 3. 7. 87, 8.
SIMPFENDÖRFER, Karl, Verlust der Liebe. Mit Simone de Beauvoir in die Abtreibungsgesellschaft, Stein am Rhein 1990.
SÖLL, Georg, Art. „Eva-Maria-Parallele“: ML II (1989) 420f.
SÖLLE, Dorothee, „Vater, Macht und Barbarei. Feministische Anfragen an autoritäre Religion“: Concilium 17 (1981) 223–227. (Vater)
–, Art. „Kreuz. IV. Kreuz und Auferstehung“: Wb 233–236. (Kreuz)
–, Art. „Gegenseitigkeit I. Theologisch“: Wb 142–144. (Gegenseitigkeit)
SOLANAS, Valerie, Manifest der Gesellschaft zur Vernichtung der Männer, Berlin-Schlechtenwegen ^{5}1982 (zuerst amerik. 1968).
SOMMER, Norbert (Hg.), Nennt uns nicht Brüder! Frauen in der Kirche durchbrechen das Schweigen, Stuttgart 1985.
SORGE, Elga, Religion und Frau. Weibliche Spiritualität im Christentum, Stuttgart ^{2}1987.
SPLETT, Jörg, Die Trinitätslehre G. W. F. Hegels, Freiburg ^{3}1984.
STAPENHORST, Lucie, Als Tochter der Göttin von Zwängen befreit, Olten 1992.
STEIN, Edith, „Das Ethos der Frauenberufe“ (1930): dies., Die Frau. Ihre Aufgabe nach Natur und Gnade (Werke V), Löwen 1959, 1–15.
Zu Fragen der STELLUNG DER FRAU in Kirche und Gesellschaft (Die Deutschen Bischöfe 30), Bonn 1981.
STICKEL, Gerhard, „Beantragte staatliche Regelungen zur ‚sprachlichen Gleichbehandlung‘. Darstellung und Kritik“: Zeitschrift für germanistische Linguistik 16 (1988) 330–355.
STRAHM, Doris, Aufbruch zu neuen Räumen. Eine Einführung in feministische Theologie, Freiburg/Schweiz 1987. (Aufbruch)
–, Art. „Jesus Christus“: Wb 200–207.

–/STROBEL, Regula (Hg.), Vom Verlangen nach Heilwerden. Christologie in feministisch-theologischer Sicht, Fribourg-Luzern 1991.
STROBEL, Regula, „Feministische Kritik an traditionellen Kreuzestheologien“: STRAHM/STROBEL (1991) 52–64.
–, „Das Kreuz im Kontext feministischer Theologie. Versuch einer Standortbestimmung“: STRAHM/STROBEL (1991) 182–193.
STUHLMACHER, Peter, „Feministische Theologie und Auslegung des Neuen Testaments“: Theol. Beiträge 22 (1991) 127–138.
SUDBRACK, Josef, Neue Religiosität – Herausforderung für Christen, Mainz 1987.
(Neue Religiosität)
–, „Feministische Theologie. Fragen um ein aktuelles Thema“: Geist und Leben 59 (1986) 301–316. (Feministische Theologie)
SÜSSMUTH, Rita, Art. „Partnerschaft“: FLex 883–890.
–, Art. „Frauenpolitik“: FLex 367–374.
SULLEROT, Evelyne (Hg.), Die Wirklichkeit der Frau, München 1979.
SUTTER REHMANN, Luzia, Art. „Eschatologie“: Wb 86–89.

TEILHARD DE CHARDIN, Pierre, Hymne an das Ewig Weibliche. Mit einem Kommentar von H. de Lubac, Einsiedeln 1968.
TRÖMEL-PLÖTZ, Senta, Art. „Sprachkritik, feministische“: FLex (1988) 1067–74.
„TÜBINGER STELLUNGNAHME zu Fragen der Feministischen Theologie“: Theol. Beiträge 22 (3/1991) 118–153.
TUKKER, C. A., „Der Prozeß gegen Kardinal Simonis“: Bäumer, Remigius/Stockhausen, Alma von (Hg.), Luther und die Folgen für die Geistesgeschichte. FS Theobald Beer, Weilheim-Bierbronnen 1992, 195–203.

ULRICH, Miorita, „‚Neutrale‘ Männer – ‚markierte‘ Frauen. Feminismus und Sprachwissenschaft“: Sprachwissenschaft 13 (1988) 383–399.
UNTERSTE, Herbert, Theologische Aspekte der Tiefenpsychologie von C. G. Jung, Düsseldorf 1977.

VOCK, Ursula u. a., Bibliographie zur Feministischen Theologie, Zürich 1988.
VOSS, Jutta, Das Schwarzmondtabu. Die kultische Bedeutung des weiblichen Zyklus, Stuttgart 1988.
VRIES, Josef de, Art. „Erfahrung“: Brugger, Walter (Hg.), Philosophisches Wörterbuch, Freiburg [14]1976, 88–90.

WACKER, Marie-Theres (Hg.), Der Gott der Männer und die Frauen, Düsseldorf 1987.

WAGNER-HASEL, Beate (Hg.), Matriarchatstheorien der Altertumswissenschaft (WdF 651), Darmstadt 1992.

WAINWRIGHT, Geoffrey, „An Inclusive Language Lectionary. Systematic Liturgical Observations“: BTB 14 (1984) 28–30.

WALTER, Meinrad, „Die andere Maria. Das Marienbild in der feministischen Theologie“: Beinert, Wolfgang/Hoeren, Jürgen (Hg.), „Dein leuchtend Angesicht, Maria ...“ Das Bild der Mutter Jesu in der Glaubensgeschichte, Freiburg 1988, 76–88.

WARNER, Marina, Maria. Geburt, Niedergang, Rückkehr eines Mythos? München 1982.

WARRIOR, Betsy, „Man as an obsolete Life Form“: Women's Liberation: Blueprint for the Future, New York 1970.

WEBER, L. M., Art. „Feminismus“: $LThK^2$ 4 (1960) 74f.

WEGENER, Hildburg, „Von Kindergärtnern, Amtsfrauen und Ratsdamen. Sprachkritik und Sprachpolitik in feministischem Interesse“: WEGENER/KÖHLER/KOPSCH (1990) 9–24. (Sprachkritik)

–, „'Siehe, das ist meine Beauftragte'. Frauengerechte Sprache in der Übersetzung der Bibel“: WEGENER/KÖHLER/KOPSCH (1990) 84–101. (Bibel)

WEGENER, Hildburg/KÖHLER, Hanne/KOPSCH, Cordelia (Hg.), Frauen fordern eine gerechte Sprache, Gütersloh 1990.

WEHR, D. S., Jung and Feminism, Boston 1987.

WEILER, Gerda, Das Matriarchat im Alten Testament, Berlin u. a. 1989.

WEISMAYER, Josef, Art. „Hochmut“: Hörmann, Karl (Hg.), Lexikon der christlichen Moral, Innsbruck 1976, 795–798.

WENCK, Inge, Gott ist im Mann zu kurz gekommen. Eine Frau über Jesus von Nazareth, Gütersloh 1982.

WESEL, Uwe, Der Mythos vom Matriarchat. Über Bachofens Mutterrecht und die Stellung von Frauen in frühen Gesellschaften, Frankfurt 1980.

WESSELN, Hermann, „Der Vater in der Erziehung“: Balkenohl, Manfred/Wesseln, Hermann (Hg.), Erziehung in Verantwortung, Hamm 1982, 142–152.

WIEDERKEHR, Dietrich, „Entwurf einer systematischen Christologie“: Mysterium Salutis III/1 (1970) 477–648.

WIETHAUS, Ulrike, Art. „Gott/Göttin IV. Theologiegeschichte/Mittelalter“: Wb 167–169.

WINTER, Urs, Frau und Göttin. Exegetische und ikonographische Studien zum weiblichen Gottesbild im Alten Israel und in dessen Umwelt, Fribourg-Göttingen ^{2}1987.

WISSMANN, Hans u. a., Art. „Erfahrung“: TRE 10 (1982) 83–141.

WITHERINGTON, Ben, Women in the Earliest Churches, Cambridge 1988.

WÖLLER, Hildegunde, „Glaube an den dreieinigen Gott. Versuch einer Neuinterpretation“: Frauen. Anstöße 28 (3/1981) 101–107.

WOLLRAD, Eske u. a., Art. „Lesbische Existenz“: Wb 243–245.

WÖRTERBUCH der Feministischen Theologie, hg. von Gössmann, Elisabeth u. a., Gütersloh 1991 (= Wb).

WOLFF, Hanna, Jesus der Mann. Die Gestalt Jesu in tiefenpsychologischer Sicht, Stuttgart ²1976.

ZAUNER, Wilhelm, „Brüderlichkeit und Geschwisterlichkeit“: ThPQ 137 (1989) 228–237.

ZIEGENAUS, Anton, „‚Als Mann und Frau erschuf er sie‘ (Gen 1,27). Zum sakramentalen Verständnis der geschlechtlichen Differenzierung des Menschen“: MThZ 31 (1980) 210–222.

–, „Maria als Abbild der Person des Hl. Geistes nach M. J. Scheeben“: ders. (Hg.), Maria und der Heilige Geist (Mariol. Studien 8), Regensburg 1991, 25–38.

–, Art. „Häresie“: ML III (1991) 67–69.

–, „Die Umweltproblematik in schöpfungstheologischer Sicht“: FKTh 8 (1992) 81–98.

ZIMMER, D. E., Redens Arten. Über Trends und Tollheiten im neudeutschen Sprachgebrauch, Zürich 1988.

ZIMMERLING, Peter, Gott in Gemeinschaft. Zinzendorfs Trinitätslehre, Gießen 1991.

ZÖLLER, Ursula u. a., Deine Dich liebende ... Briefe an Mutter Kirche, Aschaffenburg 1993.

ZOLLITSCH, Robert, Amt und Funktion des Priesters. Eine Untersuchung zum Ursprung und zur Gestalt des Presbyterats in den ersten zwei Jahrhunderten (FThSt 96), Freiburg 1974.

ZULEHNER, P. M., Pastorale Futurologie, Düsseldorf 1990.

–, Art. „Mann“: Rotter, Hans/Virt, Günter (Hg.), Neues Lexikon der christlichen Moral, Innsbruck 1990, 461f.

PERSONENREGISTER

SACHREGISTER

Der Autor

Manfred Hauke *(geb. 1956) ist seit 1993 Professor für Dogmatik an der Theologischen Hochschule in Lugano*

1975-83 Studium der kath. Thologie in Padaborn und München

1981 Promotion über das „Frauenpriestertum“

1983-87 Kaplan um Ruhrgebiet

1987-93 Assisstent am Lehrstuhl für Dogmatik in Augsburg

1991 Habillitation über die „greichische Erbsündenlehre“, zahlreiche Veröffentlichungen zu verschiedenen Themen